DESCENTRALIZAÇÃO E JUSTA REPARTIÇÃO
DE RECURSOS ENTRE O ESTADO
E AS AUTARQUIAS LOCAIS

MARTA REBELO

Mestre em Direito
Assistente da Faculdade de Direito da Universidade de Lisboa

DESCENTRALIZAÇÃO E JUSTA REPARTIÇÃO DE RECURSOS ENTRE O ESTADO E AS AUTARQUIAS LOCAIS

DESCENTRALIZAÇÃO E JUSTA REPARTIÇÃO DE RECURSOS ENTRE O ESTADO E AS AUTARQUIAS LOCAIS

AUTORA
MARTA REBELO

EDITOR
EDIÇÕES ALMEDINA, SA
Avenida Fernão de Magalhães, n.º 584, 5.º Andar
3000-174 Coimbra
Tel.: 239 851 904
Fax: 239 851 901
www.almedina.net
editora@almedina.net

PRÉ-IMPRESSÃO • IMPRESSÃO • ACABAMENTO
G.C. – GRÁFICA DE COIMBRA, LDA.
Palheira – Assafarge
3001-453 Coimbra
producao@graficadecoimbra.pt

Outubro, 2007

DEPÓSITO LEGAL
265847/07

Os dados e as opiniões inseridos na presente publicação são da exclusiva responsabilidade do(s) seu(s) autor(es).

Toda a reprodução desta obra, por fotocópia ou outro qualquer processo, sem prévia autorização escrita do Editor, é ilícita e passível de procedimento judicial contra o infractor.

O universal é o local sem muros
MIGUEL TORGA

PREFÁCIO

A Dr.ª Marta Rebelo concluiu, de forma brilhante, as suas provas de mestrado na Faculdade de Direito, em Janeiro de 2007, perante um júri a que presidi. Dá agora à estampa a dissertação que elaborou para aquele efeito. Solicitou-me um prefácio, tarefa que cumpro com prazer.

Tenho especial interesse científico pela matéria da descentralização financeira, ainda que a tenha analisado predominantemente na óptica das finanças das Regiões Autónomas e, por isso mesmo, estimulei o aparecimento de investigações sobre a matéria, entre as quais se inclui, com natural relevo, a da Mestra Marta Rebelo.

Situam-se, de facto, nesta área alguns dos mais interessantes e inovadores desafios das finanças públicas, que se reconduzem ao objectivo de uma maior eficiência da despesa pública e de aproximação aos interesses dos cidadãos, assegurando uma mais justa repartição de encargos e benefícios entre o conjunto dos contribuintes.

Se é certo que a descentralização administrativa, como a descentralização política, surge como elemento fundamental para a caracterização do modelo de Estado consagrado na Constituição de 1976, não é menos certo que tal descentralização só se pode tornar efectiva se for acompanhada pela concessão, às entidades infra-estaduais, dos meios e poderes de natureza financeira necessários ao desempenho das suas funções e às tarefas de desenvolvimento económico.

Naturalmente que essa afirmação genérica carece de ser desenvolvida e concretizada, envolvendo a ponderação de outros valores, bem como a análise dos níveis de decisão financeira mais adequados ao cumprimento dos objectivos da economia pública. Surgem aqui os problemas, num contexto de quebra de consensos, A eles há que dar resposta. Para tanto contribui seguramente a presente dissertação que aborda, especialmente, o problema da justa repartição de recursos entre o Estado e as autarquias locais.

As respostas a esta questão partem de abordagens metodológicas diferentes. Num primeiro nível podem depender apenas dos resultados de uma investigação académica que não se ocupe excessivamente com a experiência prática. Num segundo e, quanto a mim, mais importante patamar, situam-se as análises que procuram conjugar as referências teóricas com as experiências concretas a que se as pretende aplicar.

A Mestra Marta Rebelo está especialmente bem colocada para proceder a este segundo tipo de análise, uma vez que conjuga a docência universitária, com actividades profissionais que envolvem o acompanhamento da descentralização financeira, tendo integrado, aliás, a Comissão que preparou a nova Lei das Finanças Locais, que constitui um marco relevante na inversão do rumo inicial das finanças locais a que vínhamos assistindo. A dissertação confirma a capacidade da autora para aliar uma reflexão teórica valiosa com a apreciação de experiências concretas.

Pena é que, em resultado da altura em que foi elaborada, a dissertação não tenha podido contemplar as soluções consagradas na nova Lei de Finanças Locais, circunstância que em nada é imputável à autora e que é agora minimizada por uma actualização recente.

Especialmente relevante em relação à dissertação é, ainda, a confirmação da importância dos estudos jurídico-económicos na Faculdade de Direito de Lisboa, decisivos para uma mais adequada compreensão deste tipo de problemática. Registo, com o maior agrado, que vários são os jovens docentes, como é o caso da autora, a dar continuidade à linha de investigação e ensino encetada pelo meu Saudoso Mestre, Professor Doutor António Luciano de Sousa Franco, que tenho procurado manter e desenvolver.

Com a presente obra a Mestra Marta Rebelo consolida a sua posição no universo dos estudos jurídicos para o qual, apesar da sua juventude, já contribuíra, por diversas vezes, em momentos anteriores, criando uma forte expectativa quanto a ulteriores trabalhos.

Lisboa, Maio de 2007

NOTA DA AUTORA

O presente texto corresponde, com algumas alterações, à dissertação de mestrado apresentada em Setembro de 2005 na Faculdade de Direito da Universidade de Lisboa, e discutida em provas públicas no dia 29 de Janeiro de 2007 perante um júri constituído pelo Professor Doutor Eduardo Paz Ferreira, na qualidade de Presidente e Orientador, pelo Professor Doutor Jorge Bacelar Gouveia, na qualidade de Arguente, pelo Professor Luís Silva Morais, na qualidade de Arguente, pelo Professor Doutor Vasco Pereira da Silva e pelo Professor Doutor Fernando Araújo.

A elaboração deste estudo deveu-se em parte substancial à orientação e ao estímulo que sempre encontrei no Professor Doutor Eduardo Paz Ferreira, a quem, devedora de uma enorme gratidão, presto os meus sinceros agradecimentos.

As alterações introduzidas no texto discutido em Janeiro de 2007 devem-se por um lado, a alterações legislativas de monta no domínio das finanças locais, e, por outro, às generosas sugestões que o Professor Doutor Jorge Bacelar Gouveia e que o Professor Doutor Luís Silva Morais colocaram ao longo da discussão em provas públicas. Expressos ficam, pois, os meus sinceros agradecimentos pela crítica e pela sugestão.

Ao Professor Doutor Vasco Pereira da Silva, cujos ensinamentos de Direito Administrativo, no curso de licenciatura em Direito, foram estruturantes para a investigação que deu origem a este estudo, são também devidos agradecimentos. Do mesmo modo, expresso o meu agradecimento ao Professor Doutor Fernando Araújo, junto de quem tive o meu primeiro contacto universitário com as temáticas da Economia Pública.

Não poderia deixar de prestar homenagem ao Professor Doutor António de Sousa Franco, com quem iniciei esta empreitada e junto de quem nunca encontrei outra resposta que não o incentivo à comissão. De forma respeitosa e saudosa, relembro aqui o meu Mestre.

Agradeço ao Dr. José F. Tavares o apoio prestado ao longo da investigação e depois da escrita do presente estudo, quer permitindo o acesso ao acervo bibliográfico e documental do Centro de Documentação do Tribunal de Contas, quer pela permanente disponibilidade para troca de opiniões, pelas ideias e sugestões. Agradeço, também, ao Dr. Eduardo Cabrita, que não só tornou possível a entrega atempada deste estudo, como fomentou em mim o interesse crescente pela matéria da descentralização e das finanças locais, tendo integrado a seu convite o grupo de trabalho constituído para a revisão da Lei das Finanças Locais.

Muitos agradecimentos são devidos a todos quantos, no difícil período de elaboração de uma dissertação de mestrado, e depois no período de preparação da sua discussão, me acompanharam, nomeadamente aos meus colegas Dr. Guilherme W. D'Oliveira Martins, Dr. João Taborda da Gama, Dr. Nuno Cunha Rodrigues, Dr. António Moura Portugal, Dr. João Atanásio, Dr. Pedro Infante da Mota. Ao Dr. Miguel Mendes Pereira, ao Dr. Marco Capitão Ferreira e à Dra. Margarida Rei um agradecimento especial, pela disponibilidade absoluta com que encararam a minha indisponibilidade prévia à prestação das provas públicas. E ao Dr. João Tiago da Silveira, pela disponibilidade e confiança, que não poderia deixar de aqui registar e agradecer.

Naturalmente, é à família e aos amigos que mais pesa a minha dedicação à Academia. Como tal, não podia deixar de agradecer aos meus Pais, aos meus Avós e aos meus irmãos todo o apoio que me vêem prestando.

Pelas ausências compreendidas, sou devedora de um enorme agradecimento ao Miguel Prata Roque, à Inês Ferreira Leite, ao Sérgio Sousa Pinto, ao Fernando Rocha Andrade, à Marta Silva, ao Luís Nascimento, ao Pedro Fragoso, ao Miguel Brandão, à Maria João Faria, à Vanda e ao Paulo Coelho. A todos, sobretudo àqueles que aqui não registo expressamente, muito obrigada.

Ao Pedro Gonçalves sou devedora de uma gratidão infinda, pela vigilância e cuidados permanentes, pelo apoio e presença constantes.

Uma palavra final e especial à Ana Matos Pires. E à Ângela Ferreira, sem a qual, estou profundamente convicta, muito pouco me seria possível.

E um agradecimento único ao Pedro, porque a Academia exige tempo e uma dedicação ímpar, mesmo tendo *todo o tempo do mundo*.

LISTA DE ABREVIATURAS UTILIZADAS

ALFL	Anterior Lei das Finanças Locais (Lei n.º 42/98, de 6 de Agosto)
AML	Área Metropolitana de Lisboa
AMP	Área Metropolitana do Porto
CCDR	Comissão de Coordenação e Desenvolvimento Regional
CEAL	Carta Europeia da Autonomia Local
ComUrb	Comunidades Urbanas
CRP	Constituição da República Portuguesa
DGAL	Direcção-Geral das Autarquias Locais
FBM	Fundo de Base Municipal
FCM	Fundo de Coesão Municipal
FEF	Fundo de Equilíbrio Financeiro
FFF	Fundo de Financiamento das Freguesias
FGM	Fundo Geral Municipal
FSM	Fundo Social Municipal
ICF	Indíce de Compensação Fiscal
IDO	Indíce de Desigualdade de Oportunidades
IEF	Indíce de Equalização Fiscal
IMI	Imposto Municipal sobre Imóveis
IMT	Imposto Municipal sobre a Transmissão Onerosa de Imóveis
IRS	Imposto sobre o Rendimento das Pessoas Singulares
IRC	Imposto sobre o Rendimento das Pessoas Colectivas
IVA	Imposto sobre o Valor Acrescentado
LeO	Lei da estabilidade orçamental (Lei Orgânica n.º 2/2002, de 28 de Agosto)
LEO	Lei de Enquadramento Orçamental (Lei n.º 91/2001, de 20 de Agosto)
GAM	Grandes Áreas Metropolitanas
PEC	Pacto de Estabilidade e Crescimento
RGTAL	Regime Geral das Taxas das Autarquias Locais (Lei n.º 53-E/2006, de 29 de Dezembro)
RJSEL	Regime Jurídico do Sector Empresarial Local (Lei n.º 53-F/2006, de 29 de Dezembro)

PLANO DE TRABALHO

Introdução

Parte I – A descentralização

Capítulo I – **O princípio da descentralização**

Capítulo II – **O princípio da autonomia local**

Capítulo III – **Descentralização financeira**

Parte II – A justa repartição de recursos entre o Estado e as autarquias locais

Capítulo I – **As Autarquias locais**

Capítulo II – **Finanças das autarquias locais em Portugal**

Capítulo III – **Repartição, equidade e eficiência – a reformulação do sistema de transferências orçamentais**

Capítulo IV – **Conclusões – Comparação das premissas do modelo proposto à luz da nova LFL**

INTRODUÇÃO

Enquadramento e sequência

O presente estudo sofreu, desde a sua entrega até ao momento da sua discussão, vicissitudes de monta, das quais não podemos deixar de dar conta nem tão pouco de retirar consequências, alterando pontualmente este escrito. De facto, no curso do ano de 2006 foi levada a cabo a reforma do sistema de financiamento local português, da qual sairiam o Regime Geral das Taxas das Autarquias Locais (RGTAL), aprovado pela Lei n.º 53-E//2007, de 29 de Dezembro, o Regime Jurídico do Sector Empresarial Local (RJSEL), aprovado pela Lei n.º 53-F/2006, de 29 de Dezembro e, finalmente, a nova Lei das Finanças Locais, a Lei n.º 2/2007, de 15 de Janeiro.

De igual modo, importantes desenvolvimentos doutrinários foram oferecidos a esta temática, de forma global ou parcial. Importa aqui destacar um precioso contributo para o estudo destas matérias, *Strong and prosperous communities – The Local Government White Paper*, publicado pelo *Department for Communities and Local Government*, do Governo britânico, em Outubro de 2006, e cuja análise teria sido essencial. Todavia, não deixamos de levar este estudo em consideração, em sede de alterações, tendo em vista a actual publicação do nosso estudo.

No plano legislativo, a Lei n.º 2/2007 (doravante Nova Lei das Finanças Locais – NLFL – permitindo a distinção face à Lei n.º 42/98, de 6 de Agosto, a Lei das Finanças Locais vigente à época de elaboração deste estudo, à qual nos referiremos como Anterior Lei das Finanças Locais – ALFL[1]) veio oferecer resposta a muitas das questões que nos sur-

---

[1] Lei n.º 42/98, de 6 de Agosto, com as alterações introduzidas pela Lei n.º 87-B/98, de 31 de Dezembro; Lei n.º 3-B/2000, de 4 de Abril; Lei n.º 15/2001, de 5 de Junho; Lei n.º 94/2001, de 20 de Agosto; Lei Orgânica n.º 2/2002, de 28 de Agosto (Lei da Esta-

giram como prementes. É, de facto, uma reforma que consideramos muito positiva e na qual, aliás, tivemos oportunidade de participar, integrando o *grupo de trabalho constituído para a revisão da Lei das Finanças Locais*. Entendemos, contudo, que a análise aqui conduzida mantem todo o interesse, na medida em que fundamenta qualquer sistema de financiamento local que se guie por critérios de racionalidade económica, transparência e rigor orçamental. Ademais, o modelo de transferências financeiras, cerne deste estudo, conhece na NLFL solução distinta do modelo que aqui propomos e (continuamos) a defender. Foi, no entanto, necessário proceder à descrição e mesmo à análise deste novo dispositivo legal.

As finanças locais debatem-se, actualmente, com duas ordens de problemas: por um lado, o sistema de financiamento local confronta-se com questões de ordem estrutural, ante o modelo vigente que, pese embora esgotado logo após a Lei das Finanças Locais de 1979 (a Lei n.º 1/79, de 2 de Janeiro), encontrou repetição já por três vezes[2]; por outro lado, no plano conjuntural, o Pacto de Estabilidade e Crescimento[3] (doravante PEC) e a Lei da Estabilidade Orçamental (a Lei Orgânica n.º 2/2002, de 28 de Agosto, doravante LeO) são convocatória para o recente reforço analítico do sistema de financiamento local português. Ao impor um esforço de contenção e de qualidade da despesa pública – o primeiro –, reclamando dos vários níveis da Administração Pública uma solidariedade financeira – a segunda –, este bloco normativo-financeiro reconduziu os estudiosos das finanças públicas e os práticos financeiros a questões cuja autonomia e importância já vinham de trás.

De facto, o nosso modelo de financiamento local encontra-se estrangulado pela expansão crescente das despesas e pela retracção constante das receitas. No sentido de contornar esta realidade, vários esforço se desenvolveram sem lograrem, no entanto, alcançar uma alteração estrutural profunda. Os interesses antagónicos que se altercam em matéria de

---

bilidade Orçamental); Lei n.º 32-B/2002, de 30 de Dezembro (Lei do Orçamento do Estado para 2003).

[2] À Lei n.º 1/79, de 2 de Janeiro seguiram-se: o Decreto-Lei n.º 98/84, de 29 de Março; a Lei n.º 1/87, de 6 de Janeiro; e a Lei n.º 42/98, de 6 de Agosto.

[3] Resolução do Conselho Europeu, de 17 de Julho de 1997, *Relativa ao Pacto de Estabilidade e Crescimento*; Regulamento (CE) n.º 1466/97, de 7 de Julho de 1997, *Relativo ao reforço da supervisão das situações orçamentais e à supervisão e coordenação das políticas económicas*; e Regulamento (CE) n.º 1467/97, de 7 de Julho de 1997, *Relativo à aceleração e clarificação da aplicação do procedimento relativo aos défices excessivos*.

finanças locais têm impossibilitado uma dinâmica efectivamente reformadora, não permitindo mais do que a introdução de mudanças pontuais, fruto da conjuntura.

Conjuntura que, actualmente, revela uma severidade extrema. E da intersecção entre a conjuntura, as imposições de contenção apelatórias de alterações estruturais e o chamamento das autarquias ao universo concorrencial preconizado com especial intensidade pelo projecto da União Económica e Monetária, nasce o imperativo de reforma das finanças locais.

Com a chegada do novo milénio, dois novos pólos de complexidade financeira e gestionária são introduzidos no universo autárquico: o associativismo entre autarquias, com o inerente corolário de relacionamento financeiro entre estas, e a multiplicação e densificação de tarefas, fruto da transferência de atribuições e competências. Este segundo pólo *contamina* o primeiro.

Ou seja, o gradual alargamento de atribuições das autarquias tem como consequência directa o aumento da despesa, pela necessidade de investir na criação e manutenção de infra-estruturas aptas à produção e prestação de bens e serviços públicos, e pelo aumento da dimensão administrativa e burocrática de suporte a essa actividade produtiva.

Por outro lado, o movimento do lado da receita é inverso. O clássico sistema de financiamento local bipolar, estruturado sobre as receitas fiscais (directas e sobretudo indirectas, as transferências do Orçamento do Estado) e sobre o endividamento intermediado, junto da banca, está esgotado na razão directa do aumento das tarefas cometidas à administração local, e daquelas que a administração central, gradualmente, transfere para as autarquias locais.

Este movimento revela um claro desequilíbrio na dicotomia competências-financiamento, estrutura basilar de uma descentralização sustentada. A busca, redundante, de um tal equilíbrio mantém cativas as autarquias locais.

Em síntese, a hodierna conjuntura, aliada a um sistema estruturalmente em falência, ditavam a premência de revisão do edifício financeiro local. Da aplicação da LeO e de um pacote de medidas de absoluta contenção da despesa, adoptado desde 2002, o investimento público e o cumprimento de tarefas distribuídas pelos vários níveis da administração têm experimentado novas aproximações teóricas, face ao desgaste do tradicional sistema de financiamento, cuja erosão era, cada vez mais, patente.

Face ao exposto, tornou-se imperioso repensar o nosso modelo de descentralização administrativa – ante as implicações financeiras do modelo de organização territorial e o sistema de transferência de atribuições e competências para as entidades locais – e o sistema de repartição de recursos entre o Estado e as autarquias – procurando métodos e soluções para enfrentar a estagnação da receita, em geral, e a excessiva dependência autárquica das transferências do Orçamento do Estado, em concreto.

Cumpre, então, delimitar o objecto desta dissertação, assim definindo o que levar "*em linha de conta*"[4]. O princípio da descentralização, ditando uma maior proximidade entre o cidadão e os bens e serviços públicos, reclama uma análise detalhada, sobretudo no plano financeiro, da dimensão e critérios óptimos de transferência de recursos para as autarquias locais. Aos municípios, a solo ou associados, está reservado maior protagonismo, dada a escassa dimensão financeira das freguesias.

Este comando constitucional, cuja concretização se revelou sempre deficiente e ineficiente, confronta-se actualmente com o constrangimento da estabilidade orçamental e cumprimento das metas do PEC. Ora, onde a estabilidade orçamental condiciona a descentralização, limita também

---

[4] Apropriando-nos do comentário e citação de José Tavares (*O Tribunal de Contas, do Visto, Em Especial*, Almedina, 1998, pág. 13), a delimitação do objecto deste estudo significa precisamente definir o que levamos «*em linha de conta*», expressão cuja origem "*remonta aos órgãos que antecederam o Tribunal de Contas. Esta "descoberta" deve-se a VIRGINIA RAU, como esta Autora nos revela na sua obra* A Casa dos Contos, *publicada em 1951 para comemorar o centenário da criação do Tribunal de Contas (1849-1949). A este respeito, a Autora, ao descrever as dificuldades encontradas na sua investigação, informa ter encontrado documentos da* Casa dos Contos *e exclama: «(...) Mas, são documentos dos Contos! Sim, documentos que tinham sido enfiadas na* linha de conta, *quando os contadores iam passando os papéis abonadores das verbas registadas nos livros da receita e da despesa dos oficiais de recebimento, trespassando-os com uma agulheta à medida que os verificavam. Desde então tornou-se para mim inteligível a expressão* linha de conta, *isto é, o conjunto de documentos justificativos de um funcionário chamado a prestar contas por gerência de dinheiros públicos, que para facilidade de arrumação e conservação se acomodavam, como réstia de alhos, em estranha mas prática enfiadura de cordel rematado por agulheta. E daí a tão conhecido locução* não entrar em linha de conta, *ou* entrar em linha de conta, *ser usada nesses antigos tempos para significar que, por duvidoso ou por qualquer outra razão, determinado documento devia ser rejeitado e banido da curiosa pendora contabilística e a verba correspondente não ser carregada em receita ou despesa nos livros apresentados, ou aceite em toda a sua validade*» (A Casa dos Contos, Coimbra, 1951, pág. VIII)".

os recursos a repartir entre Estado e autarquias locais. Em bom rigor, e face ao dispositivo legal contido na LeO, o Estado pode repartir menos com as autarquias.

Assim, as transferências do Orçamento do Estado para as autarquias, expressão do princípio da justa repartição dos recursos públicos, encontram-se actualmente no cerne da problemática das finanças públicas: das finanças da administração central, na medida em que a diminuição das transferências para as autarquias é um instrumento de saneamento de contas e consolidação orçamental; das finanças da administração local, pois, sendo as transferências vitais para a economia autárquica, são simultaneamente o seu maior problema, representando uma parcela essencial das receitas locais, geradora de dependência, de desvios na racionalidade económica dos decisores financeiros e extremamente restritiva da autonomia financeira, pilar hodierno do próprio conceito de autonomia local. O aumento das transferências não é saudável para as contas do Estado. E também o não é para as finanças locais, criando uma dependência de sustentação inviável.

Neste quadro, a Constituição reclama descentralização e impõe justiça na repartição de recursos entre o Estado e as autarquias. Como descentralizar, transferir atribuições e competências, sem o necessário incremento das transferências financeiras? Como encontrar critérios de justiça na repartição de recursos escassos entre o Estado e as autarquias, quando aquele, a prazo, não poderá sustentar um aumento das transferência de receitas fiscais e aquelas não podem suportar as despesas locais sem um volume crescente de transferências? Como descentralizar mantendo o equilíbrio financeiro vertical e horizontal?

É fundamental aperfeiçoar o processo de descentralização administrativa e financeira. É essencial descentralizar com justiça na repartição de recursos entre Estado e autarquias. E, para que o primado da justiça prevaleça, os critérios de repartição devem sofrer uma revisão, paralela à reforma genérica do quadro de receitas (sobretudo) municipais, concretizando de forma plena a autonomia financeira, reconhecida pela Constituição às autarquias locais.

A escolha deste tema não foi isenta de dificuldades. Entendemos, todavia, delimitar esta investigação à reforma das finanças locais na óptica da receita. E, face à estrutura e conjuntura das finanças públicas nacionais, o ponto de partida para a reestruturação das finanças locais é, inevitavelmente, a alteração do sistema de transferências do Orçamento do Estado.

Ainda que a revisão de tal mecanismo não dispense a análise da reforma das receitas autárquicas.

Delimitado o objecto de estudo, conduziremos a presente investigação em duas partes distintas, avançando faseadamente até ao momento derradeiro de conclusão. Reportando-nos à tríade hegeleriana *tese, antítese* e *síntese*, analisamos primeiro a descentralização, territorial e financeira, procurando nos modelos teóricos a explicação para o fenómeno de dependência autárquica face às subvenções estaduais e soluções para a edificação de um novo sistema de transferências.

Assim, na Parte I desta dissertação, concentramos atenções no princípio da descentralização. Debruçando-nos, primeiramente, sobre a descentralização territorial e o princípio da autonomia local. A autonomia financeira fará a ponte para a temática da descentralização financeira, *amplo sensu*.

No Capítulo III desta Parte I, trazemos a palco os modelos teóricos relativos à decisão e provisão locais, e procuramos encontrar as vantagens e traçar os limites da descentralização financeira, encontrando assim o ponto óptimo de decisão e provisão pública local.

Analisada a economia pública local, estudamos as finanças locais, procurando observar a metodologia seguida na aplicação prática das doutrinas investigadas. Ao estudar a descentralização financeira em Portugal, é possível partir para um quadro analítico das receitas locais e conduzir o debate sobre as vantagens e inconvenientes de um modelo de financiamento local estruturado sobre transferências estaduais ou sobre receitas próprias. Todavia, a nossa *solução óptima* só será avançada no Capítulo final da Parte II deste estudo.

PARTE I
A DESCENTRALIZAÇÃO

CAPÍTULO I
O PRINCÍPIO DA DESCENTRALIZAÇÃO

*Descentralização é outro nome
da liberdade.*

J. BAPTISTA MACHADO

1. O princípio da descentralização

A descentralização pode definir-se como fenómeno de atribuição de poderes públicos a entidades infra-estaduais e, em certa medida, como princípio orientador da actuação do Estado na procura de formas eficientes de satisfação das necessidades sociais básicas e da organização do território. É, antes de mais, "um conceito técnico e jurídico relativo à organização do Estado, tendo em vista a repartição de funções entre os níveis central e local"[5], um "movimento que se traduz na transferência, feita por lei, de atribuições e competências do Estado (e das regiões autónomas) para as autarquias locais"[6].

Cumpre salientar que o objecto da nossa investigação é o princípio da descentralização administrativa, a que corresponde a noção oferecida. Como é sabido, a descentralização pode assumir, também, uma feição política, que envolve a deslocação de poderes políticos e legislativos da esfera estadual para a esfera das entidades infra-estaduais descentraliza-

---

[5] António Cândido de Oliveira, *A Democracia Local*, Coimbra Editora, 2005, pág. 17.

[6] António Cândido de Oliveira, "A difícil democracia local e o contributo do direito", *Estudos em Comemoração do Décimo Aniversário da Licenciatura em Direito da Universidade do Minho*, Almedina, 2004, pág. 97.

das. Entre nós, a descentralização política encontra-se apenas no plano regional, estando reservada às regiões autónomas da Madeira e dos Açores, sendo-lhes inerente a ideia de autogoverno regional[7]. Pese embora as regiões possam suportar administrações indirectas e autónomas próprias, e as autarquias locais estarem, também, habilitadas a criar serviços, institutos e empresas públicas, o nosso estudo não inclui o feixe inter-relacional decorrente da existência de tais estruturas autonómica e local. Antes, limitamos o objecto de análise à relação que se estabelece entre o Estado e as autarquias locais.

Cronologicamente, a Revolução Francesa de 1789 é o marco histórico do debate contemporâneo em torno do princípio da descentralização. O regime local francês moderno encontra-se intimamente associado a esta data, pese embora a descentralização, tal como ainda hoje é debatida, tenha surgido no léxico jurídico da França e conhecido sedimentação apenas na III República, disseminando-se por muitos outros ordenamentos jurídicos.

O conceito de descentralização apresenta uma enorme complexidade. Tratando-se de uma noção compósita, qualquer das várias definições doutrinárias é passível de desconstrução. Sublinha Jorge Miranda, "os conceitos tornam-se múltiplos e às vezes flutuantes, já que múltiplos se revelam os modos e os graus, os pressupostos e os entendimentos da descentralização"[8].

A elasticidade conceptual deste princípio foi, desde sempre, apontado pela doutrina. Em momentos diversos surgiram propostas doutrinárias de maior ou menor amplitude conceptual, muitas vezes construídas sobre a dissociação entre a descentralização e alguns pressupostos a que estaria originariamente ligada. Todavia, a sua flexibilidade *genética* não permitiu nunca a deslocação do seu significado da esfera de tensões entre

---

[7] Sobre a descentralizção política vide J. J. Gomes Canotilho, *Direito Constitucional e Teoria da Constituição*, 7.ª Edição, 3.ª Reimpressão, Almedina, 2006, pág. 358; Jorge Miranda, *Manual de Direito Constitucional*, Tomo III, Estrutura Constitucional do Estado, 5.ª Edição, Coimbra Editora, 2004, pág. 300 e segs.; e o recente estudo do mesmo autor "A autonomia legislativa das regiões autónomas após a revisão constitucional de 2004", *Scientia Iuridica*, Tomo LIV, N.º 302, Abril/Junho, 2005, págs. 201-216. Para uma perspectiva de Direito Comparado e análise exaustiva do regionalismo político em Portugal, vide Eduardo Paz Ferreira, *As Finanças Regionais*, Imprensa Nacional-Casa da Moeda, Estudos Gerais, Série Universitária, 1985.

[8] Ob. cit., pág. 178.

o governo central e os agentes locais e da repartição de poderes entre estes pólos de decisão.

De facto, a descentralização foi concebida como alternativa combativa ao sistema centralizado francês, e enquanto sistema organizacional tem conhecido momentos históricos de maior ou menor implementação. A alternância entre centralização e descentralização marca a história moderna e contemporânea. A destrinça entre os dois sistemas conhece elementos nucleares de percepção imediata e elementos de elaboração teórica que, frise-se uma vez mais, introduzem complexidade à delimitação conceptual do princípio da descentralização.

Assim, detenhamo-nos por ora na distinção proposta por Freitas do Amaral, que define os conceitos de centralização e descentralização no plano jurídico e no plano político-administrativo. Deste modo, "no plano jurídico, diz-se «centralizado» o sistema em que todas as atribuições administrativas de um dado país são por lei conferidas ao Estado, não existindo, portanto, quaisquer outras pessoas colectivas públicas incumbidas do exercício da função administrativa", sendo descentralizado o sistema "em que a função administrativa esteja confiada não apenas ao Estado, mas também a outras pessoas colectivas territoriais – designadamente, as autarquias locais".

No plano político-administrativo, há centralização "quando os órgãos das autarquias locais sejam livremente nomeados e demitidos pelos órgãos do Estado, quando devam obediência ao Governo ou ao partido único, ou quando se encontrem sujeitos a formas particularmente intensas de tutela administrativa, designadamente a uma ampla tutela de mérito", havendo descentralização ou *auto-governo (Selbstverwaltung)* "quando os órgãos das autarquias locais são livremente eleitos pelas respectivas populações, quando a lei os considera independentes na órbita das suas atribuições e competências, e quando estiverem sujeitos a formas atenuadas de tutela administrativa, em regra restritas ao controlo de legalidade"[9]. Veremos, adiante, que esta posição não colhe unanimidade doutrinária.

---

[9] *Curso de Direito Administrativo*, Volume I, (10.ª Reimpressão da 2.ª Edição de 1994), Almedina, 2005, págs. 692-693. Do mesmo modo, Marcelo Rebelo de Sousa explica que "a descentralização administrativa corresponde à repartição do exercício da função administrativa do Estado-colectividade por diversas entidades personalizadas, em contraponto à centralização administrativa, que se traduz na consagração do exclusivo de tal exercício por parte do Estado-Administração" (*Lições de Direito Administrativo*, Volume I, Lex, Lisboa, 1999, pág. 141).

Este princípio da descentralização de contornos pouco escorreitos evoluíu com o estatuto de património ideológico das mais variadas correntes políticas. Nos primeiros anos do século XX, este princípio indefinido foi colocado ao serviço da direita tradicionalista que, em oposição ao Estado Jacobino, entendia a descentralização como um meio ao serviço do declínio da República. Para a esquerda anarquista, a promessa descentralizadora conduziria ao governo livre e seria o referente da ulterior autogestão. Aponta Serge Regourd, tanto os liberais, como os conservadores, os monarquistas ou os socialistas, todas as grandes correntes politicas, francesas e além-Gália, defenderam, sucessiva ou simultaneamente, a descentralização[10].

O princípio da descentralização revelou-se objecto de controvérsia entre autores que nele encontraram o reflexo de um Estado uno e soberano que partilha o exercício de poderes públicos com organismos infra-estaduais, e todos quantos entendem a existência de vários níveis de administração como oposição directa à concepção unitária do Estado, encontrando na descentralização o rastilho do federalismo. Revelava-se premente analisar o princípio da descentralização à luz da teoria geral do Estado, analisando as implicações inerentes à adopção de sistemas descentralizados face à soberania e unicidade estadual.

Por outro lado, alguns estudiosos, reconhecendo a descentralização como fenómeno eminentemente administrativo e intimamente ligado ao Estado soberano, ofereciam-lhe noções mais ou menos amplas, revelando dificuldades de articulação com o conceito de desconcentração. Por fim, as derradeiras questões: será a descentralização uma forma ou modalidade de democracia? Ou poderá existir descentralização sem que haja *democracia local*?

1.1. *Perspectiva histórica*

A ambiguidade do princípio da descentralização integra o seu recorte conceptual. Os fundamentos jurídicos e institucionais contemporâneos da descentralização surgiram em França com a Lei de 10 de Agosto de 1871,

---

[10] Serge Regourd, "Le modèle français de décentralisation: aspects politico-administratifs", *Annales de l'Université des Sciences Sociales de Toulouse*, Toulouse, Tomo XXXVI, 1988, pág. 90.

relativa aos departamentos, e com a Lei de 5 de Abril de 1884, aplicável às comunas. De Marcère, autor deste último diploma, quando questionado sobre a definição a oferecer à reforma então empreendida sob a designação de "descentralização", respondeu: "é um termo um pouco vago e que assim deverá manter-se na medida em que exprime um desejo intenso, um sentimento geral: é como um grito saído de milhares de peitos oprimidos, mas é uma palavra cujo sentido não se encontra definido"[11].

Esta indefinição, que ainda hoje comanda a organização administrativa do país que ofereceu à Europa moderna o princípio da descentralização, leva Jean-Pierre Dubois a questionar-se sobre a identidade genética deste conceito: será a descentralização uma *ideia revolucionária*, filha legítima da Revolução de 1789, ou, pelo contrário, bastarda, marca deixada pela Revolução sobre a amplitude e limites de tolerância do sistema administrativo francês à descentralização, de validade temporária? Ou seja, a descentralização será efectivamente o marco histórico e revolucionário fundacional do sistema administrativo da França da era moderna?

Considerando os Jacobinos "centralistas por necessidade" – e, logo, praticantes de um sistema distinto daquele que Bonaparte implementaria – "os homens de 1793 teram cedido não a uma inclinação profunda do seu temperamento político e da sua filosofia administrativa, mas à fatalidade das circunstâncias e à natureza das coisas", tendo a Revolução sido "descentralizadora (apenas) por instinto, por reflexo democrático", o autor conclui que, na França da Revolução, a descentralização foi historicamente um valor contra-revolucionário; no século XIX, um valor liberal e anti-republicano; nos anos seguintes, um valor anti-jacobino; na Europa do pós-guerra foi, tal como o federalismo, um valor da democracia-cristã, opondo-se quer o sistema das comunidades locais, quer o sistema federalista da Alemanha Federal ao centralismo de Bismarck e do nazismo[12].

A imbricação entre a Revolução Francesa e o princípio da descentralização é tal, que sua a história confunde-se com a história da França pós-revolucionária. A génese da teoria da descentralização, tal como hoje a delineamos na Europa continental encontra-se em França embora no

---

[11] "Lettre sur la décentralisation", *Revue Politique et Parlamentaire*, 1895, pág. 1 (Apud. Serge Regourd, ob. cit., pág. 88. Tradução da autora).

[12] "Décentralisation, Idée Révolutionnaire?", *Révolution et Décentralisation, Le Système Administratif Français et les Principes Révolutionnaires de 1789*, Jacques Moreau e Michel Verpeaux (Org.), Economica, 1989, pág. 17 e segs. (tradução da autora).

velho continente co-existam duas outras grandes tradições jurídicas que, recomenda Spyridon Flogaïtis, não esqueçamos: a tradição germânica, em cujo Império "os juristas utilizaram os ensinamentos franceses para construir os seus próprios conceitos e teorias, do seu ponto de vista. É aliás, pela síntese entre estas duas escolas que devemos partir em busca de uma teoria actual da descentralização; e a Inglaterra, sendo que o ordenamento britânico jamais poderá caracterizar-se através de uma teoria jurídica da descentralização de uma clareza e exactidão terminológica comparável à dos demais países europeus. Para a Inglaterra, a descentralização é sobretudo um conceito de ciência política; é o "local government" que interessa à ciência jurídica, o sistema tão estudado no continente depois de Gneist, sendo uma noção que não deverá estar ausente de qualquer análise"[13].

Paradoxalmente, a França nunca viria a retirar as consequências devidas do princípio que teorizou. Alexis de Tocqueville, confesso amante da liberdade e admirador da *Democracia na América*[14], considerava a centralização administrativa um produto do antigo regime cuja continuidade após a Revolução Francesa antagonizava com as suas preocupações de preservação da liberdade no Estado social democrático.

Tocqueville estudou a América, pretendendo estudar mais do que a América: a sua sociedade democrática, as suas inclinações, as suas tendências e leis e, sobretudo, o equilíbrio que, entendia, os americanos lograram estabelecer entre democracia e liberdade. Pese embora o gosto notório pela *Democracia na América*, Tocqueville sabia que as lições apreendidas nos Estados Unidos não teriam aplicação em França. Tratava-se, sobretudo, de fórmulas cujo sucesso resultava de uma contextualização histórica, social, económica e natural, que oferecera à América um modelo democrático configurado de forma muito especial, no âmbito do qual pontificavam a ausência de centralização e o vigor da vida local, que tanto inspiravam o complexo pensamento de Alexis de Tocqueville.

---

[13] "Réflexions sur les question de décentralisation et d'autonomie locale en Europe", *The Territorial Distribution of Power in Europe/Le répartition territoriale du pouvoir en Europe*, PIFF, EUROREGIONS 1987/88, Institut du Fédéralisme Fribourg Suisse, Editions Universitaires Fribourg Suisse, 1990, pág. 254.

[14] A afamada obra de Tocqueville foi editada pela primeira vez em 1835, em França. Entre nós, *vide* a recente tradução de Carlos Correia Monteiro de Oliveira, prefaciada por José Carlos Espada, *Da Democracia na América*, 2002.

Inaplicáveis as fórmulas, restava o aproveitamento de algumas premissas. O autor encontrava na "concentração de poderes e incremento da intervenção estatal a grande ameaça para a liberdade num estado social democrático, entendendo o associativismo, a autonomia e a descentralização local como meios de defesa e salvaguarda da liberdade face àquela ameaça"[15-16].

Consciente de que a França pós-revolucionária não poderia experimentar a democracia dos americanos – onde existia uma ampla tradição

---

[15] Juan Javier Trías Vejarano, "La Autonomia Local y las Asociaciones en el Pensamiento de Tocqueville", *Revista de Estudios Políticos*, N.º 123, Maio-Junho, 1962, pág. 156 (tradução da autora).

[16] Tocqueville escolheu como amostra para a sua investigação experimental o Condado da Nova Inglaterra, que considerava ser o verdadeiro centro da vida local, ao contrário do que sucedia noutros Estados. Toda a sua construção – movida pela ideia de amor à comunidade, a fonte da ligação do cidadão à pátria – parte de uma distinção essencial, entre centralização governamental e centralização administrativa: à primeira corresponde a concentração, num mesmo local ou não, do poder de dirigir os interesses que considerava serem comuns a todas as partes da nação, como o processo legislativo geral ou as relações externas; esta à concentração do poder de dirigir os interesses especiais de certas partes da nação como, por exemplo, os assuntos locais.

Fala, assim, da clássica destrinça entre interesses nacionais e interesses próprios (ou assuntos nacionais *vs.* assuntos locais), advogando Tocqueville que "o município no seu conjunto, e em relação ao governo central, está na mesma situação que um indivíduo e, portanto, é ele próprio o único e melhor juiz do seu próprio interesse, sendo, portanto, uma espécie de «corpos intermédios» situados entre o poder democrático absoluto e os indivíduos" (António Cândido de Oliveira, *Direito das Autarquias Locais*, Coimbra Editora, 1993, pág. 71). Esta preferência clara pelos efeitos políticos da descentralização, em detrimento dos seus efeitos administrativos é consonante com a sua ideia de descentralização como forma de limitação do poder. "A liberdade comunal" – escreve – "escapa portanto, por assim dizer, aos esforços empreendidos pelos homens. É raro que seja criada: de certo modo, brota por si própria. Desenvolve-se quase secretamente no seio de uma sociedade semibárbara. São a acção contínua das leis e dos costumes, as circunstâncias e, sobretudo, o tempo, que conseguem consolidá-la. Entre todas as nações do continente europeu, pode-se dizer que nenhuma a conhece. No entanto, é nela que reside a força dos povos livres. As instituições comunais estão para a liberdade como as escolas primárias para o saber; colocam-na ao alcance do povo, mostrando-lhe como pode desfrutar tranquilamente dela e habituando-o a utilizá-la. Sem instituições comunais uma nação pode ter um governo livre, mas não terá o espírito da liberdade. As paixões passageiras, os interesses momentâneos, o acaso das circunstâncias, podem conceder-lhe as formas exteriores da independência; mas, mais cedo ou mais tarde, o despotismo recalcado no interior do corpo social regressa à superfície." (*Da Democracia...*, Principia, pág. 101).

de liberdade, ao passo que em França e na Europa faltava tal tradição e a igualdade havia sido introduzida em plena vigência do absolutismo monárquico – Tocquville interroga-se, todavia, sobre a continuidade da centralização após a Revolução. E, buscando resposta, analisa o Antigo Regime francês e dessa parte da história do seu país retira importantes explicações e consequências.

O facto de a administração da vida local estar a cargo da aristocracia favorecia o poder real, quer por inexperiência administrativa dos nobres, quer pela permanente luta de poder entre o Rei e a sua nobreza. Sobretudo quando o "terceiro poder" se alia à realeza no combate à aristocracia detentora do poder local: a burguesia, movida pelo ódio e desejo de erguer-se como poder autónomo face àquela, e a realeza buscando um reforço do seu divino e absoluto poder, destruíram, juntos, a autonomia provincial e consolidaram a centralização.

A antinomia de princípio entre Estado democrático e centralização foram o mote de *L'Ancien Régime et la Révolution*, publicado em 1856 – e precedido de um artigo para a *London and Westminster Review*, publicado e traduzido para inglês por Stuart Mill em 1836[17] –, obra onde o autor afirma: "se me perguntam como esta porção do Antigo Regime (a centralização) pode ser transportada e incorporada na nova sociedade, responderei que, se a centralização não pereceu com a Revolução, foi porque ela mesma era o começo desta Revolução e o seu símbolo; e acrescentarei, que quando um povo destruiu no seu seio a aristocracia, correu para a centralização; (....) a centralização encontrava tão naturalmente o seu lugar na sociedade que esta Revolução havia formado, que facilmente poderia ser tida como uma das suas obras"[18].

A tensão entre o modelo centralizador e o modelo descentralizador acompanhará a convulsão histórica pós-revolucionária da França e as oscilações entre a defesa e prática das ideias de Montesquieu – o doutrinário da *liberdade*, da separação de poderes e do governo representativo – e Rosseau – defensor da *democracia pura* e do exercício do poder directamente pelo povo, uno na detenção do poder e cuja vontade não é passível de representação. A Revolução de 1789 aparentava significar um corte radical com a França do Antigo Regime que, confiante no *poder soberano*

---

[17] Trata-se de "Etat Social et Politique de la France avant et depuis 1789".
[18] *L'Ancien Régime et la Révolution*, pág. 129, apud Trías Vejarano, ob. cit., pág. 160 (tradução da autora).

do príncipe, seria avessa, por opção e vocação, ao ideal descentralizador. No entanto, a própria Revolução implicou o prolongar de radicalismos e instabilidade política e social. Note-se que, entre 1781 e 1958, o constitucionalismo francês experimentou dezasseis textos fundamentais, na tentativa de atingir o equilíbrio entre soberania nacional e representação política[19].

Esta instabilidade teve consequências imediatas sobre o modelo de organização administrativa do país, que oscilou entre descentralização radicalizada e centralismo exacerbado até à III República. Assim, com a Revolução Francesa viveu-se um momento de extrema descentralização político-administrativa, abruptamente terminada com a queda da Monarquia e a instauração do regime jacobino, que inicia um processo de afirmação centralista e neutralização do poder local[20].

Todavia, explica Gomes Canotilho, "o embrião das ideias centralizadoras administrativas do Estado Liberal não é um simples problema, como

---

[19] Relativamente à instabilidade patente na história constitucional francesa, afirma Jorge Bacelar de Gouveia que "a grande característica da França, quanto ao seu sistema constitucional, a partir da Idade Contemporânea, é da respectiva turbulência, tão numerosas que foram as reformas e contra-reformas, num total de 16 textos constitucionais, um verdadeiro "laboratório constitucional", sendo tais textos "os seguintes: a Constituição monárquica de 1791; a Constituição convencional de 1793; a Constituição directorial de 1795; a Constituição consular de 1799; a constituição imperial de 1802; a Constituição imperial de 1804; a Carta Constitucional da Restauração de 1814/1815; o Acto Constitucional Imperial de 1815; a Carta Constitucional orleanista de 1830; a Constituição presidencialista da II República de 1848; a Constituição do I Império de 1852 e as suas revisões; a Constituição do II Império Liberal de 1870; a Constituição parlamentar da III República de 1875; a Constituição do Governo de Vichy de 1940; a Constiuição parlamentar da IV República de 1946; a Constituição semipresidencial da V República de 1958" (*Manual de Direito Constitucional*, Volume I, págs. 302 e 305).

[20] Escreve António Cândido de Oliveira que o regime jacobino "estabelece um regime fortemente autoritário, como meio de defesa contra inimigos externos e internos e não vai permitir que as administrações departamentais e municipais constituam obstáculo à política central. «Representantes em missão» foram enviados por todo o território para vencer as resistências locais às directivas do governo revolucionário. Munidos de amplos poderes tais representantes podiam nomear oficiosamente directórios de departamentos e das municipalidades onde quer que houvesse necessidade" (*Direito das...*, ob. cit., pág. 65). Note-se que das três categorias de colectividades locais actualmente existentes em França, apenas as comunas remontam às origens da história francesa, sendo os departamentos criação da Revolução de 1789, tendo as regiões surgido apenas no século XX. Aliás, raras são as leis que, até à reforma de 1982, regularam simultaneamente as três categorias.

por vezes se afirma, de «jacobinismo». A tendência centralizadora liga-se a um filão liberal representado por Sieyes que defendia o objectivo político de fazer "de todos os partidos na França um só corpo e de todos os povos que a dividem uma só nação". Era a crença unitária na monarquia, o medo da divisão através de «pequenas democracias», a identificação de poder municipal com privilégios da sociedade feudal"[21].

O processo de (re)centralização "vai atingir o seu cume com a administração napoleónica. Napoleão chegou ao poder em 1799 pelo Golpe de 18 do Brumário (9 de Novembro) iniciando-se o período do Consulado. Em pouco mais de um mês é redigida uma Constituição de cariz autoritário que ficou conhecida por Constituição do Ano VIII"[22]. Muitos autores entendem que o regresso à centralização seria inevitável, atendendo à própria ideia de nação gerada pela Revolução. Spyridon Flogaïtis considera que os próprios revolucionários seriam, no seu âmago, centralistas. Após o fulgor da descentralização nos primeiros anos do pós-revolução – vigor explicado pela necessidade de congregar as forças populares contra o tirano – a França volta a um sistema de organização administrativa de centralização, que já não traduz um capricho real.

A centralização era agora vivida em nome de uma *nação*, tal como idealizada pelos revolucionários, e já não "em nome do reino e pela graça de Deus": sendo todos os elementos da nação iguais perante a lei, esta deverá emanar de uma só vontade legiferante e ser aplicada uniformemente. Apenas uma centralização extrema pode garantir uma igualdade absoluta na execução da lei[23]. Isto é, a França, cuja Revolução marcou a sociedade moderna como nenhuma outra e ofereceu à Europa o princípio da descentralização era agora "a pátria de centralização", condição que, na opinião de muitos, mantém ainda, apesar dos esforços empreendidos no último século e sobretudo desde a reforma de 1982.

Seria a Monarquia orleanista de Julho a abrir as primeiras fendas no bloco centralista napoleónico. No decurso do período da Restauração, e nas duas Cartas Constitucionais (de 1814 e 1830, respectivamente), lançam-se as bases da moderna descentralização administrativa: encontradas, após 1830, as condições de estabilidade política e social que permitiram

---

[21] *Direito...*, ob. cit., pág. 114.
[22] António Cândido de Oliveira, *Direito das...*, ob. cit., pág. 64.
[23] Spyridon Flogaïtis, "Réflexions... ", ob. cit., pág. 255.

o convívio entre o poder central e o poder local, cabendo àquele a prossecução dos interesses da Nação e às colectividades locais – comuna e departamento – prosseguir os interesses puramente locais, surge a Lei de 21 de Março de 1831, que altera o direito eleitoral comunal e permite combater o esvaziamento de atribuições dos entes locais a que Napoleão havia procedido; surge, também, a Lei de 22 de Junho de 1833, que estabelece a metodologia de escolha dos membros do Conselho Geral do Departamento: a eleição. A II República, uma vez mais, trará recuos e oscilações ao modelo de descentralização territorial.

A II República e a Constituição de 1848 fazem chegar à antiga Gália o regime democrático e presidencialista, e a descentralização avança novamente. A já mencionada Lei de 5 de Abril de 1884, relativa à organização comunal, é agora a lei fundamental das comunas. O legislador procura alcançar dois objectivos: reagrupar no mesmo texto o essencial da legislação municipal, e conceder às comunas a maior liberdade possível. Em rigor, as comunas são o reflexo de grandes equilíbrios alcançados no seio do Estado francês.

A evolução da administração comunal está estreitamente ligada à evolução do Estado. As suas histórias estão de tal modo associadas que, de São Luís a François Mitterrand, a atitude do Estado relativamente às comunas evoluiu profundamente, invertendo-se: "o Estado, após impor-se como actor central e (quase) exclusivo da vida política e administrativa, reconheceu que não pode actuar a solo na administração do país"[24].

Esta análise histórica permite-nos ensaiar uma resposta a Jean-Pierre Dubois, relativamente à identidade genética da descentralização. A descentralização não será filha, legítima ou bastarda, da Revolução Francesa. Antes, a Revolução de 1789 terá gerado um *embrião transnacional*, na medida em que, pese embora a França não tenha logrado concretizar de forma plena a descentralização que teorizou, outros países, inspirados pela edificação conceptual do modelo descentralizador, im-

---

[24] François Luchaire e Yves Luchaire, *Le Droit de la Décentralisation*, Thémis, Droit, Presses Universitaires de France, 1983, págs. 31-32. Vide, igualmente, *La Libre Administration des Collectivites Locales, Réflexion sur la Décentralisation*, Jacques Moreau e Gilles Darcy (Org.), Economica, Presses Universitaires D'Aix-Marseille, 1984, e *La notion de décentralisation en France, en Allemagne et en Italie*, Spyridon Flogaïtis, Bibliothèque de Droit Public, Paris, Librairie Générale de Droit et de Jurisprudence, 1979.

portaram o princípio da descentralização para os seus Textos Constitucionais e sistemas de organização administrativa territorial, alcançando, por vezes, resultados mais expressivos do que a *descentralização-centralizada* da França contemporânea. Apesar do impulso reformador de 1982, a França procura, ainda, aperfeiçoar um sistema que secularmente teorizou[25].

O regime da administração local francês e a elaboração em torno da descentralização levada a cabo – mas não a bom termo – naquele país, exerceu grande influência em Espanha e Portugal[26]. Todavia, a história constitucional portuguesa evoluiu em circunstâncias e a um ritmo distinto do sucedido em França, o que ditou uma instabilidade constitucional mais prolongada (das catorze Constituições francesas, a última data de 1958, enquanto que o Texto Constitucional português vigente tem a data de

---

[25] Apesar da dignidade constitucional conferida à autonomia local, e do entendimento doutrinário geral, a verdade é que muitos pensadores admitiam a existência de uma tutela fortíssima, um controlo de legalidade mas também de mérito, na linha do direito positivo francês. Só em 1982, com a grande reforma da descentralização, ficou claramente delimitado o instituto da tutela, então restringido à tutela de legalidade. Recentemente, foi levada a cabo uma revisão constitucional, através da Lei Constitucional n.º 2003-276, relativa à "Organização Descentralizada da República", que alterou o artigo 72.º, que consagrava, em termos muito genéricos e desde 1958, o princípio da livre administração das colectividades locais.

[26] É curioso notar que a teoria da descentralização francesa, nas suas mais variadas manifestações, momentos, fluxos e refluxos, chega a Portugal, a mais das vezes, através da Espanha. Aliás, as semelhanças de evolução político-constitucional de Portugal e Espanha são notórias, e sublinhadas por Jorge Miranda: "A nossa primeira Constituição tem por fonte a Constituição de Cádis e cai em 1823, logo que, em Espanha, Fernando VII é restabelecido como rei absoluto; Tal como em Portugal, em Espanha dá-se uma guerra de sucessão (e outra, décadas mais tarde), à qual subjaz o conflito entre liberais e absolutistas; O equivalente à Carta Constitucional é o Estatuto Real de 1834 e o equivalente à nossa Constituição de 1838 a Constituição espanhola de 1837 (uma das suas fontes, de resto); A segunda metade do século é de relativa paz institucional em ambos os países, assim como a instabilidade do reinado de D. Carlos tem paralelo na do reinado de Afonso XIII; A ditadura de Primo Rivera (1923-1930) é coeva da Ditadura Militar antes de Salazar; São por demais conhecidos os pontos de contacto doutrinais e institucionais entre o «Estado Novo» de Salazar e o regime de Franco; A revolução portuguesa de 1974 é um dos factores determinantes da «reforma política» ou transição constitucional espanhola e a Constituição de 1976 influencia, em alguns pontos, a Constituição de 1978" (*Manual de Direito Constitucional*, Tomo I, Preliminares, O Estado e os Sistemas Constitucionais, 6.ª Edição, Coimbra Editora, 1997, págs. 249-250).

1976) e uma sedimentação muitíssimo tardia das instituições[27]. As influências são, no entanto, de enorme espectro.

Entre nós, a tensão entre a soberania nacional e a periferia de poderes é inerente à fundação do constitucionalismo luso. O «poder local» ou «poder administrativo municipal» havia já oferecido resistência à centralização do poder real. A história tensa entre estes dois pólos é sintetizada por Gomes Canotilho, que assim percorre os quatro séculos de constitucionalismo nacional: "se a Constituição de 1822 ainda concede grande liberdade às câmaras no governo municipal, já a Carta Constitucional de 1826 vai reservar esta matéria às leis ordinárias. A legislação de Mouzinho da Silveira (Decreto de 16 de Maio de 1832), ao estabelecer uma nova organização administrativa, viria logo a demonstrar que a dialéctica do binómio território-Estado, unitária e centralizadamente concebido, se teria de defrontar com esquemas de descentralização, intimamente ligados a problemas fulcrais do poder político. O setembrismo, por exemplo, exigirá a descentralização local – o «poder administrativo é popular e não do trono» –, o mesmo fazendo o movimento republicano e a Revolução de 25 de Abril de 1974"[28-29].

---

[27] De facto, a experiência constitucional portuguesa e a experiência constitucional francesa, se aproximadas pela instabilidade e revisionismo, distanciam-se em diversos pontos: "Em França, para lá da variedade de regimes políticos, ao longo do século XIX foram-se sedimentando grandes princípios constitucionais, nomeadamente os que constam da Declaração dos Direitos do Homem e do Cidadão; em Portugal, se do século XIX para o século XX o acordo sobre os fundamentos do constitucionalismo liberal não oferece solidez, ele ainda mais vai ficar afectado pela duração inusitada de uma ditadura que os põe em causa", sendo a discrepância dos fenómenos compreensível, pois "enquanto em França a crise de legitimidade é vencida cerca de 1880 e se dão, simultaneamente, uma estabilidade de classes e um surto de progresso económico e social, em Portugal prolonga-se até aos nossos dias a crise de legitimidade e não conseguem ser vencidos todos os factores de atraso. Enquanto que em França há fortes instituições políticas a nível central e local, em Portugal elas quase não têm tido tempo para se formar ou são débeis demais para persistir. E, por isso, cada nova Constituição tem sido para os Portugueses um começar ou recomeçar de novo na procura de uma convivência política pacífica, tem sido o ter de fazer tudo desde a base no plano institucional" (Jorge Miranda, *Manual...*, Tomo I, ob. cit., pág. 259).

[28] *Direito...*, ob. cit., págs. 113-114.

[29] Paulo Otero, analisando "A Descentralização Territorial na Assembleia Constituinte" de 1837-1838, relata que, apesar dos propósitos do programa Setembrista e da clara intenção, por parte de alguns deputados, de valorizar a administração local,

Nuno Gonçalo Monteiro sublinha a singularidade do caso português e da resposta centralista do liberalismo luso: Portugal "era um reino, construído através da (Re)conquista e, como tal, dotado de uma invulgar homogeneidade institucional, porque nunca coagido a respeitar a identidade de corpos políticos pré-existentes..."[30]. Deste modo, perante a assumpção do centralismo absolutista pelo Estado liberal, é compreensível que o âmbito de liberdade concedido às manifestações da vida local tenha sido diminuto, comprimindo a autonomia local através da organização administrativa compacta e centralizadora do liberalismo monárquico de Mouzinho da Silveira, e que àquele perdurou[31].

A dialéctica entre centralismo e descentralização, bem como a evolução da história conceptual e prática do princípio da descentralização em Portugal, confundem-se com a história da administração local e das próprias autarquias locais (assim designadas desde a Constituição de 1933), sobretudo do municipalismo. Deste modo, a ela voltaremos ao traçar as origens e evolução das autarquias locais, no Capítulo I da Parte II, onde a organização administrativa do território português *conquista* o espaço merecido.

Entre nós, a afirmação de António Rodrigues Sampaio, remontando ao século XVII, retrata com exactidão a realidade histórica: "as diferentes escolas disputam a preferência entre centralização e descentralização. A controvérsia interessa pouco no campo da teoria, onde o acordo é fácil; a dificuldade começa quando se trata da aplicação. Aqui tudo é nebuloso,

---

existiam à época factores determinantes de uma solução centralizadora para a organização autárquica – a ponto tal que conduziram ao refrear da vontade descentralizadora dos Setembristas: "1) O excessivo número de municípios levava, inevitavelmente, a uma necessidade de redução, sob pena de impraticabilidade de qualquer sistema municipal (...). 2) A falta de meios financeiros tornava inoperantes quaisquer atribuições municipais, representando uma forma de paralisação da actividade municipal (...). 3) A instabilidade política a nível local, com a existência de «tiranos de aldeia» e respectivas guerrilhas" (*Revista da Faculdade de Direito de Lisboa*, Volume XXX, 1989, pág. 303).

[30] "Poder Local e corpos intermédios: especificação do Portugal moderno numa perspectiva histórica comparada", *Poder Central, Poder Regional, Poder Local numa perspectiva comparada*, Luís Nuno Espinha da Silveira (Coord.), Edições Cosmos, 1997, pág. 50.

[31] Neste sentido, *vide* Henriques Nogueira, "Estado liberal e centralização. Reexame de um tema", *Poder Central...*, ob. cit., pág. 65 e segs.

e às vezes os maiores propugnadores teóricos da descentralização convertem-se nos mais práticos impugnadores dela"[32].

1.2. Perspectiva jurídica

A análise jurídica do princípio da descentralização não é imune a dificuldades. Se historicamente a descentralização não foi um sistema de organização administrativa de opção política permanente e estável, a doutrina apresentou-se, sob as mais diversas perspectivas, divergente quanto ao conteúdo e significado jurídico deste princípio.

No âmbito da administração local, que nos ocupa, os conceitos utilizados com a pretensão de coincidir no significado e conteúdo são múltiplos. Nos ordenamentos anglo-saxónicos, *maxime* britânico, fala-se de *governo local* e *autogoverno*. Inspirada pelos ímpetos revolucionários do século XVIII, a doutrina francesa refere-se às *liberdades locais* e ao *"pouvoir municipal"*, preferindo os germânicos a ideia de *administração autónoma territorial*. Entre nós, fala-se de descentralização, poder local, democracia local, administração autónoma e autonomia local. Ainda que se aproximem e correspondam porventura, a prismas distintos da mesma realidade – na medida em que são elementos constitucionalmente tutelados da organização democrática do Estado – momentos históricos houve em que estes conceitos se afastaram, tendo um historial próprio e perspectivando aspectos diferentes.

Escreve António Cândido de Oliveira, o conceito de poder local "salienta a existência, ao nível das comunidades locais, de um poder que se afirma e limita o poder central, chamando a atenção para outros centros de poder a nível territorial. É, neste sentido, uma "manifestação moderna" do princípio da separação dos poderes em sentido vertical"[33]. Já o conceito de democracia local, pouco utilizado e positivado no direito francês somente com a reforma da administração local de 1992, será "o direito dos cidadãos eleitores das comunidades locais (organizadas em autarquias locais, no âmbito do Estado de direito democrático) de deliberar directamente ou através de órgãos por eles eleitos e perante eles responsáveis,

---

[32] Apud Paulo Ferreira da Cunha, "Prelúdio Histórico ao Problema do Centralismo em Portugal", *Teoria do Estado Contemporâneo*, Verbo, 2004, pág. 153.
[33] *A Democracia...*, ob. cit., pág. 18.

sobre os assuntos relativos às respectivas comunidades"[34]. Cândido de Oliveira sintetiza, então, dizendo que "a noção de poder local remete-nos mais para os órgãos das autarquias locais, enquanto a noção de democracia local põe em relevo as populações das comunidades locais"[35].

A administração autónoma é qualificada por Vital Moreira como manifestação de descentralização, "naturalmente associada a todas as representações tendentes a limitar a acção directa do Estado, porquanto ela é um meio qualificado de "desoneração do Estado" *(Staatsentlastung)* e de aproveitamento da capacidade auto-reguladora dos grupos sociais"[36]. João Caupers define administração autónoma como sendo "constituída por entidades públicas que não foram criadas pelo Estado, prosseguindo interesses públicos próprios das colectividades que as instituíram e sendo dotadas de um estatuto jurídico-constitucional"[37]. À autonomia local voltaremos no próximo capítulo deste estudo, detendo-nos por ora na definição oferecida pela Carta Europeia da Autonomia Local: "entende-se por autonomia local o direito e a capacidade efectiva de as autarquias locais regulamentarem e gerirem, nos termos da lei, sob sua responsabilidade e no interesse das respectivas populações, uma parte importante dos assuntos públicos"[38].

Consideramos que estes conceitos, não sendo sinónimos, não são também antinomias, e sim substratos e suportes de uma realidade maior: o princípio da descentralização (territorial autárquica), cujo conteúdo, flexível e moldado pela história e pela doutrina, cumpre delimitar.

---

[34] *Idem...*, pág. 14. Para uma perspectiva de direito comparado sobre o conceito de democracia local, *vide* Alain Delcamp, "La démocratie municipal chez nos voisins: une typologie", *Pouvoirs, Revue Française D'Études Constitutionnelles et Politiques*, n.º 73 (La Démocratie Municipale), 1995, págs. 125-139.

[35] "A difícil....", ob. cit., pág. 93.

[36] *Administração Autónoma e Associações Públicas*, Reimpressão, Coimbra, Coimbra Editora, 2003, pág. 75.

[37] *Direito Administrativo, Guia de Estudo*, Editorial Notícias, 3.ª Edição, 1998, pág. 284. Este escrito conheceu profundos desenvolvimentos posteriores, plasmados em *Introdução ao Direito Administrativo*, Âncora, 7.ª Edição, 2003.

[38] Artigo 3.º, n.º 1, da Carta Europeia da Autonomia Local, tratado internacional elaborado no seio do Conselho da Europa, assinado por Portugal em 1985, mas ratificado apenas em 1990 (tendo a Assembleia da República aprovado este instrumento de direito internacional público, para ratificação, através da Resolução n.º 28/90, de 13 de Julho, e o Presidente da República ratificado a Carta através do Decreto n.º 58/90, de 23 de Outubro).

a) *Evolução conceptual: descentralização e soberania*

Entre os cientistas políticos a definição do conceito de descentralização não foi pacífica. Era premente situar a descentralização no seio da teoria geral do Estado, sob o ponto de vista do fraccionamento do poder estadual soberano.

A soberania, não se confundindo com o poder estadual, associa-se intimamente à ideia de Estado. Se a versão primeira do conceito de soberania, tendencialmente absoluta, indivisível e inalienável, atribuída a Jean Bodin na sua obra *Les six livres de la Republique*, de 1576, sublinhava os atributos nacionais da *summa potestas* – nela integrando-se o direito de estabelecer contactos diplomáticos através do envio e acolhimento de delegações (o *ius legationis*), o direito de celebrar tratados (o *ius tractum*) e o direito de fazer a guerra ou a paz (o *ius belli*) – a necessidade de relativização do conceito tornou-se patente, face ao desenvolvimento das relações internacionais.

Deste modo, actualmente a soberania de um Estado confronta-se com o *alter-ego* dos demais[39], o que realça que "a visão moderna da soberania não é, com efeito, mais do que uma reafirmação do vigor entre sujeitos no plano internacional"[40-41]. Assumindo um sentido relacional, de coexistência entre Estados, "pressupõe uma ordem interna e uma ordem externa ou internacional em que se insere; envolve capacidade simultaneamente activa e passiva diante de outros poderes"[42].

Reconhecendo no Estado uma entidade soberana, na acepção contemporânea do conceito, cumpre apurar se este divide com outras entidades públicas a realização do interesse colectivo, e em que termos se aceita

---

[39] A expressão é de Gomes Canotilho, *Direito Constitucional...*, ob. cit., pág. 84.

[40] Carla Amado Gomes, "A Evolução do Conceito de Soberania. Tendências recentes", *Scientia Iuridica*, Tomo XLVII, N.os 274/276, 1998, pág. 199.

[41] Explicita Fausto de Quadros que a soberania evoluiu conceptualmente, reconhecendo-se que traduz actualmente uma perspectiva de quantidade ou de qualidade: o conceito quantitativo de soberania corresponde ao somatório de todas as faculdades em que o poder soberano, ainda na senda de Bodin, se traduz; o conceito qualitativo de soberania "exprime uma mera susceptibilidade", a aptidão estatal para deter o poder supremo e independente (*Direito das Comunidades Europeias e Direito Internacional Público. Contributo para o estudo da natureza jurídica do Direito Comunitário Europeu*, (Reimpressão), Lisboa, Almedina, 1991, págs. 338-339).

[42] Jorge Miranda, *Manual...*, Tomo III, ob. cit., pág. 173.

tal divisão de tarefas – que assume feições distintas consoante a forma de Estado em questão.

Ora, certos autores, como Duguit, colocaram no mesmo patamar descentralização e federalismo, advogando a incompatibilidade entre a existência de vários níveis administrativos e a soberania e unidade do Estado. Isto é, a descentralização administrativa seria impossível dentro de um Estado unitário[43]. Martinho Nobre de Mello, em análise ao pensamento de Duguit, declara que o estudioso francês "chega a concluir que há descentralização no sentido geral do termo, sempre que numa dada circunscrição territorial há agentes dotados de competência legislativa, judiciária e administrativa em relação à referida circunscrição, mesmo que tais agentes estejam sujeitos à fiscalização dos governantes contanto que não pertençam à hierarquia governativa. Essa descentralização converte-se em federalismo quando os governantes assumem a obrigação de conservar a autonomia em questão, ou, pelo menos, de não extinguir os agentes descentralizados"[44].

Outra corrente de pensamento, na senda de Kelsen e colhendo apoiantes como Duverger, Rousseau ou Schmitt, faz defesa da ideia de que a descentralização constitui o princípio nuclear de que serão corolários o Estado federal e o Estado unitário, constituindo o federalismo uma *"super-descentralização"*[45-46].

---

[43] Cfr. *L'état, les gouvernants et les agents*, 1903, pág. 563. Do mesmo autor, a seu *Traité de Droit Constitutionnel*, Tome II.

[44] "Noção Jurídica da Descentralização", *O Direito: Antologia de Estudos Jurídicos Publicados nas suas Páginas*, Volume II (1919-1943), Lisboa, 1968. Republicado recentemente na mesma revista, *O Direito*, Ano 126, 1994, Volume III-IV, Julho-Dezembro, pág. 737.

[45] Marcel Waline, *Manuel Elémentaire du Droit Administratif*, Paris, 1936, págs. 173 e 174.

[46] Sobre esta questão, *vide* Fausto de Quadros, "A descentralização das funções do Estado nas Províncias Ultramarinas de Portugal. Estudo de Direito Constitucional e Direito Administrativo", *Scientia Iuridica*, Tomos XIX e XX, N.os 107 (1970) e 108-109 (1971), Livraria Cruz, Braga, 1971, pág. 43 e segs. O autor observa o complexo problema da destrinça entre descentralização e federalismo numa óptica diversa, cuidando de referir as diferenças essenciais "que separam as noções de colectividades descentralizada no seio dum Estado unitário e de Estado federado", entendendo que "a diferença entre os fenómenos da descentralização e do federalismo assenta na própria natureza ou essência das duas realidades, e será este critério de índole *qualitativa*" o seu guia.

O estudo desta matéria conhece inúmeros contributos da doutrina brasileira, empenhada em caracterizar o seu modelo de estado federal em destrinça com o fenómeno da descentralização. Entre eles, destacamos a análise do publicista José de Oliveira Baracho, que coloca a questão no âmbito do regime implantado no Brasil em 1964, e subsequente evolução das instituições políticas.

Assumindo que muitos autores encaram federalismo e descentralização como sinónimos, o autor relata: "No "Novo Federalismo", nos Estados Unidos, o modelo da pirâmide foi mantido, colocando-se ênfase na descentralização das operações. Reconhece-se que os ajustes regionais dentro do governo federal, a delegação de autoridade aos Estados e localidades, com o objectivo de seguir os padrões federais, deu novo impulso à descentralização. Esse sistema foi organizado como um molde não centralizado, pelo qual os poderes não eram atribuídos por níveis, mas divididos entre diferentes sectores: federal, estadual e local". Reconhece, no entanto, que "para muitos estudiosos, a evolução dos federalismos internos para uma grande centralização é uma tendência geral que se manifesta nos Estados Unidos, no Canadá ou na Suiça, tomando-se como modelos as três experiências federativas mais que seculares. Apesar de suas particularidades históricas, constitucionais e políticas, esses Estados conhecem, em graus diferentes, dificuldades semelhantes. Assinala-se a inadaptação do esquema dualista da repartição das competências constitucionais aos imperativos e contradições das economias ocidentais. Após a crise económica de 1930, a luta contra as flutuações cíclicas, as consequências da participação na Segunda Guerra Mundial, o segmento das obras políticas "Keynesianas" para assegurar a estabilidade económica, o bem-estar social e o desenvolvimento das políticas intervencionistas do Estado lançam dificuldades para uma divisão constitucional de competências entre duas ordens de governo."[47]

A sobreposição conceptual entre federalismo e descentralização respeita, como decorre do exposto, tanto à descentralização política como à descentralização administrativa. Jorge Miranda, aponta a contraposição fundamental entre Estado simples ou unitário[48] – no seio do qual podemos

---

[47] "Descentralização do Poder: Federação e Município", *Revista Forense*, Ano 82, Volume 293, Janeiro-Março, 1986, pág. 17 e pág. 15.

[48] Baptista Machado, caracterizando o Estado Português como Estado descentralizado, e designando o Estado como "organização" ou "instituição – cúpula", questiona com

encontrar o Estado unitário descentralizado ou regional, fazendo apelo ao conceito de *regionalismo político* – e Estado composto ou federal[49], adverte que "quer o federalismo quer o regionalismo político são tentativas de equilíbrio: o federalismo, entre a independência dos Estados federados e a centralização; o regionalismo entre o federalismo e o Estado unitário centralizado".

De facto, salienta José Tavares, o federalismo e a descentralização não se confundem, "muito embora se reconheça que no caso do Estado unitário regional ou no caso do Estado federal formado por desagregação (Ex. Brasil) possa, aparentemente, haver semelhanças"[50]. As diferenças, no entanto, restituem a clareza: as entidades federadas constituem Estados, enquanto as entidades descentralizadas são entes infra-estaduais; certos casos de federalismo traduzem fenómenos de centralização; a descentrali-

---

enorme pertinência: "Mas o que é uma «organização descentralizada»? Não é toda a organização necessariamente unificadora e, portanto, centralizadora por natureza? Pode uma organização ir além da «desconcentração» e da chamada «descentralização técnica» (em que não desaparece a unidade de direcção), ir até à descentralização propriamente dita, sem perder a sua unidade, sem se dissolver em várias organizações? Parece que não. Donde a seguinte conclusão: o Estado, quando descentralizado, não é uma organização, e, quando é uma verdadeira organização (como no «centralismo democrático»), não é – nem pode ser – descentralizado. Se bem que o Estado tenha uma organização (...) para nós o moderno Estado de estrutura liberal, globalmente considerado em relação à sociedade, não funciona como uma organização directa desta (organização unificadora de todos os cidadãos), mas como um mecanismo regulador" (*Participação e Descentralização, Democratização e Neutralidade da Constituição de 76*, Coimbra, Almedina, 1982, pág. 95).

[49] Os critérios de distinção apontados pelo douto Professor são os seguintes: "unidade ou pluralidade de poderes políticos (ou de poderes soberanos na ordem interna); unidade ou pluralidade de ordenamentos jurídicos originários ou de Constituições; unidade ou pluralidade dos sistemas de funções e órgãos do Estado; unidade ou pluralidade de centros de decisão política *a se*. Apesar das diferenças de perspectivas, coincidem nos resultados". O Estado unitário admite descentralização administrativa e descentralização política, falando-se quanto a esta de regionalização política, caracterizada pela existência de "províncias ou regiões que se tornam politicamente autónomas por os seus órgãos desempenharem funções políticas, participarem ao lado dos órgãos estatais, no exercício de alguns poderes ou competências de carácter legislativo e governativo" (*Manual...*, Tomo III, ob. cit., pág. 275).

[50] "O federalismo – sua caracterização. Contributo para o estudo da natureza da União Europeia e das Comunidades Europeias" (1994/95), *Estudos de Administração e Finanças Públicas*, Almedina, 2004, pág. 115.

zação pode ocorrer no seio de Estados unitários ou de Estados federais; por fim, a repartição de competências entre a Federação e os Estados federados é tributária do princípio da especialidade das atribuições federais, prevalecendo na descentralização o princípio da especialidade das entidades descentralizadas[51].

Não esquecendo que o nosso estudo impende apenas sobre a descentralização administrativa, tudo quanto se diga sobre a impossibilidade de fazer coincidir federalismo e descentralização vale para as várias formas de descentralização, política ou administrativa. Concluindo, com José Tavares, tanto o federalismo como a descentralização são conceito relacionados com a organização: "formas, modelos, métodos, valores ou princípios de organização"[52].

À descentralização reconhece-se a natureza de princípio de organização administrativa do Estado: existindo pessoas colectivas públicas (territoriais) distintas do Estado, legalmente encarregadas do exercício de actividades administrativas, existirá *descentralização administrativa*. No entanto, a descentralização mantém-se como questão permanente do federalismo, quer pela identificação doutrinária preconizada por alguns, quer pela necessidade de impor a descentralização nos novos federalismos, onde persiste a centralização, advogam outros autores[53].

Questão distinta, mas com especial revelo para a temática deste estudo, é sublinhada por Baptista Machado: ainda que às entidades locais seja reconhecido um poder local, de autodeterminação, que não pode ser suprimido pelo Estado, "só a comunidade estatal é soberana. Por conseguinte, a faculdade de orientação político-administrativa dos entes locais territoriais é delimitada pelas normas do Estado"[54].

b) *Delimitação conceptual: descentralização territorial e desconcentração*

Conciliado o princípio da descentralização e a existência de entidades dotadas de *um poder local* com a unicidade e soberania do Estado, e reconhecida à descentralização a natureza de princípio orientador da

---

[51] *Idem...*, págs. 115-116.
[52] *Idem...*, pág. 113.
[53] *Vide* José Oliveira Baracho, ob. cit., pág. 14 e segs.
[54] Ob. cit., pág. 10.

actuação do Estado unitário na distribuição de funções entre vários níveis de administração, revela-se crucial delimitar o conceito de descentralização face a noções que dela se aproximam. Definindo as fronteiras conceptuais deste fenómeno, *maxime* entre a descentralização e a desconcentração, clarificaremos a questão da existência de diversas formas de descentralização administrativa.

De facto, vários autores entenderam a descentralização de forma muito ampla, advogando uma aproximação estreita entre aquelas duas realidades. Entre nós, Martinho Nobre de Melo defendeu ser a descentralização "toda a transferência de poderes, atribuições e serviços, de órgãos centrais para órgãos locais, quer se trate de agentes hierárquicos quer de organismos autárquicos, realizada sob a unidade estadual"[55].

A desconcentração, enquanto fórmula possível da organização administrativa, respeita ao estatuto organizacional de uma determinada pessoa colectiva pública, seja o Estado, seja qualquer outra entidade pública: "traduz-se simplesmente numa deslocação de competências no âmbito da própria organização administrativa do Estado, dos órgãos centrais para os órgãos periféricos, dos órgãos superiores para os órgãos inferiores"[56]. Trata-se, portanto, de um princípio de dinâmica interna e singular, de distribuição de tarefas no seio de uma única entidade pública de forma interorgânica. Ao invés, a descentralização perfila-se como princípio eminentemente relacional e plural. Trata-se, pois, de um processo compreensivo e multinivelado, estando em causa a distribuição de tarefas entre entes públicos diversos.

A destrinça entre estes fenómenos é, aparentemente, simples: a desconcentração trata da distribuição de competências entre diversos órgãos da mesma pessoa colectiva pública; a descentralização cuida da distribuição de atribuições entre pessoas colectivas públicas diversas – singularidade, por um lado; pluralidade, por outro. O problema reside no facto de a desconcentração, quando se manifeste de forma vertical – deslocação de competências dos órgãos centrais do Estado para a periferia, os serviços desconcentrados do Estado – prosseguir finalidades semelhantes aos fins da descentralização, "designadamente a aproximação dos servi-

---

[55] Ob. cit, pág. 742.
[56] J. J. Gomes Canotilho e Vital Moreira, *Constituição da República Portuguesa Anotada*, 3.ª Edição revista, Coimbra Editora, 1993, pág. 928.

ços das localidades e das populações, quer através da criação de serviços, quer através da delegação de poderes", referem Gomes Canotilho e Vital Moreira nas suas anotações à Constituição[57].

Todavia, é notório que aos dois princípios presidem diferentes objectivos. A desconcentração obedece a uma lógica de descongestionamento burocrático de competências, procurando conferir à entidade pública cujas competências foram desconcentradas maior eficiência na prestação dos serviços públicos. A descentralização, *maxime* a descentralização territorial, presta tributo à formação – espontânea ou orgânica – das entidades que beneficiam dos poderes transferidos, agregações que se formam por força de interesses comuns e distintos mas paralelos aos interesses gerais da comunidade.

Assim, a delimitação do conceito doutrinário e dogmático de descentralização, precisando o seu conteúdo, formas e distinguindo-a da desconcentração, é tarefa que exige, uma vez mais, observar o percurso evolutivo, quase cronológico, dos estudiosos dos fenómenos organizativo-administrativos e suas teses.

Observando tal evolução, é possível definir quatro etapas de relacionamento entre a descentralização e outros fenómenos a que a doutrina a terá associado ou, noutros momentos ou entendimentos, isolado. Assim, verificou-se inicialmente uma (1) identificação conceptual entre descentralização e *autogoverno municipal*; mais tarde, ante o crescimento e consequente complexidade estrutural da administração pública, (2) entendeu-se a descentralização de forma mais ampla, falando-se de *descentralização corporativa*; face ao revigor do centralismo, (3) o conceito originário de descentralização diluiu-se, e surge uma "*nova descentralização*"; por fim, e recentemente, (4) surgem defensores da *purificação conceptual*, oferecendo à descentralização o seu sentido próprio: a descentralização territorial.

Vimos já, ao analisar as origens históricas do princípio da descentralização, que este surge com a Revolução Francesa, como contraponto ao monopólio estadual, à centralização experimentada sobretudo naquele país e revigorada já no pós-revolução, pela chegada ao poder de Napoleão Bonaparte. Preocupava os franceses, acompanhados nesta inquietação pelos germânicos (embora em circunstâncias históricas diversas e ofe-

---

[57] Ob. cit., pág. 928.

recendo a doutrina alemã contornos dogmáticos distintos a esta questão), a garantia da existência de uma esfera autonómica, de competências e de liberdade eleitoral aos municípios e aos munícipes. Não será excessivo afirmar, com Vital Moreira, que a descentralização era autogoverno municipal[58].

A *descentralização corporativa* surge com a expansão e complexidade organizacional da administração pública. Desta forma, o conceito de descentralização passa a englobar, também, corporações públicas e entidades afins, situadas para lá da administração directa e cujos requisitos originários de descentralização foram, por vezes, ultrapassados.

A *"nova descentralização"* significou um novo e mais extremado movimento de ampliação do conceito que, acompanhando um renovar do impulso centralista, significou a diluição da noção originária, adicionando-lhe agora os institutos públicos e os estabelecimentos públicos. Surge, assim, a "descentralização técnica ou por serviços" ou "descentralização institucional ou funcional". Ao conceito clássico introduz-se um sentido tecnicista – claramente distante do primitivo sentido político da fenomenologia descentralizadora – absorvendo a habilidade estadual criadora de entidades administrativas que com o Estado passaram a repartir tarefas, abdicando da sua independência face a este e fazendo cair o pressuposto fundacional de autogoverno.

Este movimento de autonomização jurídica de serviços do Estado, tributária da centralização[59], «clonou» o conceito de descentralização pela duplicação do conceito de personalidade jurídica e obrigando à distinção entre descentralização *stricto sensu* e descentralização em sentido amplo, explicita Vital Moreira: "a partir daí deixou de ser possível – se é que o era antes – um conceito unitário de descentralização, abrangente ao mesmo título da administração autónoma e da administração indirecta do Estado.

---

[58] Ob. cit., pág. 145.

[59] De facto, "o conceito alargado e puramente formal de descentralização tinha plena razão de ser numa perspectiva centralista do Estado. Por um lado, voltara a prevalecer a concepção da unidade da administração sob a égide do Governo. Por outro lado, toda a administração era, em sentido amplo, administração estadual. As formas autoritárias de Estado administrativo, características do período entre as duas guerras, mas que entre nós o Estado prolongou até 1974, mantiveram durante muito tempo a secundarização da autonomia municipal bem como a tendência para transformar toda a administração autónoma em administração indirecta do Estado" (Vital Moreira, ob. cit., pág. 148).

Mesmo se o conceito de descentralização não foi desde logo reduzido à administração autónoma, foi-se progressivamente impondo a distinção entre um sentido estrito ou próprio de descentralização – equivalente ao de administração autónoma – e um conceito amplo ou impróprio, para designar a descentralização por serviços ou institucional"[60]. A descentralização servia, agora, a administração autónoma e a administração indirecta do Estado[61].

Por fim, surgiram recentemente propostas de reconfiguração do conceito de descentralização, preconizando mais do que um regresso às origens dogmáticas, mas um movimento "purificador" e de identificação entre descentralização e autonomia. Entre os defensores desta "decantação" encontra-se Casalta Nabais, advogando que quando a administração dos interesses nacionais é entregue pela administração estadual a pessoas colectivas de direito público para tal efeito criadas, ou mesmo a pessoas colectivas de direito público já existentes "como instrumentos unificadores de colectividades humanas suportes de administrações autónomas", estamos perante fenómenos de "desconcentração personalizada" – efectivada através do expediente da devolução de poderes ou de competências – e de "desconcentração autárquica", respectivamente[62]. Remata, destacando a evidência de que "em nenhuma destas hipóteses se pode falar de uma verdadeira descentralização administrativa, uma vez que não há aqui lugar a uma autêntica transferência de atribuições do Estado-

---

[60] Ob. cit., pág. 155.

[61] A administração instrumental ou indirecta do Estado – prosseguida, então, por entidades públicas criadas pelo Estado para prosseguir atribuições suas – contrapõe-se à administração directa do Estado, prosseguida por órgãos e serviços da pessoa colectiva Estado. Todavia, a crescente complexidade da administração pública tem conduzido a uma reconfiguração célere das entidades que a doutrina tradicionalmente integrava neste modelo de organização administrativa do Estado, bem como ao surgir de novos entes cuja inserção nas diversas categorias se reveste, muitas vezes, de inúmeras dificuldades.

[62] *A Autonomia Local (Alguns Aspectos Gerais)*, Coimbra, Faculdade de Direito, 1990, págs. 60-62. A "desconcentração autárquica" corresponde, de acordo com o autor, à devolução de poderes inerentes a atribuições exclusivas do Estado às autarquias, gozando aqui a entidade estadual de uma verdadeira tutela administrativa sobre os órgãos autárquicos que recebem tais atribuições. Apenas estaremos perante uma verdadeira descentralização quando o Estado "devolva" às autarquias locais atribuições próprias da comunidade local (Cfr. nota 121).

-administração, mas tão só a uma transferência de poderes relativa a atribuições de que o Estado não abre mão". Por seu turno, Afonso Queiró fala de uma "pseudodescentralização", a propósito da descentralização por serviços[63].

Naturalmente, esta questão ocupa os estudiosos do direito e da organização administrativa do Estado de vários quadrantes geográficos. Em Espanha, a doutrina divide-se, essencialmente, entre os seguidores de Garrido Falla e a definição ampla de que fez defesa em 1950[64] – que compreende a descentralização territorial e a descentralização institucional, integrando esta os "organismos autónomos", os institutos públicos espanhóis – e a linha de Ariño Ortiz[65], que considera indispensáveis à efectiva descentralização a personalidade jurídica, poderes de decisão próprios, autogoverno e tutela (apenas) de legalidade, desconsiderando, deste modo, os "organismos autónomos".

Entre a doutrina alemã – tal como entre os juristas dos ordenamentos jurídicos de influência germânica, *maxime* austríaco e suíço – a descentralização dá lugar à administração autónoma, enquanto conceito nuclear em matéria de organização administrativa. Todavia, a descentralização não é desconsiderada pela doutrina, prevalecendo uma acepção ampla deste conceito, que compreende todas as entidades infra-estaduais, de formatação orgânica diversa, desde que sejam dotadas de autonomia de decisão. Peters distinguiu, em 1928, a "descentralização independente" da "descentralização administrativa", exigindo a primeira independência de decisão e correspondendo esta à desconcentração[66].

Não reclamando a eleição dos dirigentes das entidades descentralizadas, mas indo mais além do que a sua simples personificação jurídica, a doutrina germânica entende a descentralização como "transferência de tarefas administrativas para unidades administrativas autónomas, para serem realizadas de forma independente *(Weisungsfrei)* e sob responsabi-

---

[63] "Desconcentração", *Dicionário Jurídico da Administração Pública*, Volume III, Lisboa, 1990, pág. 572.

[64] *Administración indirecta del Estado y descentralización funcional*, Madrid, IEAL, 1950.

[65] *Vide*, entre outros escritos do autor com relevância para esta matéria, "Principios de descentralización y desconcentración", *Documentación Administrativa*, N.º 214, págs. 11-34.

[66] *Zentralization und Dezentralization*, Berlin, Springer, 1928.

lidade própria, se bem que sob tutela da unidade administrativa central", afirma Uhlitz[67].

Por seu turno, a grande maioria dos doutrinários franceses repudiam a "descentralização por serviços", pois oferecem ao elemento democrático um carácter de essencialidade na construção dogmática da descentralização. A eleição democrática dos dirigentes das entidades descentralizadas é, assim, fundamental[68]. Entre aqueles que aceitam a descentralização funcional, assume-se a existência de diferenças substanciais entre a "descentralização por serviços" – a que corresponderão os comuns estabelecimentos públicos franceses – e a "descentralização por corporações", a que correspondem os estabelecimentos públicos de base pessoal, representativos, como as câmaras de comércio e os sindicatos, aceitando alguns autores que esta possa ser considerada como verdadeira descentralização[69].

Terminamos este breve excurso sobre a perspectiva da doutrina forasteira em Itália, onde as concepções dogmáticas em torno da descentralização são de tal forma amplas que não apenas integram a desconcentração naquele conceito como abdicam por completo da defesa de uma noção material de descentralização. Note-se que a expressão "autarquia local" encontra origem naquele país onde, ao contrário do que sucede entre nós, conheceu grande disseminação fora do universo da administração territorial autárquica, falando-se então em autarquias institucionais e corporativas e polarizando-se até ao fenómeno da desconcentração.

Esta preferência absoluta por uma concepção formal de descentralização é explanada por Vital Moreira, que torna patente o desconhecimento da distinção entre descentralização e desconcentração por parte da doutrina transalpina, que considera estas duas realidades "como duas modalidades ou graus de *decentramento:* por um lado, o "*decentramento* autárquico", que designa os entes públicos dotados de "autarquia" (isto é, de

---

[67] "Dekonzentration und Dezentralisation – oder abhängige und unabhängige Dezentralisation?", *Geächnisschrift Hans Peters*, Berlin, Springer, pág. 223, apud Vital Moreira, ob. cit., pág. 153.

[68] Embora a regra conheça excepções, como a construção de Charles Eisenmann relativa à independência pessoal, que mais adiante analisaremos.

[69] R. Chapus, *Droit administratif général*, Volume I, 6.ª Edição, Paris, 1992. Também G. Védel e P. Delvolvé, *Droit administratif*, 12.ª Edição, Paris, PUF, 1992. Sobre esta questão, *vide*, ainda, Vital Moreira, ob. cit., pág. 150 e segs.

poderes administrativos próprios) nos seus vários formatos organizatórios (corporações e institutos públicos); por outro lado, o *"decentramento* orgânico" ou "interno", "hierárquico" ou "burocrático", que ocorre dentro da própria administração directa do Estado"[70].

Entre nós, muitos autores aceitam a discriminação entre descentralização territorial e descentralização técnica, por serviços ou institucional. Marcello Caetano, colocando a questão no âmbito da opção entre o sistema centralizador e o sistema descentralizador, adivinhava à descentralização territorial um futuro pouco risonho, se concebido de acordo com os ditames do municipalismo doutrinário. À descentralização institucional, que consistia "em o Estado entregar a gestão de certo interesse ou feixe de interesses colectivos a um serviço personalizado e autónomo", pressagiava melhor sorte, uma vez que permitia "descongestionar as responsabilidades e trabalhos do Governo que apenas reservará um papel fiscal e tutelar, tendente à coordenação com as outras actividades públicas"[71].

Também Jorge Miranda contrapõe a descentralização territorial à descentralização institucional ou formal, correspondendo o substrato daquela ao factor territorial de vizinhança e o conteúdo desta ao factor pessoal ou funcional[72]. Distingue, todavia, descentralização e desconcentração. Sublinhando a diversidade conceptual em torno da descentralização frisa que os vários conceitos "têm por base a separação entre a pessoa colectiva Estado e outras pessoas a ela subordinadas e chamadas também a participar na prossecução de finalidades públicas com poderes de autoridade", enquanto que na desconcentração deparamos com uma pluralidade de "órgãos do Estado por que se dividem funções e competências, a diferente nível hierárquico ou não, e de âmbito central ou local"[73-74].

---

[70] Ob. cit., pág. 152.

[71] *Manuel de Direito Administrativo*, 2.ª Edição (inteiramente refundida), Coimbra Editora, 1947, pág. 156.

[72] *Idem...*, pág. 180. Jorge Miranda contrapõe ainda a descentralização administrativa primária à descentralização administrativa secundária, correspondendo a primeira à "atribuição, por via constitucional ou legislativa, de funções administrativas a pessoas colectivas de direito público", e a segunda "permissão legal de transferência de poderes administrativos de pessoas colectivas de direito público para pessoas colectivas de direito privado e regime administrativo".

[73] *Manual...*, Tomo III, ob. cit., pág. 178. De outro modo, descreve o autor a natureza diversa da descentralização territorial da descentralização institucional ou funcional, e os respectivos regimes jurídicos: "a descentralização territorial decorre da existência de

Em favor da distinção entre descentralização em sentido próprio e descentralização técnica ou por serviços, Baptista Machado considera crucial a destrinça entre a "descentralização administrativa operada pela "devolução de poderes" e a "descentralização territorial em colectividades territoriais autónomas, que muitos consideram ser mesmo a única e verdadeira descentralização. Esta descentralização corporiza-se nas autarquias locais, que são pessoas colectivas "de população e território", com fins múltiplos, isto é, pessoas colectivas que têm um substrato pessoal constituído pela comunidade de pessoas que habitam certa circunscrição do Estado"[75].

Freitas do Amaral, que distingue claramente a desconcentração – situação que se verificará apenas dentro do Estado ou dentro de qualquer outra entidade pública – da descentralização, considera que a descentralização em sentido estrito será apenas a descentralização territorial, reconduzindo a descentralização institucional e a descentralização associativa ao fenómeno da devolução de poderes[76].

Também Fausto de Quadros manifesta preferência pela expressão "devolução de poderes" para designar as manifestações de dita descentralização técnica, na medida em que retrata a verdadeira essência do fenómeno em estudo[77].

---

comunidades definidas em razão de certo território; a descentralização institucional de funções ou instituições a que se atribui relevância *a se*. A primeira dá satisfação a finalidades (imediatamente políticas) de autonomia – já que a «organização democrática do Estado compreende a existência de autarquias locais» (art. 235.º); a segunda ao objectivo de «evitar a burocratização, aproximar os serviços das populações e assegurar a participação dos interessados na sua gestão efectiva» (art. 267.º, n.º 1)" (*Idem...*, pág. 228).

[74] Reconhecendo, também, o fenómeno da "descentralização por serviços", *vide*, entre outros, Mário Esteves de Oliveira, *Direito Administrativo*, Coimbra, Almedina, 1980, pág. 186 e segs.; Paulo Otero, "Institutos Públicos", *Dicionário Jurídico da Administração Pública*, Volume V, 1993, págs. 250-274.

[75] Ob. cit., pág. 6.

[76] Ob. cit., pág. 657, e pág. 698 e segs.

[77] Relata o autor que, de facto, a terminologia varia muito, sobretudo de país para país, o que se tornou patente no Congresso de Wiesbaden, em 1959, onde se procurou elaborar "sob os auspícios da UNESCO, o Dicionário de Ciências Sociais: os conceitos de descentralização sugeridos pelas delegações dos vários países diferiam muito (...). O Instituto Internacional de Ciências Administrativas pretendeu superar essa dificuldade, distinguindo, dentro da descentralização administrativa, a descentralização territorial (realizada pelas autarquias locais) e a devolução de poderes (que era a descentralização por

No mesmo sentido, João Lourenço considera a descentralização na sua acepção material: apenas a descentralização territorial, levada a cabo por entes públicos de cariz territorial, é verdadeiramente descentralização[78]. José Tavares, não tomando posição de forma directa, considera que as autarquias locais correspondem a um fenómeno de descentralização administrativa "de elevado grau"[79].

Da mesma forma, como observámos anteriormente, Afonso Queiró e Casalta Nabais seguem esta linha de orientação. Sérvulo Correia, perfilhando o mesmo entendimento, afirma: "a descentralização significa o reconhecimento pelo Estado do direito das populações que integram os diversos tipos de comunidades locais e regionais de se organizarem em pessoas colectivas públicas de população e território dotadas de órgãos representativos que prosseguem com autonomia os interesses próprios dessas comunidades"[80].

---

serviços). Não se pense, no entanto, que foi de fácil aceitação o termo devolução, já que algumas delegações sustentaram ardorosamente que, pelo menos com respeito a algumas das suas actividades, a pessoa colectiva autónoma podia gozar de autonomia que não tivesse origem em qualquer outra autoridade. Depois de acessa discussão, manteve-se, todavia, a palavra devolução, porque, apesar de tudo, abarca vários mecanismos administrativos que se não poderiam exprimir por uma expressão diferente", *A descentralização...*, ob. cit., pág. 35, nota (60).

Ao contrário de outros autores, em 1971, Fausto de Quadros não estava "com aqueles que sustentam estar a descentralização territorial em crise. Podemos aceitar, sim, o declínio da sua concepção clássica como descentralização exclusivamente circunscrita à função administrativa; mas, nos Estados unitários dos tempos em que vivemos, sobretudo naqueles em que as tendências federativas vão tentando romper o espartilho da unidade que juridicamente cimenta o Estado e em que se vai acentuando, cada vez mais, a particularização de certos interesses locais (ao lado dos interesses gerais), ao fenómeno da descentralização territorial, referido, como sempre temos vindo a fazer, a todas as funções do Estado, está reservado, assim cremos, um ridente e esperançoso futuro", sem que, no entanto, tal impedisse o autor de reconhecer a devolução de poderes como forma mais florescente no âmbito da organização administrativa do nosso país (*Idem...*, pp. 60-61).

[78] "Contributo para uma análise do conceito de descentralização", *Direito Administrativo – Revista de Actualidade e Crítica*, Ano 1, N.os 4-5, 1980, pág. 263.

[79] "O quadro legal da tutela administrativa sobre as autarquias locais. Necessidade de mudança?" (1996), *Estudos...*, ob. cit., pág. 175.

[80] *Noções de Direito Administrativo*, Volume I, Lisboa, Editora Danúbio, 1982, págs. 126-127. Continua o autor, frisando que a descentralização só atingirá o seu pleno significado "se utilizada ao serviço não só da participação mas também da autonomia, que se materializa na inexistência de um poder de direcção do Estado sobre os entes des-

Na opinião de outros autores, será o elemento democrático a marcar a fronteira entre descentralização *stricto sensu* e desconcentração, encaminhando a descentralização institucional ou por serviços para esta figura. José de Oliveira Baracho, na sua análise da descentralização no âmbito da evolução do sistema político brasileiro, sistematiza, com Charles Roig, as diversas teorias da descentralização, entendendo que a mera criação e atribuição de competências a centros de administração pública autónomos não é suficiente para a sua caracterização como fenómenos descentralizadores[81].

Assim, apenas existirá descentralização quando exista *democracia local*, quando a escolha do corpo dirigente dos órgãos não centrais autónomos seja efectivada pelo eleitorado da respectiva circunscrição. A introdução do elemento democrático no conceito de descentralização corresponde ao fenómeno de auto-administração, de *selbstverwaltung*, desenvolvido essencialmente pela doutrina germânica, a que voltaremos adiante.

Questão distinta será a pretensa indissociabilidade entre democracia e descentralização: aquela convive, igualmente, com a centralização. Veja-se o exemplo do Estado Jacobino, *democrático* e paradigma da centralização. Hauriou encarava a descentralização administrativa como contrapeso da centralização, e não como elemento de desagregação do sistema centralizado[82].

Em síntese, e colocando desde já de parte a solução, exclusiva da doutrina italiana, de identificação absoluta entre descentralização e desconcentração, estamos já em condições de sintetizar, não de forma acrítica, os diversos contributos doutrinários analisados. A tese mais restrita entende como única e verdadeira a descentralização territorial – é este, aliás, o seu sentido originário, remontando à ideia francesa de autogoverno. A tese intermédia faz defesa de um conceito de descentralização corpori-

---

centralizados (...) Este é o entendimento íncito na Constituição de 1976, cujo art. 6.º, n.º 1, coloca lado a lado a autonomia das autarquias locais e a descentralização democrática da Administração Pública como princípios que o Estado deve respeitar. A Constituição emprega também a expressão "poder local", que parece subentender a faculdade originária de auto-organização e auto-administração das populações locais no que concerne à prossecução dos seus interesses próprios".

[81] Ob. cit., pág. 11 e segs.
[82] *Précis de droit administratif et de droit public*, Fascículo 1, 1927.

zado não apenas pelas autarquias locais (e corporações públicas, dir-se-á), mas também por institutos públicos autónomos e sujeitos apenas a tutela de legalidade. Finalmente, uma percepção conceptual amplíssima da descentralização coloca à transparência um conjunto de "pessoas colectivas infra-estaduais com funções administrativas, mesmo que puramente instrumentais, que assim acrescem a todas as demais categorias de entidades públicas referidas como instâncias de descentralização"[83].

Abandonando já a última corrente e revelando preferência pela primeira, cumpre observar em que aspecto se afastam autarquias locais e institutos públicos, de tal sorte que estes possam ser retirados da esfera da descentralização em sentido próprio ou material.

Em concordância plena com Baptista Machado, a autonomia administrativa e financeira não é elemento diferenciador das colectividades territoriais autárquicas e dos institutos públicos, na medida em que ambos gozam da mesma, ou pelo menos de uma, dessas formas de autonomia. No entanto, as "autarquias locais como os municípios radicam numa tradição histórica *de autonomia face ao Estado* que não permite concebê-las sem mais como criação deste, como entes que o Estado tenha instituído e aos quais tenha atribuído certos poderes. Com efeito, pelo menos as autarquias municipais são muito anteriores ao próprio Estado moderno"[84].

Os institutos públicos, pese embora correspondam a uma forma de repartição de atribuições, desempenham tarefas que não são próprias do seu substrato institucional. Ou seja, prosseguem interesses que não lhes são próprios, dentro de um determinado nível – estadual, regional ou local – de satisfação de necessidades públicas.

As autarquias locais, pessoas colectivas de população e território, são, desta forma, entidades *generalistas*, enquanto que os institutos públicos – criados por uma pessoa colectiva de população e território – são *especialistas*[85]. Salienta Baptista Machado, retirando conclusões da construção de Giannini em torno do conceito de autonomia, que "os entes territoriais têm no quadro dos entes públicos uma posição muito própria que permite destacá-los bem dos entes públicos não territoriais, pelo que não seria sem razão que certos autores são levados a afirmar que os entes ter-

---

[83] Vital Moreira, ob. cit., pág. 157.
[84] Baptista Machado, ob. cit., págs. 8-9.
[85] A expressão é de José Tavares, *Administração Pública e Direito Administrativo, Guia de Estudo*, 3.ª Edição (Revista), Almedina, 2000, pág. 68.

ritoriais (autarquias de população e território) e os entes não territoriais (autarquias institucionais) representam categorias completamente heterogéneas"[86].

Acresce, ainda, que as autarquias locais são constitucionalmente reconhecidas como emanação de *um poder local*, permanecendo como ideia referencial deste poder, tal como apontado por Luís Filipe Colaço Antunes, o "reconhecimento do município como entidade comunitária pré-estatal (Herculano), o que obriga o ordenamento jurídico a pensá-lo e a reconhecê-lo, mas não a criá-lo. O Estado e o seu ordenamento jurídico-constitucional acabam, assim, por crismar juridicamente o poder local, sob a forma estruturante de autarquia local, como pessoa colectiva territorial, com atribuições e poderes públicos próprios"[87]. Em remate, e com Baptista Machado, "neste contexto de ideias, os entes territoriais autárquicos distinguir-se-iam dos institutos públicos, quanto ao seu regime, sob dois aspectos fundamentais: a) pelo facto de aqueles se poderem dar a si próprios uma orientação ou direcção político-administrativa que lhes não é definida pelo Estado; b) pelo facto de o controlo de tutela exercido sobre os institutos públicos ir dirigido, também, a verificar a observância por parte destes da orientação político-administrativa do Estado, ao passo que o controlo exercido sobre as autarquias locais se destina apenas a verificar se os respectivos órgãos ultrapassaram os limites que lhes são assinalados por lei"[88].

Concluímos defendendo, a par com vários autores apontados, a decantação conceptual da descentralização, oferecendo-lhe um conteúdo material e um sentido próprio que correspondem à descentralização territorial. Aos institutos públicos não podemos oferecer outra configuração que não seja a de neles reconhecer um fenómeno técnico de eficiência e especialidade na satisfação dos interesses públicos, a que só impropriamente poderá chamar-se descentralização[89]. Quanto a outras entidades

---

[86] Ob. cit., pág. 9.
[87] "Poder Local", *Enciclopédia Verbo Luso-Brasileira de Cultura*, Edição Séc. XXI, 23, Editorial Verbo, pág. 2.
[88] Ob. cit., pág. 9.
[89] Não podemos, desta forma, deixar de concordar com Ana Fernanda Neves, quando afirma que da multiplicidade de designações oferecida pela doutrina aos institutos públicos – descentralização técnica, descentralização por serviços, descentralização funcional ou institucional, descentralização imprópria ou formal, desconcentração personali-

públicas a quem é reconhecida autonomia face à pessoa colectiva pública Estado, como algumas associações públicas[90] – pensamos aqui, sobretudo, nas ordens profissionais – e as universidades públicas[91], prosseguindo

---

zada, desconcentração institucional e devolução de poderes "resulta que não são tidos nem como expressão de "descentralização pura" nem de "desconcentração pura" ou que não consubstancia por inteiro, verdadeira e propriamente, uma manifestação de descentralização administrativa ou uma manifestação de desconcentração administrativa. Tirando a designação de devolução de poderes – nascida para acertar a terminologia que caracteriza a deslocação de poderes operada com os institutos públicos, à falta de consenso sobre a terminologia a utilizar e a polissemia de conceitos de descentralização – os institutos públicos são sempre contextualizados ou no sistema de descentralização ou no de desconcentração com a adjectivação da respectiva qualificação, como visto. A guardar-se como estrito o conceito de descentralização, consubstanciarão outro fenómeno. (...) na desconcentração há unidade subjectiva, o fenómeno é intra-subjectivo. Os institutos públicos colocam-se num quadro de inter-subjectividade, de "poliarquia", de afirmação autónoma responsabilizante. Acontece que esta maturidade subjectiva é perturbada pela menoridade face ao ente matriz ou de referência.

Há então que situar uma realidade que não sendo intra-subjectiva, não é verdadeiramente inter-subjectiva ou de relacionamento paritário entre sujeitos de direito independentes, que oscila entre o princípio da descentralização e o princípio da superintendência e ademais quando a Constituição não nomeia a existência de um *tertium genus*, mas apenas se refere a uma organização administrativa desconcentrada e a uma organização administrativa descentralizada. Faz sentido enunciá-la com uma outra expressão como a devolução de poderes, sem que tal se oponha a nomeação constitucional apenas à descentralização e à desconcentração". Conclui a autora que, "a preservar-se o uso de uma das duas expressões, ainda que subjectivadas, parece-me preferível dizer que os institutos públicos consubstanciam uma descentralização funcional ou técnica, conquanto esta revela a existência de sujeitos distintos, de intersubjectividade; por outro lado, mostra que a autonomia que lhe anda associada é ditada por razões de funcionalidade na gestão de interesses públicos, "informada pelo princípio da especialização" " ("Os institutos públicos e a descentralização administrativa", *Estudos em Homenagem ao Professor Doutor Inocêncio Galvão Telles*, Volume V, Direito Público e Vária, Almedina, 2003, págs. 537-538).

Parece-nos que o rigor conceptual impõe-se e, pese embora concordando de forma integral com a análise levada a cabo pela autora, a descentralização conhece apenas um sentido próprio, não servindo, portanto, para nomear realidades cujo substrato e configuração revelam uma celeridade evolutiva que carece, já, de outra atenção por parte da doutrina mas, sobretudo, do legislador constitucional.

[90] Sobre as associações públicas profissionais, *vide* a já citada obra de Vital Moreira, *Administração...*, pág. 403 e segs.

[91] Sobre a autonomia das universidades públicas, *vide* Luís Pedro Pereira Coutinho, *As Faculdades Normativas Universitárias no Quadro do Direito Fundamental à Autonomia Universitária. O Caso das Universidades Públicas*, Almedina, 2004; Casalta Nabais,

interesses públicos nacionais mas dotadas de estatutos autonómicos especiais (o que retira estas entidades da esfera da desconcentração), nelas encontramos manifestações não de descentralização, mas antes de semi-descentralização – conceito que adiante exploraremos.

c) *Pressupostos da descentralização local autárquica: configuração clássica e conceptualização contemporânea*

Delimitado o seu âmbito, através da destrinça entre descentralização e desconcentração e por repudio da pretensa *descentralização* por serviços, técnica ou institucional, é fundamental reconhecer neste conceito os seus graus e limites. Questões que marcaram o percurso do princípio da descentralização, integram o seu substrato, e que se reconduzem ao relacionamento do Estado com a administração local que, pese embora autónoma, não é soberana.

O estudo do princípio da descentralização reclama uma análise da intensidade e efectividade da descentralização, ou seja, a verificação do cumprimento dos pressupostos da descentralização local autárquica.

Ainda que o Estado contemple a existência de pessoas colectivas públicas de população e território, e estatuto autonómico – as autarquias locais – e reconheça às comunidades locais um *direito* de auto-administração, tal não significa que perante o Estado e face ao seu poder se ergue um *poder local*. Este existe na medida em que as autarquias locais sejam verdadeiramente autónomas e tenham um amplo grau de autonomia administrativa e financeira. Ou, na construção de Charles Eisenmann, quando estejamos perante um sistema verdadeiramente descentralizado, e não apenas perante um fenómeno de semi-descentralização.

A intensidade da descentralização conhece várias graduações, desde a forma mais embrionária – a mera atribuição de personalidade jurídica de direito privado – ao grau mais intenso de descentralização que, envolvendo a atribuição de poderes políticos e legislativos, extravasa o conceito de descentralização territorial local que entre nós figura[92].

"Considerações sobre a autonomia financeira das universidades portuguesas", *Estudos em Homenagem ao Professor Doutor Ferrer-Correia*, Volume III, Coimbra, 1991, pág. 359 e segs.

[92] Freitas do Amaral considera *graus* de descentralização: "a) Simples atribuição de personalidade jurídica de direito privado. É uma forma meramente embrionária de

Jean Rivero e Jean Waline extraem duas consequências essenciais do princípio da descentralização: por um lado, a distinção entre necessidades de interesse geral da população, ou seja, de interesse do todo populacional, e necessidades específicas de uma dada colectividade, como ponto essencial para a distinção entre atribuições do Estado e atribuições das autarquias locais; por outro lado, a descentralização significará aqui, inevitavelmente, a personificação jurídica das colectividades, dotando-as de autonomia financeira, ou seja, de recursos financeiros suficientes para dar cobertura às despesas decorrentes das suas atribuições, das necessidades específicas daquela população[93].

Para Baptista Machado, são pressupostos da descentralização territorial: "a) o reconhecimento pelo Estado de colectividades humanas baseadas numa solidariedade de interesses; b) a gestão desses interesses por órgãos eleitos, emanadas das colectividades; c) e o controlo administrativo sobre estes órgãos, exercido pelo Estado"[94].

Criticando o classicismo dos pressupostos da descentralização, Charles Eisenmann construiu a afamada tríade conceptual, distinguindo *descentralização*, *semi-descentralização* e *centralização*[95]. Repudiando a linearidade recta que iria da centralização à descentralização, e tentando provar como características da dicotomia descentralização-centralização a relatividade conceptual e a distância contrastante entre teoria e prática, Eisenmann esboçou uma revisão dos pressupostos da descentralização. Encontrou entre a centralização e a descentralização um espaço cujo recorte jurídico era essencial desvendar[96], sendo a sua construção teórica

---

descentralização; b) Atribuição de personalidade jurídica de direito público. Aqui, sim, começa verdadeiramente a descentralização administrativa; c) Além da personalidade jurídica de direito público, atribuição de autonomia administrativa; d) Além da personalidade jurídica de direito público e da autonomia administrativa, atribuição de autonomia financeira; e) Além das três anteriores, atribuição de faculdades regulamentares; f) Para além de tudo o que ficou enumerado, atribuição também de poderes legislativos próprios. Aqui já estamos a sair da descentralização administrativa para entrarmos na descentralização política." (Ob. cit., pág. 698).

[93] *Droit Administratif*, 14.ª Edition, Paris, Dalloz, 1992, pág. 267.

[94] Ob. cit., pág. 27.

[95] Vide o clássico *Centralisation et décentralisation, Esquisse d'une théorie générale*, Paris, LGDJ, 1948.

[96] Em bom rigor, se no plano dos conceitos a oposição entre descentralização e centralização é inteligível, é de igual modo certo que entre estas duas realidades, no plano da

– apesar das severas críticas que são dirigidas a este revisionismo, tributário da *teoria pura do direito* – da maior valia para a decantação do conceito de descentralização territorial e identificação de situações de *para-descentralização*.

Eisenmann destrinça a descentralização da semi-descentralização caracterizando a primeira através da combinação entre independência funcional e independência pessoal, não encontrando na semi-descentralização a independência funcional, mas apenas um poder de decisão partilhada e independência pessoal, elemento comum com o sistema de descentralização.

Nos sistemas de descentralização, à independência funcional junta-se, assim, a independência pessoal. Ao autor parece impossível associar à noção de descentralização qualquer poder de uma autoridade central. A independência funcional, de acção e decisão administrativa, é o elemento fundamental do conceito de descentralização que perfilha, aceitando, todavia, a sua limitação: é vital, para Eisenmann, um controlo de verificação de legalidade, à luz do princípio geral de legalidade que vincula a administração. Tal verificação poderá ser exercida para lá do quadro da administração central aceitando que tal papel caiba a uma autoridade jurisdicional, não administrativa.

A independência pessoal, por seu turno, reclama apenas que as autoridades da administração central não intervenham na designação das autoridades locais, pois Eisenmann entende a descentralização democrática – a eleição através de sufrágio livre e universal da população das colectividades locais – apenas como uma forma de descentralização: a eleição livre e universal é somente um meio, como tantos outros (o sorteio, o direito adquirido em razão de qualidades determinadas, etc.) para alcançar um fim: a independência pessoal. E esta não será completa caso a autoridade central disponha "de poder discricionário respeitante quer à designação, quer à revogação das autoridades locais, quer mesmo à sua situação de função em geral e, nomeadamente, à tomada de decisões disciplinares, de qualquer grau, que as atinjam"[97].

---

descentralização territorial, localiza-se uma "terra de ninguém". Mas, na verdade, esta situação é meramente aparente, uma vez que vários autores, como Eisenmann, "arrogaram-se direitos" sobre esse espaço, demonstrando a relatividade daquela distinção.

[97] António Cândido de Oliveira, "Os conceitos de descentralização e semi-descentralização administrativas, segundo Charles Eisenmann", *Scientia* Iuridica, Tomo XXXIV,

Nos sistemas semi-descentralizados, a independência funcional é preterida por um processo de decisão partilhada, de acordo com a regra do duplo consentimento: as decisões administrativas resultam de uma vontade coordenada, partilhada pela administração central e pela administração local, na medida em que tais decisões carecem do consentimento das autoridades centrais, que podem formular juízos de valor sobre a forma de prossecução do interesse público.

Deste modo, Eisenmann entende que a sujeição dos entes locais a uma tutela de mérito é incompatível dentro do modelo de descentralização, que comporta somente a tutela de legalidade. Verifica-se, no entanto, a existência de independência pessoal pois, afirmámos já, a paridade de posições é fulcral e comum aos conceitos de descentralização e semi-descentralização defendidos pelo autor.

A crítica de Eisenmann ao conceito tradicional de descentralização, e razão de ser da sua *tríade conceptual*, ergue-se em torno daquele que diz ser o grande erro da doutrina clássica, "não fazer a distinção fundamental entre "poderes jurídicos" – isto é, poderes vinculados de controle de regularidade jurídica e de oposição aos actos irregulares – e "poderes políticos" – isto é, poderes de livre aprovação ou livre oposição – ou ainda: entre verdadeiros "poderes de controle" e verdadeiros "poderes de consentimento". Estes últimos a que Eisenmann chama poderes de "consentimento-veto" fazem participar a Administração Centralizada nas decisões das autoridades da Administração Local"[98].

Verificada a existência de uma efectiva independência funcional – aliada à independência pessoal, nos termos descritos – é ainda necessário assegurar à reunião um leque de condições finais para que, na óptica de Charles Eisenmann, possamos falar de descentralização real: (1) a lei a que as autoridades da administração local devem obediência deverá preservar um determinado espaço de acção – ou margem de discricionariedade – para a tomada de decisões por parte daquelas entidades; (2) a

---

N.os 193-194, Janeiro-Março, 1985, pág. 49. Noutro escrito, Cândido de Oliveira sublinha a originalidade da construção teórica de Eisenmann, afirmando tratar-se "de um caso muito particular pois, ao contrário dos restantes autores que partem da realidade política francesa para a elaboração das suas teorias da descentralização, formula uma "teoria pura" com pretensão de validade para todos os tempos e lugares" (*Direito das...*, ob. cit., pág. 77).

[98] *Idem...*, pág. 61. Charles Eisenmann desenvolve este ponto no seu escrito "Les structures de l'administration", *Traité de Science Administrative*, Paris, Mouton & C.°, 1966, La Haye, pág. 304.

mesma lei – ou a Constituição, quando seja esta a sede directa de atribuição de tarefas – deverá confiar à administração local um conjunto significativo de tarefas, para que a actividade das autoridades locais seja uma realidade administrativa, e não um conceito desprovido de conteúdo[99]; (3) o princípio da descentralização, enquanto comando orientador da organização administrativa do território, deverá ter força constitucional, impondo-se tal protecção à administração central, de tal sorte que a estrutura territorial descentralizada não se veja esvaziada de peso ou (sobretudo) conteúdo; por fim (4) a descentralização exige que sejam colocados ao dispor da administração local os meios técnicos e financeiros suficientes e correspondentes às tarefas que lhe são confiadas. A dependência financeira é antinomia de descentralização.

Em suma, falhando todas estas condições, falhará a descentralização. A intensidade da sua falência poderá ditar a existência de um sistema semi-descentralizado ou, em última instância, de um sistema centralizado.

A distância entre a concepção de Eisenmann e a tradicional doutrina relativa aos pressupostos da descentralização reside, essencialmente, em dois pontos: a atribuição de personalidade jurídica – de que o autor não abdica, não lhe conferindo, todavia, primazia ou centralidade conceptual – e a eleição directa e universal dos dirigentes locais, que pretere em favor da independência pessoal. Poucos serão, na realidade, os defensores de tese semelhante.

A maioria da doutrina entende que a descentralização apenas encontra realização quando os órgãos representativos das populações locais são eleitos livremente por estas. A descentralização será, assim, indissociável desta escolha eleitoral livre, sendo possível apenas onde exista democracia – a *democracia local*[100] – ou *auto-administração* (*Selbstver-*

---

[99] No mesmo sentido, Baptista Machado entende que "para que haja descentralização importa que, através dos seus órgãos, a colectividade territorial apareça como portadora de uma vontade e poder de decisão próprios, e não apenas como simples portadora de interesses, de necessidades, de aspirações e de opiniões próprias. Muito menos bastará que a colectividade territorial intervenha como simples auxiliar da administração do Estado na implementação dos planos e programas deste".

[100] Relata António Cândido de Oliveira, escrevendo precisamente sobre *A Democracia Local*, que "não houve uma simultaneidade entre a organização democrática a nível nacional e a nível local, mas, à medida que o século XIX e depois, mais seguramente, ao longo da segunda metade do século XX foi-se firmando a ideia de que a democracia a nível nacional implicava também a democracia a nível local" (Ob. cit., pág. 15).

waltung)[101]. Giannini destaca que o elemento central da autonomia das entidades locais face ao Estado "reside no facto de o órgão fundamental dos entes locais territoriais ser o povo erigido em corpo eleitoral e de, consequentemente, tais entes derivarem a respectiva orientação político--administrativa, não do Estado, mas da sua própria comunidade, ou seja, da maioria da própria comunidade"[102] Do mesmo modo, Baptista Machado refere que a verdadeira descentralização "pressupõe a eleição dos órgãos que hão-de manifestar e executar a vontade colectiva regional na prossecução dos seus interesses específicos"[103-104].

Por fim, a posição de Eisenmann relativamente à sujeição das entidades locais exclusivamente a tutela de legalidade recolhe consenso entre nós, encontrando-se plasmada na lei[105] e sendo defendida, de forma amplíssima, pela doutrina. Baptista Machado traça um princípio relacional entre o Estado e as autarquias locais de supraordenação – infraordenação tendo em vista coordenar os interesses distintos das partes (interesses nacionais *vs.* interesses locais), dizendo que a tutela do Estado sobre os entes locais deve assemelhar-se a uma "faculté d'empêcher"[106], uma "tutela de *coordenação* (que nada tem a ver com a formação da vontade da autarquia), e não uma *tutela de orientação* ou *directiva*"[107].

---

[101] Recorrendo uma vez mais aos ensinamentos do douto Professor de Lisboa, afirma Freitas do Amaral que quando "além da descentralização em sentido jurídico há descentralização em sentido político, e portanto os órgãos representativos das populações locais são eleitos livremente por estas, estamos em presença de um fenómeno que se chama auto-administração: as populações administram-se a si próprias. É o que os alemães, autores do conceito, denominam *Selbstverwaltung*" (Ob. cit., pág. 423).

[102] "Autonomia", *Enciclopedia del Diritto*, Volume IV, pág. 364, apud Baptista Machado, ob. cit., pág. 9.

[103] Ob. cit., pág. 28.

[104] Quanto à questão dos interesses específicos das autarquias locais, Eisenmann entende que a distinção entre assuntos locais e assuntos nacionais é uma variável temporal, sem que haja um critério objectivo e genérico que permita determinar quais os assuntos de carácter puramente local e os assuntos de carácter "supra-local" (*Vide* "Les Structures...", ob. cit., pág. 271). A esta distinção voltaremos no Capítulo II.

[105] Dispõe o art. 2.º, do Regime jurídico da tutela administrativa – Lei n.º 27/96, de 1 de Agosto – que "a tutela administrativa consiste na verificação do cumprimento das leis e regulamentos por parte dos órgãos e dos serviços das autarquias locais e entidades equiparadas", na senda do disposto na parte final da alínea d), do art. 199.º, da CRP.

[106] M. Waline, apud Baptista Machado, ob. cit., pág. 21.

[107] Ob. cit., pág. 21.

Neste sentido, Casalta Nabais fala de *tutela externa*, "orientada para a definição e fixação dos limites, admissível apenas para obstar a que as decisões das autarquias extravasem das suas atribuições e invadam as atribuições da administração estadual ou as atribuições de outras autarquias ou administrações autónomas."[108].

Encontrada, assim, a configuração actual do princípio da descentralização, não será despiciendo interrogarmo-nos sobre o contraste entre a teoria geral e a realidade concreta vivida em Portugal. Será ainda prematuro encerrar a questão, sem antes analisarmos a autonomia local e o modelo de organização administrativa do território – e, sobretudo a descentralização e autonomia financeira experimentada entre nós –, enquadrando constitucionalmente tais princípios e postulados. E, deste modo, quando Freitas do Amaral empenha toda a certeza ao afirmar a inexistência de poder local no nosso país, não ainda podemos empregar convicção semelhante.

Compreendendo, todavia, que, em boa verdade, só há poder local quando a autonomia administrativa e financeira é efectiva, isto é, "quando forem suficientemente largas as suas atribuições e competências, quando forem dotadas dos meios humanos e técnicos necessários, bem como dos recursos materiais suficientes, para as prosseguir e exercer, e quando não forem excessivamente controladas pela tutela administrativa e financeira do poder central"[109].

E ainda no quadro dos seus limites, é pertinente recuperar a questão colocada por Marcello Caetano, em 1947: "mas até que ponto deve ir essa descentralização? A autonomia das autarquias locais só pode manter-se íntegra se for limitada. Mas essa limitação não convém ao próprio Estado que prefere realizar parte dos interesses públicos através dessas pessoas colectivas, assim transformadas em seus agentes ou elementos cooperadores. Tal subordinação repugna às tradições municipais, é certo: mas será possível resistir a tão decisivas tendências da evolução económica e social?"[110].

---

[108] Ob. cit., págs. 66-67.
[109] Freitas do Amaral, ob. cit., pág. 424.
[110] Ob. cit., pág. 156.

2. Conceito constitucional de descentralização

A Constituição da República Portuguesa consagra como princípio fundamental, no quadro da unidade do Estado Regional, o princípio da descentralização democrática, lado a lado com os princípios da subsidiariedade e da autonomia das autarquias locais.

As referências à descentralização, no entanto, são numerosas. Aparentemente será possível delimitar dois conceitos constitucionais diversos de descentralização: a descentralização democrática, por um lado, e a descentralização relativa à execução dos planos económicos e sociais e do funcionamento do Tribunal de Contas[111]. Este, todavia, identifica-se com facilidade com o fenómeno da desconcentração, pelo que a Constituição parece oferecer uma certa ambiguidade à expressão "descentralização", dada a variedade de usos que dela faz[112]. Sublinha Vital Moreira, estamos aqui "perante um sentido minoritário no discurso constitucional e conceitualmente impróprio. Há-de concluir-se que o sentido de descentralização constitucionalmente conforme é o primeiro, o da descentralização democrática"[113].

A descentralização democrática conhece previsão no art. 6.º, n.º 1, da Constituição, que dispõe: "O Estado é unitário e respeita na sua organização e funcionamento o regime autonómico insular e os princípios da subsidiariedade, da autonomia das autarquias locais e da descentralização democrática da administração pública". Preceitua, depois, no art. 237.º, sob a epígrafe "Descentralização administrativa", no seu n.º 1: "as atribuições e a organização das autarquias locais, bem como a competência dos seus órgãos, serão regulados por lei, de harmonia com o princípio da descentralização administrativa".

---

[111] O art. 91.º, n.º 3, da CRP, estabelece que "a execução dos planos nacionais é descentralizada, regional e sectorialmente". Por seu turno, o n.º 3, do art. 214.º refere: "O Tribunal de Contas pode funcionar descentralizadamente, por secções regionais, nos termos da lei".

[112] Desta forma, o art. 63.º, n.º 2, estabelece: "incumbe ao Estado organizar, coordenar e subsidiar um sistema de segurança social unificado e descentralizado, com a participação das associações sindicais, de outras organizações representativas dos trabalhadores e de associações representativas dos demais beneficiários", dispondo o art. 64.º, n.º 4, que "o serviço nacional de saúde tem gestão descentralizada e participada".

[113] Ob. cit., pág. 161.

À descentralização refere-se, também, o art. 267.º, relativo à "Estrutura da Administração", que estabelece: "a Administração Pública será estruturada de modo a evitar a burocratização, a aproximar os serviços das populações e a assegurar a participação dos interessados na sua gestão efectiva, designadamente por intermédio de associações públicas, organizações de moradores e outras formas de representação democrática" (n.º 1), efeito para o qual "a lei estabelecerá adequadas formas de descentralização e desconcentração administrativas, sem prejuízo da necessária eficácia e unidade de acção da Administração e dos poderes de direcção, superintendência e tutela dos órgãos competentes".

Perante os citados preceitos constitucionais, não podemos senão concluir que o art. 237.º refere-se e densifica o conceito constitucional de descentralização territorial, enquanto corolário do princípio maior da descentralização democrática, enquanto do art. 267.º, n.º 2 poderemos fazer duas leituras: por um lado, poderemos entender que este preceito cuida da já referida descentralização técnica ou por serviços que, entendemos, não é *verdadeira* descentralização, mas antes manifestação do fenómeno da devolução de poderes; por outro lado, podemos retirar do seu conteúdo que a norma em causa pretende situar a descentralização no âmbito da estrutura organizativa portuguesa, àquela fazendo referência no preceito relativo à "Estrutura Administrativa". Qualquer que seja a visão correcta, julgamos que o art. 237.º será a norma fundamental para a matéria que ora tratamos.

Ora, o princípio da descentralização democrática, tal como constitucionalmente garantido e consagrado, em paralelo com a autonomia local, e a subsidiariedade administrativa, postula "uma certa policracia ou pluralismo de centros de poder, enquadrados numa complexa estrutura vertical do poder político e da administração"[114]. Assumindo, no quadro da unidade do Estado, o convívio entre o poder estadual, um regime autonómico insular – estabelecido no art. 225.º e seguintes – e *um poder local* – que encontra consagração no art. 235.º e seguintes – e escolhendo como mediador da relação entre estes distintos centros de poder o princípio da subsidiariedade, qual é, então, o sentido constitucional do princípio da descentralização?

---

[114] Gomes Canotilho e Vital Moreira, *Constituição da República Portuguesa Anotada, Artigos 1.º a 107.º*, Volume I, 4.ª Edição Revista, Coimbra Editora, 2007, pág. 232.

Ante o conteúdo dos referidos preceitos, Afonso d'Oliveira Martins afirma: "creio que o que a Constituição contempla é um fenómeno de descentralização territorial, ou seja, de transferência de responsabilidades ou atribuições de um ente público de base popular e territorial para a esfera de outros entes públicos da mesma natureza, mas com um âmbito popular e territorial mais reduzido"[115], pese embora entenda que a referência constitucional à descentralização, se primacialmente dirigida à descentralização territorial, nesta não se esgota integralmente, compreendendo ainda outras formas de organização administrativa.

Colocando de parte o fenómeno da *regionalização* política a que já aludimos[116], pertença do universo das regiões autónomas, nos termos da disposição contida no art. 237.º, n.º 1, o legislador encontra-se constitucionalmente vinculado a difundir as tarefas públicas de forma vertical, entre o Estado e as entidades territorialmente descentralizadas – as autarquias locais – o qual determina que este princípio da descentralização administrativa se configure como "a espinha dorsal da concepção constitucional da autonomia local"[117-118].

---

[115] "La descentralización territorial y la regionalización administrativa en Portugal", *Documentación Administrativa*, N.ºs 257-258, (Tendencias Actuales del Derecho Administrativo en Portugal), Maio-Dezembro, Ministério de Administraciónes Públicas, INAP, 2000, pág. 96 (tradução da autora).

[116] De facto, como já sublinhámos, o estudo que desenvolvemos não interage com a descentralização política, entre nós vigente ao nível regional autonómico. Sobre a descentralização política, corolário, também, do princípio da descentralização democrática, dispõe o art. 225.º: "1 – O regime político-administrativo próprio dos arquipélagos dos Açores e da Madeira fundamenta-se nas suas características geográficas, económicas, sociais e culturais e nas históricas aspirações autonomistas das populações insulares. 2 – A autonomia das regiões visa a participação democrática dos cidadãos, o desenvolvimento económico-social e a promoção e defesa dos interesses regionais, bem como o reforço da unidade nacional e dos laços de solidariedade entre todos os portugueses. 3 – A autonomia político-administrativa regional não afecta a integridade da soberania do Estado e exerce-se no quadro da Constituição".

[117] A expressão é de Gomes Canotilho e Vital Moreira, nas anotações dos Professores de Coimbra à Constituição da República Portuguesa (versão de 1993), ob. cit., pág. 886.

[118] Como escreve Jorge Miranda, "inserindo o poder local no âmbito do poder político, a Lei Fundamental de 1976 pretende impregná-lo de um relevo mais rico e mais sólido do que aqueles que tinham tido em qualquer momento do passado as autarquias locais. Estas são deslocadas da mera instância administrativa para a instância política e para a

Esta divisão de tarefas será levada a cabo em articulação e obediência a outros princípios e fins constitucionais, é certo. Aliás, a ideia de descentralização local autárquica, ínsita na Constituição, não é um fim em si mesma. Antes, por exigência da própria sistemática da Lei Fundamental, deverá enquadrar-se no regime político e organizacional do Estado tal como ali projectado, e coadunar-se com os demais fins que recolhem assento e protecção constitucional. "Impõem-se, por conseguinte" – explicita Jorge Miranda – "ao legislador uma *harmonização* ou *concordância prática* entre o *princípio da descentralização* e o *princípio da unidade de acção* na prossecução do interesse público, de modo a conseguir um equilíbrio entre os interesses e poderes em presença"[119].

Da leitura conjugada do preceituado nos arts. 6.º, n.º 1 e 237.º, n.º 1, da CRP, sobreleva uma opção clara do legislador constituinte, preferindo que os interesses locais sejam prosseguidos pelas autarquias locais, donde resulta a "regra da correspondência (embora não exclusiva) entre descentralização territorial e poder local". Pelo que justifica-se, mais do que falar em descentralização administrativa, "falar em descentralização autárquica" – descentralização local autárquica[120].

A relação intrínseca entre o princípio da descentralização e as autarquias locais, constata Afonso d'Oliveira Martins[121], encontra-se desde logo na definição que a Constituição destas oferece, no art. 235.º, n.º 2, ao dispor: "as autarquias locais são pessoas colectivas territoriais dotadas de órgãos representativos, que visam a prossecução de interesses próprios das populações respectivas".

---

directa subordinação aos princípios e preceitos constitucionais. E o poder político como que assume uma feição tripartida, de limitação recíproca e colaboração" (*Manual...*, Tomo III, ob. cit., pág. 229). Citando ainda o autor, o poder local "tem o sentido, enfim, de um poder que, sem afectar, de modo algum, a soberania do Estado e a sua unidade essencial, lhe confere carácter pluralista, porquanto na sua estrutura deve tomar em conta comunidades locais que não pode ignorar ou arbitrariamente dissolver, e que exigem atribuições e órgãos próprios" ("O conceito de poder local", *Estudos sobre a Constituição*, Volume I, Livraria Petrony, 1977, pág. 318).

[119] *Manual...*, Tomo III, ob. cit., págs. 232-233.

[120] Não apenas os excertos citados, como a expressão "descentralização local autárquica", que escolhemos para denominar a Parte I desta investigação, são propriedade de Jorge Miranda, *Manual...*, ob. cit., pág. 231.

[121] Ob. cit., pág. 101.

A descentralização local autárquica, tal como a vimos descrevendo, apresenta uma dimensão dupla, na medida em que compreende uma dimensão estática, por um lado, e uma dimensão dinâmica, por outro. Imobilizado, credor de integral respeito por parte do legislador constitucional e ordinário, encontra-se todo o *acquis* de descentralização ou avanços atingidos através do ímpeto descentralizador do Estado. Um retrocesso direccionado para a centralização será, de imediato, submetido ao crivo da subsidiariedade[122]. Por seu turno, a dimensão dinâmica revela uma descentralização local autárquica contínua e compreensiva, obrigando a um revisionismo legislativo constante por forma a determinar-se qual o nível da administração – nacional, regional ou local – mais eficiente e apto, a cada momento, à prossecução do interesse público e das necessidades das populações.

Neste sentido, a cláusula geral de alocação de atribuições às autarquias locais, plasmada no art. 235.º, n.º 2, não consagra um princípio de aplicação imediata. Antes, carece de mediação legal, sendo coadjuvada por um princípio de especialidade, salienta Jorge Miranda, pois a esta divisão não é imune o factor localização[123]. O art. 237.º, n.º 1, perfila-se como ponto de partida, mas também de chegada, no percurso seguido pelo legislador ordinário na tentativa de interpretar e densificar estes comandos constitucionais.

Do exposto, concluímos que no cerne do princípio da descentralização encontra-se a natureza dos interesses prosseguidos. O conceito de descentralização local autárquica reclama, deste modo, que as autarquias locais vejam reconhecidas atribuições próprias, mas demanda também um reforço da transferência de atribuições do Estado para as autarquias locais, "na perspectiva de que correspondam a um núcleo de interesses verdadeiramente locais e de que serão exercidas por estas duma forma mais eficiente e eficaz", destaca Maria José Castanheira Neves[124]. E assim tem sucedido, de acordo com a autora e à luz da Lei n.º 159/99, de 14 de Setembro – que estabeleceu o quadro de transferência de atribuições e competências para as autarquias locais – sem que, apesar de tudo, as

---

[122] De igual modo, não será alheia a esta questão a previsão do art. 288.º, al. n), da Lei Fundamental, que estabelece a autonomia local como limite material da revisão constitucional.

[123] *Manual...*, Tomo III, ob. cit., pág. 228.

[124] *Governo e Administração Local*, Coimbra Editora, 2004, págs. 12-13.

transferências efectuadas traduzam uma restituição de poderes, pois "muitas delas correspondem não a verdadeiros interesses locais e sim a interesses que poderão ser mais eficientemente prosseguidos pelas autarquias, em virtude da sua proximidade com as populações e não por razões ligadas à sua própria natureza"[125].

Em conclusão, o conceito constitucional de descentralização comporta duas leituras, destacando-se aquela que, no quadro do princípio da descentralização democrática, convive de forma íntima com o princípio da autonomia local: a descentralização territorial ou, como preferimos denominá-la, a descentralização local autárquica. Para a compreensão integral deste fenómeno, e completude da análise do conceito que dele a Lei Fundamental desenha, revela-se, pois, imprescindível a análise da autonomia local e das autarquias locais.

Será a descentralização local autárquica comandada por imperativos de eficiência na satisfação de interesses? A esta questão procuraremos oferecer resposta no Capítulo III.

---

[125] *Idem...*, pág. 13.

CAPÍTULO II
O PRINCÍPIO DA AUTONOMIA LOCAL

*Uma nação pode estabelecer um governo livre,
mas sem instituições municipais
não pode adquirir o espírito da liberdade*

ALEXIS DE TOCQUEVILLE

1. O princípio da autonomia local

Podemos perspectivar a autonomia local como versão contemporânea da máxima canónica *rex in regno suo est imperator*[126]. Enquanto conceito e realidade, a autonomia local será o outro vértice do princípio da descentralização tal como o entendemos e delimitámos no Capítulo anterior, oferecendo materialidade àquele princípio estrutural.

A imbricação entre descentralização e autonomia local ganha maior nitidez à luz da arquitectura constitucional do nosso sistema político e administrativo – a descentralização encontra na autonomia local consistência. Esta projecta-se, assim, como um dos princípios constitucionais fundamentais quando tratamos da organização descentralizada do Estado[127].

---

[126] Escreve Casalta Nabais que "esta ideia das "autonomias locais" não é mais do que a versão actual (isto é, no quadro do Estado moderno) da fórmula canonista "rex in regno suo est imperator" usada para afirmar a plenitude do poder do rei (e o ordenamento que originava) face aos ordenamentos gerais do Império e da Igreja" (Ob. cit., pág. 50, nota 93).

[127] Tal como salientam Gomes Canotilho e Vital Moreira, ob. cit., pág. 881.

Enquanto elemento estrutural da organização democrática estadual, a autonomia local conheceu inúmeras delimitações conceptuais, sendo-lhe atribuídos conteúdos de latitude distinta. Ao classicismo da noção que considera a autonomia local como expressão da descentralização administrativa, contrapõem-se concepções contemporâneas bastante restritivas[128]. Em bom rigor, o debate viveu-se sempre em torno da dicotomia assuntos locais-assuntos nacionais e da tentativa de determinar o critério ideal de destrinça entre ambos, ante as dificuldades que se seguiram à inicial simplicidade liberal, pois ao liberalismo seguiu-se um Estado social produtor e prestador de uma gama vasta de bens e serviços públicos.

A delimitação do âmbito e limites da autonomia local é a pedra de toque do nosso estudo, abandonando com clareza o debate teórico para ganhar importância prática: apenas entendendo o que deverá ser levado a cabo por entidades locais e até onde podem ou devem estas ser proactivas, podemos elaborar o quadro das suas necessidades financeiras – o mesmo será dizer, compreender a extensão da autonomia financeira enquanto elemento da autonomia local.

1.1. *Evolução conceptual*

É possível delimitar alguns elementos que permaneceram intactos ao longo da vivência da autonomia local, desde as suas origens revolucionárias francesas. A autonomia local refere-se à relação entre as entidades infra-estaduais e o Estado. Terá como referente um feixe de interesses ou assuntos próprios das comunidades locais, que se foram distinguindo, através de critérios diversificados ao longo dos últimos três séculos, dos interesses ou assuntos próprios da nação como um todo.

Existindo tal conjunto de interesses locais, e vencido o debate permanente entre centralização e descentralização em favor desta, às entidades locais é reconhecido um leque de características que, verificando-se, permite falar de independência das autarquias locais face ao Estado

---

[128] Na doutrina espanhola, por exemplo, conheceu desenvolvimento recente a tese da correspondência entre o conceito de autonomia local e a figura da garantia institucional. Por todos, e por ora, pois retomaremos este ponto adiante, *vide* Joaquín Garcia Morillo, *La Configuración Constitucional de la Autonomía Local*, Marcial Pons, Madrid, 1998.

para a gestão dos assuntos pertença das comunidades locais que representam:

1. Personalidade jurídica;
2. Eleição dos seus órgãos pela população local respectiva;
3. Reconhecimento de um conjunto de atribuições relativas aos assuntos locais;
4. Poder de decisão próprio – *autónomo, independente* – quanto a tais assuntos;
5. Recursos humanos e financeiros que garantam a capacidade de prossecução das atribuições cometidas e o exercício efectivo do seu legitimo e legitimado poder de decisão; e, finalmente
6. Sujeição à tutela de legalidade, sendo, em princípio, o mérito ou demérito das suas decisões fiscalizado e sancionado dentro das fronteiras da comunidade[129].

Este feixe interactivo e interdependente de características deparou com inúmeros obstáculos desde as origens da ideia de autonomia local, sediadas, sabemos já, na Revolução Francesa e consequência do princípio da descentralização então idealizado. A doutrina questionou esta soma de elementos, a história desafiou este elenco. Hodiernamente, muitas das dificuldades que lhe foram apontadas mantêm-se pertinentes: o critério de distinção entre assuntos locais e assuntos nacionais será sempre um conceito histórico a que o Direito apenas poderá adaptar-se, reconhecendo-lhe o carácter evolutivo e uma feição contemporânea – tarefa complexa e, muitas vezes, carente de total objectividade; e os recursos financeiros, essenciais para a efectividade da independência decisória e executória das entidades locais, têm-se revelado escassos, ou mesmo inexistentes.

Tratando-se de um conceito desprovido de simplicidade, a autonomia local, na acepção clássica ou na vanguarda conceptualista, decompõe-se

---

[129] Do mesmo modo, Nazaré Costa Cabral aponta que o conceito clássico de autonomia local "impunha os seguintes requisitos: serem as autarquias locais dotadas de personalidade jurídica e possuírem órgãos eleitos pela comunidade local respectiva; disporem de um amplo leque de atribuições relativas aos assuntos próprios da comunidade local; disporem de meios financeiros e técnicos, bem como de pessoal adequado à satisfação das suas necessidades; estarem sujeitos a controlo limitado, fundamentalmente de legalidade" (*O Recurso ao Crédito Nas Autarquias Locais Portuguesas*, Lisboa, AAFDL, 2003, pág. 11).

num conjunto de vectores: a autonomia de orientação, o que "significa que, no quadro das leis vigentes, os objectivos da pessoa colectiva e as suas grandes linhas de orientação são determinados por órgãos representativos da população que para o efeito apreciam livremente os respectivos interesses"; a autonomia normativa, isto é, a aptidão para a elaboração de regulamentos administrativos, tendo por objecto a "chamada normação corrente – isto é, a regulamentação necessária à adequada "gestão" dos interesses próprios (exclusivos) imputados às comunidades locais"[130]; a autonomia administrativa, possibilitando aos órgãos das pessoas colectivas públicas de território e população praticar actos administrativos; e, finalmente, a autonomia financeira, ou "titularidade de receitas próprias aplicáveis livremente segundo orçamento privativo às despesas ordenadas por exclusiva autoridade dos órgãos da pessoa colectiva"[131]. A autonomia política, instrumento de descentralização política, integra apenas, entre nós, o conceito de autonomia regional, como observámos inicialmente.

Na medida em que modela a relação entre o Estado e as entidades locais, o conceito de autonomia local não poderia nunca ser imune às mutações e perturbações pelas quais o Estado vem passando. Se autonomia é liberdade das entidades locais face ao Estado, a configuração do *Estado* face ao qual são independentes é fundamental para a definição conceptual da autonomia local.

O Estado berço da autonomia local foi o Estado liberal, saído da Revolução de 1789. O nosso ponto de partida encontra-se, então, no liberalismo que se opôs ao absolutismo pré-revolucionário e na distribuição vertical do poder que preconiza. Aqui, "a autonomia local resulta de uma especial relação entre os entes locais (autarquias locais) e o Estado, entendendo-se este como o Estado moderno saído da Revolução Francesa, em fins do séc. XVIII e que assumiu, com maior ou menor rapidez, ao longo do séc. XIX, a forma liberal; e entendendo-se aqueles como unidades da administração local dotadas de órgãos da confiança das respectivas populações. Essa relação exprime-se por uma certa liberdade, uma certa *não-dependência* dos entes locais perante o Estado, aqui entendido na sua dimensão de aparelho administrativo"[132].

---

[130] Casalta Nabais, ob. cit., pág. 81.
[131] Sérvulo Correia, *Noções...*, ob. cit., págs. 193-194.
[132] António Cândido de Oliveira, *Direito das...*, ob. cit., pág. 128.

O Estado liberal, assente no valor inabalável da liberdade do indivíduo, na *mão invisível* e na iniciativa do cidadão livre frente ao poder político, consente na existência de um corpo administrativo – e, de certa forma, político, na medida em que o sufrágio livre e universal dos eleitores residentes na comunidade, na escolha dos seus responsáveis, é característica inultrapassável – que defenda os interesses que lhe sejam exclusivos, os assuntos locais. Trata-se, uma vez mais, de fomentar a livre iniciativa, tolerando que uma entidade político-administrativa actue como forma de representação de um grupo geograficamente delimitado de cidadãos-residentes.

O liberalismo, todavia, não triunfa sobre o tempo. O Estado é entendido de formas distintas e, ante diferentes perspectivas da entidade estatal, a autonomia local reconfigura-se. Fruto da Revolução Francesa, o Estado liberal conviveu com outra das suas consequências históricas, o princípio da descentralização e o *pouvoir municipal*, e aceitou o conceito clássico de autonomia local. A falência do liberalismo traduziu-se, para muitos, na crise do conceito de autonomia local.

As transformações sociais produzidas pelo advento da «revolução industrial» colocaram em confronto a sociedade agrária, herança do absolutismo e garantia de uma distribuição populacional equitativa pelo território nacional, e a sociedade industrial, que lhe sucede. Esta origina o fenómeno da urbanização, altera a estrutura social existente, com a formação do «operariado», provocando um fluxo migratório para os grandes pólos industriais e, agora, urbanos, e um desequilíbrio na ocupação do território. As necessidades colectivas são novas e crescentes, insaciáveis pela «mão invisível» liberal. O Estado ganha visibilidade social, reclamando o seu intervencionismo a criação de uma estrutura administrativa apta a responder à multiplicidade de tarefas a cujo desempenho o Estado era chamado. A modelação da ordem social, a que os liberais renunciavam, era ambicionada pelo Estado Social, preocupado com a justiça social e a satisfação das necessidades da colectividade, sobretudo através da produção e prestação directa de bens e serviços públicos.

A primeira resposta aos problemas da transição para a sociedade moderna é fornecida pelos municípios, que se desdobram na construção e manutenção de redes de abastecimento de água, electricidade, gás, e transportes. Wolff e Bachof falam, então, de um "*socialismo municipal*"[133],

---

[133] *Verwaltungsrecht*, Volume I, Munique, 1974, pág. 55 e segs., apud António Cândido de Oliveira, *Direito das...*, ob. cit., pág. 133.

depressa estrangulado por uma administração estadual e pelo intervencionismo do Estado no plano local.

Não se julgue que as entidades locais, *maxime* os municípios das grandes urbes, foram colocadas de parte pelo Estado. Pelo contrário, o seu leque de atribuições aumentou exponencialmente, tal era o conjunto de tarefas a desempenhar directamente por mão pública. No entanto, a autonomia local desaparece, pois o Estado delega nos entes locais o multifuncional exercício de actividades que não considera «locais» e que, consequentemente, não são próprias e exercidas de forma autónoma. A autonomia financeira desvanece-se, aos poucos, e à fiscalização da legalidade junta-se a fiscalização do mérito das decisões públicas locais.

Face à realidade deste *novo* Estado e o seu enorme aparelho administrativo, as críticas doutrinárias ao conceito clássico de autonomia local avolumam-se. A inconstância da ideia nuclear de *assuntos locais* encontra-se no centro da censura, a que se juntam as crescentes dificuldades financeiras das entidades locais – ante as tarefas que o esperavam, a repartição da receita pública significava a transferência de uma parcela decrescente do Estado para os entes locais, desprovidos de um sistema de financiamento (ainda que parcialmente) auto-sustentável – e a diluição do sentimento de pertença à comunidade local – a mobilidade populacional própria da era moderna quebrou a ligação entre cidadão e comunidade e os laços de solidariedade e vizinhança, a ideia de amor à comunidade como fonte de ligação à pátria, de Tocqueville[134].

Todavia, a impossibilidade de estabilizar conceptualmente a ideia de *assuntos locais*, delimitando-a objectivamente dos *assuntos gerais*, alimentou a crise. Como delimitar a acção local, quando aquele conceito era tido pela doutrina como flutuante, ambíguo e impreciso[135]? Desta forma, "a ideia que estava subjacente no pensamento clássico de repartição material de competências, Estado *ou* autarquias locais começa a ser substituída pela ideia de Estado *e* autarquias locais", estabelecendo-se uma relação de interdependência entre assuntos locais e nacionais, uma *sobreposição*

---

[134] Ob. cit., pág. 101 e segs.

[135] *Vide*, por todos, Jean Rivero, "As competências do poder local nos Países Europeus", *Revista de Administração Pública*, Ano IV, N.º 14, Outubro-Dezembro, 1981, pág. 653 e segs., e André Folque, *A Tutela Administrativa nas relações entre o Estados e os Municípios (Condicionalismos Constitucionais)*, Coimbra Editora, 2004, pág. 71 e segs.

de interesses que, pese embora não negue a existência de assuntos locais, valoriza a ideia de *assuntos mistos*[136].

1.2. Configuração contemporânea

Atendendo à dimensão bipolar – nacional e local – de grande parte dos interesses públicos, muitos autores pretendem abdicar do conceito de autonomia local e substituir ou *reciclar* este conceito, convertendo-o num "direito de participação" na definição e execução das grandes linhas de orientação nacional. "A autonomia local", escreve Freitas do Amaral, "seria, agora, solidariedade das autarquias com o Estado, participação, colaboração, presença no *decision-making process* e no *rule-making process*. De uma autonomia-liberdade ter-se-ia passado, ou estaria a passar-se, para uma autonomia-participação"[137].

De facto, ante a crise do conceito clássico de autonomia local, impôs-se uma revisitação das suas premissas. O momento apelava à busca de novas soluções, e levou alguns autores a avançar para o desenvolvimento de novos e restritivos modelos conceptuais. Em busca da configuração contemporânea do conceito de autonomia local e, portanto, procurando solucionar a questão eterna do critério de distribuição vertical de tarefas entre o Estado e os entes infra-estaduais, revisitamos o conceito clássico e concluímos que a crise do conceptualismo clássico de autonomia local foi já, de certo modo, superado, vivendo-se actualmente um segundo momento de crise na existência da autonomia local: a crise da autonomia financeira.

a) *Novas concepções doutrinárias*

A crise do conceito clássico de autonomia local fez-se sentir com especial acuidade nos ordenamentos alemão, francês e italiano, desenhando a doutrina alternativas à noção tradicional. Cândido de Oliveira sistematiza as várias direcções seguidas, congregando três grandes tendências: (1) grande parte da doutrina germânica optou pela revisitação

---

[136] António Cândido de Oliveira, *Direito das...*, ob. cit., pág. 137.
[137] Ob. cit., pág. 426.

do conceito clássico, adaptando a autonomia local à moderna estrutura administrativa; (2) certos sectores da doutrina, sobretudo francesa mas também espanhola e italiana, questionam a validade do conceito de autonomia local, advogando a sua impraticabilidade nos nossos dias; por fim, (3) na senda de Joachim Burmeister, uma terceira tendência aponta para uma reconfiguração da génese conceptual da autonomia local.

A doutrina germânica é profícua na propositura de novas concepções. Nas décadas de cinquenta e sessenta do passado século, movida pela preocupação em aumentar a eficiência e eficácia na prestação de serviços públicos, a Alemanha iniciou um processo de reforma da administração local que conduziu a reduções drásticas no número de municípios[138]. Esta reestruturação do universo local foi idealizada por defensores de uma concepção funcional da autonomia local, *maxime* por Pappermann[139], em homenagem à necessidade de estabelecer critérios pragmáticos para a repartição de competências entre os vários níveis da Administração. Mário Rui Martins associa o destaque oferecido às questões de eficiência ao seu *tipo-ideal funcional* de sistema de organização local, típico dos países do centro e norte da Europa, no âmbito do qual "a autonomia local desfruta de pouca ou nenhuma protecção constitucional. A debilidade da administração periférica do Estado é compensada por uma capacidade técnica e administrativa apreciável das autarquias que asseguram directamente a prestação de serviços públicos financeiramente pesados. (...) O facto de as autarquias serem concebidas em termos instrumentais faz com que não disponham de atribuições genéricas e que as competências lhes sejam atribuídas unicamente para a execução de tarefas específicas"[140].

---

[138] Escreve Mário Rui Martins que os países movidos, nos anos cinquenta e sessenta, por tais preocupações, criaram recentemente "estruturas inframunicipais visanado uma participação acrescida das populações na vida pública local", com o objectivo de "aproximar a administração dos cidadãos"(*As Autarquias Locais na União Europeia*, Edições Asa, 2001, pág. 39).

[139] *Vide* E. Pappermann, "Verwaltungsverbund in Kreisangehörigen Raum", *DÖV*, 1975.

[140] *Idem...*, pág. 123. A este *tipo-ideal funcional* o autor contrapõe o *tipo-ideal representativo*, típico dos países do sul europeu. Neste tipo, "as autarquias locais beneficiam de protecção constitucional e existem relações fortes entre os sistemas políticos nacionais e locais que resultam, entre outras coisas, da existência de chefes dos órgãos executivos autárquicos eleitos directamente e com grande visibilidade política. A dimensão representativa das autarquias justifica a existência de um grande número relativo de repre-

Seguindo a mesma linha conceptual, Roters foi mais longe, considerando a clássica destrinça entre assuntos locais e assuntos nacionais estática e isolacionista, desprovida de senso na era moderna[141]. As autarquias locais, instrumentos de eficiente produção e prestação de bens e serviços públicos de acordo com a planificação estadual, detêm um direito de participação e de co-decisão que cede perante as competências parlamentares e governamentais. Por outro lado, não excedendo os limites territoriais da entidade local, a resolução dos assuntos em questão acciona uma "claúsula de subsidiariedade", cabendo inteiramente aos entes locais a sua gestão.

Entre aqueles que defendem o abandono do conceito de autonomia local – ou, pelo menos, alterações genéticas de tal ordem que importariam a inoperatividade total do conceito clássico – encontramos Charles Debbasch[142]. O publicista francês entende que as exigências do Estado-Providência são de tal ordem que o planeamento e a programação plurianual são ferramentas indispensáveis ao desempenho das tarefas públicas, dada a escassez de recursos financeiros a o imperativo da igualdade na satisfação das necessidades colectivas[143]. À margem destas técnicas en-

---

sentantes eleitos, o que gera um alto nível de resistência à fusão de municípios e explica a pequena dimensão destes. Como a prestação de serviços públicos locais é realizada de forma indirecta e existe uma importante administração periférica do Estado responsável pela execução ao escalão local de políticas formuladas ao nível central, os critérios técnicos e económicos de eficiência não ocupam um lugar central no sistema autárquico. Dado que as autarquias locais não são responsáveis por serviços públicos com peso financeiro elevado (saúde pública, protecção social, educação, etc.), a importância relativa das finanças locais é fraca (...). Enfim, a cláusula geral é o princípio-base de definição de atribuições". Esta construção é justificada pelo autor com a necessidade de análise de fenómenos em relação aos quais não existem teorias de carácter científico, recorrendo portanto ao "tipo-ideal" tal como pensado por Max Weber: "construções intelectuais que permitem analisar a realidade empírica e sem as quais a informação recolhida sobre vários exemplos de um dado fenómeno se tornaria um amontoado de dados, impenetrável a qualquer tipo de raciocínio" (págs. 121-123).

[141] W. Roters, *Kommunale Mitwirkung an höherstufigen Entscheidungsprozessen*, Köln, 1975. Do mesmo autor, referenciado por António Cândido de Oliveira (*Direito...*, ob. cit., pág. 149 e segs.), *vide* "Kommunale Spitzenverbände und funktionales Selbstverwaltungsverständnis", *DVBl*, 1976, pág. 359 e segs.

[142] *Institutions et Droit Administratifs, 1 – Les structures administratives*, 3.ª Edição, Paris, 1985.

[143] Deste modo, escreve Debbasch: "A existência de dois poderes de decisão, um centralizado e outro descentralizado, agindo cada um de maneira autónoma e por vezes

contram-se as entidades locais[144] que, pese embora inadequadas, não são votadas ao abandono. Dada a necessidade de colaboração dos seus cidadãos na prossecução do interesse público, o Estado aceita instituições locais já não autónomas, mas *participativas*. A questão da separação de poderes diluíu-se de forma absoluta, porque desnecessária, no âmbito de uma relação de colaboração entre entidades locais e Estado: este define a política comum e coordena a sua execução; aquelas iniciam e executam em total concordância com o programa traçado a nível estadual.

Ora, tal concepção de autonomia local, aparentemente tolerante, preconiza a sua aniquilação. Os entes locais podem colaborar e participar na programação comum e execução de políticas que colocam em contacto interesses próprios das suas populações e o interesse nacional. Mas sempre no quadro de liberdade face ao Estado que a tradição constitucional europeia mantém viva.

Também Jean-Marie Pontier defende a colaboração entre colectividades locais e a colectividade estadual, cujo instrumento por excelência seria a contratualização e fazendo da autonomia local uma realidade menos exaltante do que o clássico entendimento de acção de uma só vontade. Face ao crescente fluxo de sentido ascendente de interesses locais para o interesse nacional, a noção de assuntos locais mantém, nesta construção, um valor simbólico, de quase-afectividade, não como noção juridicamente útil, mas como facto evolutivo. Pontier entende, mais num anseio do que em descrição, que tudo seria mais fácil caso pudessémos

---

mesmo em oposição, parece condenada. Pelo contrário, o que é preciso é decompor o processo de decisão, fazendo participar na tomada destas as instâncias descentralizadas e as instâncias centralizadas. Às primeiras devem caber a iniciativa e a execução; às segundas a coordenação. O poder de decisão local, tal como era concebido no séc. XIX, aparece condenado em benefício da ideia de participação, isto é, duma associação efectiva das colectividades locais e das instâncias centrais na tomada de decisão. Já não é possível imaginar colectividades locais paralisando a política do poder central e também não é possível centralizar o conjunto de decisões; é preciso, portanto, conseguir a colaboração das instituições locais e centrais na definição e execução duma política comum" (*Institutions...*, ob. cit., pág. 205, apud Baptista Machado, ob. cit., pág. 24).

[144] O autor demonstra esta inadequação à realidade administrativa hodierna por recurso ao exemplo da estrutura territorial francesa, onde (co)existem mais de 36 mil municípios (comunas), dando forma a um país que corresponde, ainda, à França rural do século XIX, e que aparentemente passou incólume à revolução industrial e à urbanização. Exemplar na descrição de todas estas novas concepções da autonomia local, *vide* a já referenciada obra de António Cândido de Oliveira, *Direito...*, ob. cit., págs. 147-183.

"afirmar que tal ou tal matéria era de interesse local. A clarificação da repartição de competências e, assim, das relações entre o Estado e as autarquias locais estaria largamente facilitada"[145].

Não sendo as entidades locais dependentes do Estado, colaboram solidariamente com este no exercício das tarefas públicas. O autor francês não concede à autonomia local outro sentido que não seja a realidade do encadeamento de competências, e aos entes locais outro espaço de acção que não seja a colaboração solidária com o Estado. Pese embora proclame que não abandona o conceito de autonomia local.

Ainda nesta linha de orientação, encontra-se Joaquín García Morillo, que entende que o conteúdo constitucional da autonomia local em Espanha se reconduz à figura da garantia institucional, um limite imposto pela Constituição ao legislador ordinário e que meramente garante a existência do ente garantido – inibindo o legislador de levar a cabo uma "desautarquização".

Reconhecendo as limitações da categoria *garantia institucional*, mas sem "encontrar apoio constitucional para conceptualizar a autonomia local como um direito constitucionalmente reconhecido", Morillo reconhece a necessidade de "recorrer a outros conceitos constitucionais para colmatar todas essas incertezas; por outras palavras, a configuração da autonomia local como uma garantia institucional deixa tal autonomia notoriamente desvalida face ao legislador, quase à sua mercê"[146]. Ainda assim, é essa a natureza jurídica que a Constituição espanhola oferece à autonomia, deixando por solucionar um problema que García Morillo considera ser um problema comum a quase todas as democracias ocidentais, na medida em que a administração local não é uma instituição subordinada.

Defensor de uma *terceira via*, Joachim Burmeister[147] propôs um modelo de reconfiguração da génese conceptual da autonomia local que mar-

---

[145] António Cândido de Oliveira, *Direito das...*, ob. cit., pág. 160.

[146] *La Configuración Constitucional de la Autonomia Local*, Marcial Pons, Madrid, 1998, págs. 25-26. Escreve Nazaré Costa Cabral em apreciação à tese de García Morillo, que a verdadeira garantia constitucional da autonomia local "exige que para que a referida instituição cumpra os objectivos que constitucionalmente lhe estão cometidos, se lhe atribuam as condições minimamente exigíveis a esse mister" (Ob. cit., pág. 14, nota 16).

[147] A obra clássica do autor intitula-se *Verfassungstheoretische Neukonzeption der Kommunalen Selbstverwaltungsgarantie*, Munique, 1977.

cou a doutrina germânica e conheceu implantação profunda entre os doutrinários espanhóis, sobretudo pela mão de Parejo Alfonso[148] no âmbito do Texto Constitucional de 1978.

Burmeister concebe o município – bem como as demais entidades locais – como elemento de uma administração estadual unitária, distinguindo-se dos demais entes administrativos porquanto se encontra democraticamente legitimado, através da eleição directa dos seus órgãos. Partindo, uma vez mais, do Estado liberal e da complexidade e interpenetração crescentes das actividades administrativas desempenhadas pelo Estado social, o autor germânico abdica da distinção clássica entre assuntos locais e assuntos nacionais: a administração pública é uma só, é uma unidade que a administração local também integra.

O modelo de Burmeister reserva à autonomia local o papel de garante de um tipo especial de acção administrativa pública dos entes locais, de competência sobre todos os assuntos que lhes respeitem, afectando directamente a sua esfera de direitos e interesses.

Esta nova feição da autonomia local implica transformações de fundo no conceito clássico, nomeadamente:

a) Encontrando-se constitucionalmente tutelado o direito de prossecução dos assuntos que respeitem à comunidade local, mas sendo a administração local entendida por Burmeister como um elemento da unitária administração do Estado – ainda que democraticamente legitimada – as intervenções do Estado em matérias que afectem os interesses locais devem ser toleradas, quando justificadas pela necessidade de uniformidade na aplicação da lei e eficiência administrativa, mas em absoluto respeito pelo princípio da proibição do excesso e da proporcionalidade;

b) Encontra-se agora na esfera jurídica das entidades locais o direito de audição ou de participação face a tais intervenções do Estado;

c) Perde significado a destrinça entre "assuntos próprios" e "assuntos delegados", na exacta medida da falência da distinção que

---

[148] A aceitação da tese de Burmeister por Parejo Alfonso surge em 1981, na sua obra *Garantia Institucional y Autonomías Locales*. É desenvolvida em escritos posteriores, nomeadamente em *Estado Social y Administración Publica – Los postulados constitucionales de la reforma administrativa*, Madrid, 1983.

lhe está subjacente, entre assuntos locais e assuntos nacionais: as competências atribuídas devem, em nome da garantia da autonomia local, ser exercidas em nome próprio.

A autonomia local seria, então, um conceito compósito, com elementos de extensão – os assuntos que afectem directamente a esfera de direitos e interesses das entidades locais – e de contenção – os demais assuntos que, ao não conhecer pontos de contacto com a sua esfera de interesses, estam fora do seu alcance e garantia.

Por fim, encontramos doutrinários fieis ao conceito clássico da autonomia local, resistentes às vicissitudes da evolução da história, dos conceitos e dos conteúdos e encontrando na autonomia o tradicional direito de decisão sobre os assuntos da comunidade local – elemento nuclear do conceito. Entre nós, Baptista Machado defende a fidelidade ao conceito originário, pois a verdadeira e efectiva descentralização respeita sempre a autonomia de decisão das entidades locais.

Avesso ao esvaziamento preconizado pelas propostas doutrinárias da *colaboração* ou *participação*, o Douto Professor censura tais soluções, encontrando no ideario de Debbasch terreno fértil à crítica. A insistência na necessidade de colaboração entre os centros de decisão nacional e locais, baseada na coordenação centralizada daquele e na iniciativa e execução destes, esquece a decisão que, neste esquema, não poderá deixar de pertencer à instância centralizada: "é que, por mais comissões de coordenação que se estabeleçam, por mais diligências que se façam no sentido da "concertação", fica sempre em aberto a questão de saber a quem cabe a decisão quando se não chegue a um consenso. Como disse alguém, mesmo em regime de concertação, está sempre de reserva o poder e a autoridade de "governar", o poder de decidir. E não há dúvida de que a simples detenção de tal poder reforça o poder negocial do respectivo titular"[149]. Esta liberdade de participar esvazia a autonomia local de conteúdo, encerra uma perspectiva centralizadora da administração e assemelha-se à jacobina liberdade concedida aos cidadãos.

Trata-se, para Baptista Machado, de uma questão de liberdade[150]. As entidades locais não concertam, colaboram ou participação: *decidem*,

---

[149] Ob. cit., pág. 25.
[150] Em análise à "fidelidade" de Baptista Machado ao conceito clássico de autonomia local, escreve Cândido de Oliveira: "se as autarquias locais têm apenas um poder

num quadro de independência face ao Estado. Resta apurar qual o conteúdo de tal poder de decisão autónomo, isto é, distinguir entre assuntos nacionais e assuntos regionais ou locais. E perante as dificuldades induzidas pela complexidade e interacção das tarefas públicas, o autor convoca o princípio da subsidiariedade: "A instância superior não deve chamar a si senão aquelas tarefas que a instância inferior não tem capacidade para levar a cabo por iniciativa e acção próprias"[151].

E, resolvido o dilema político-administrativo (*assuntos locais vs. assuntos nacionais*), as exigências de ordem económica e técnica – o mesmo será dizer, a reclamação por eficiência e eficácia no desempenho das actividades público-administrativas – serão satisfeitas através do adequado dimensionamento espacial e populacional das instâncias locais, "que deve ser de molde a permitir a concentração de meios financeiros e recursos técnicos suficientes, ao mesmo tempo que deve adequar-se às tarefas de planeamento"[152].

b) *A revisitação do conceito clássico*

Após este breve excurso pela evolução conceptual da autonomia local, analisando a doutrina dos seus carrascos, mas também dos seus fiéis, estamos já em condições de dar a conhecer a nossa perspectiva. Aceitando que os sucessivos contextos históricos acarretaram uma dificuldade crescente na distribuição criteriosa de tarefas no seio de um Estado descentralizado, situamos aqui os primórdios da mutação – e não tanto de crise – do conceito de autonomia local.

Assumimos que esta fronteira nunca conhecerá objectividade semelhante àquela que a simplicidade das tarefas públicas prosseguidas aquando do liberalismo permitiu, mas repudiamos teses restritivas ou soli-

---

de participação nas decisões tomadas pelo Estado ou outros níveis superiores de administração, se as autarquias locais não têm o direito de decidir livremente sobre um conjunto de atribuições próprias e exclusivas constituido pelos interesses locais, então temos um Estado centralizado, um Estado que domina toda a vida social, que, admitindo embora a participação das autarquias locais e de outros grupos de pressão (associações profissionais, associações de interesses), se arroga o direito de decisão definitiva" (*Direito das...*, ob. cit., pág. 179).

[151] Ob. cit., pág. 29.
[152] *Idem...*, pág. 30.

citações ao abandono da autonomia local em favor de ideias como o direito de participação na deliberação e execução de assuntos que seriam, todos, de interesse nacional, ou a solidariedade cooperante, *per si*.

O nosso Texto Constitucional ergue a autonomia local ao estatuto de princípio fundamental da organização democrática do Estado, logo no art. 6.°, n.° 1. Sublinhando esta ideia no n.° 1 do art. 235.°, a Constituição revela a posição do nosso ordenamento jurídico sobre a vetusta questão da essência conceptual da autonomia local no n.° 2 do mesmo preceito, ao estabelecer: "As autarquias locais são pessoas colectivas territoriais dotadas de órgãos representativos, que visam a prossecução de *interesses próprios* das populações respectivas".

A Lei Fundamental consagra, aliás, as demais premissas clássicas do conceito de autonomia local: preceitua a personalização jurídica e a autonomia de orientação logo neste art. 235.°; a atribuição de tarefas é mediada pela lei, em harmonia com o princípio da descentralização administrativa, de acordo com o n.° 1 do art. 237.°; a autonomia financeira é consagrada no art. 238.°; a eleição directa dos seus órgãos é sublinhada no art. 239.°; a autonomia regulamentar encontra-se plasmada no art. 241.°; a sujeição a tutela (apenas) de legalidade está prevista no art. 242.°, n.° 1; e, finalmente, a necessidade de dotar as autarquias locais dos meios humanos essenciais ao desempenho efectivamente autónomo das suas atribuições é reforçada no art. 243.°.

Esta breve apreciação das normas constitucionais relativas ao "Poder local" serve o propósito de revelar os mais sérios defensores do conceito clássico de autonomia local, aceitando, embora, a sua reconfiguração: os textos constitucionais que, alheios às querelas da doutrina, fundamentam o conceito clássico de autonomia ao atribuir-lhe valor constitucional, isto é, reconhecendo-lhe um valor político-democrático de que não pretendem abdicar. Repare-se que, entre nós e à semelhança do sucedido noutros ordenamentos constitucionais, a autonomia local impõem-se ao próprio poder de revisão constitucional, pois constitui limite material explícito de revisão [nos termos do art. 288.°, al. n)].

A aceitação de revisitação do classicismo conceptual que temos vindo a analisar encontra, também, expressão constitucional. Ao legislador ordinário é deixada a definição de questões essenciais à efectividade da autonomia local – as atribuições e organização das autarquias locais, a competência dos seus órgãos, o regime das finanças locais, os casos e as formas de exercício da tutela de legalidade – admitindo-se, no art. 242.°, n.º 2, a compressão pontual da autonomia local, pela adopção de medidas que a restrinjam. Contudo, o órgão autárquico legalmente competente é chamado a pronunciar-se através da emissão de parecer. Ainda assim, o âmbito da garantia institucional da autonomia local é amplo, concluem Gomes Canotilho e Vital Moreira[153].

Resta, então, densificar o conceito constitucional de *interesses próprios* da comunidade local, no sentido de encontrar resolução à querela doutrinária que dominou sobretudo o século XX. A jurisprudência do Tribunal Constitucional relativa ao conceito de autonomia local, sendo parca, poderá auxiliar-nos na tarefa de demonstrar que o conceito clássico persiste, ainda que de forma expansiva. Dos arestos tirados nesta matéria – versando, na sua grande maioria, sobre questões de ordenamento do território, urbanismo e ambiente – é possível encontrar na prossecução dos interesses próprios das populações o substrato e limite, constitucionalmente estabelecidos, da autonomia local. A esta é reconhecido um espaço próprio de actuação, que não será expansível quando se trate de interesses gerais da comunidade constituída como Estado e que, assim, ultrapassem o universo dos interesses próprios das comunidades locais. Entre estes dois extremos – interesses próprios e interesses nacionais – encontra-se um "domínio aberto à intervenção concorrente das autarquias e do Estado"[154].

Ou seja, a autonomia local encontra razão de ser na existência de interesses próprios das comunidades locais, espaço (praticamente) impenetrável pelo Estado. Trata-se de interesses que apenas as autarquias locais poderão prosseguir, exercendo poder decisório quanto a estas tarefas "que

---

[153] *Constituição*..., ob. cit, pág. 883. Os autores entendem que a garantia constitucional das autarquias locais, plasmada no art. 235.º, n.º 1, tem um sentido institucional, e não individual. O mesmo será dizer que a Constituição "assegura a existência da forma de organização territorial autárquica, mas não garante um direito individual à criação de uma certa autarquia nem se protege um verdadeiro direito de não extinção". Garante, no entanto, "a existência da organização autárquica (não podendo a lei eliminá-la em nenhuma parte do território), o autogoverno (órgãos próprios), a autodeterminação (liberdade de condução da política autárquica), um mínimo razoável de atribuições (que não podem ser esvaziadas por lei), a disposição de meios financeiros próprios adequados. A garantia institucional da autonomia pressupõe um núcleo essencial que não pode ser diminuído ou eliminado por lei".

[154] Acórdão n.º 432/93, de 13 de Julho, *Acórdãos do Tribunal Constitucional*, 25.º Volume, pág. 37 e segs.

têm a sua raiz na comunidade local ou que têm uma relação específica com a comunidade local e que por esta comunidade podem ser tratados de modo autónomo e com responsabilidade própria"[155].

Este espaço de actuação e decisão exclusivamente local não poderá expandir-se, invadindo a área de intervenção exclusiva do Estado. Mas poderá expandir-se na medida em que reconhece-se hoje a existência de um espaço de actuação concorrente entre Estado e entidades locais, no âmbito do qual os distintos interesses, intercruzando-se, devem ser coordenados: o Estado prossegue um interesse geral, a entidade local um interesse próprio da sua população[156].

Neste sentido, decidiu recentemente o Tribunal Constitucional, não julgando inconstitucional uma norma que confere à Direcção-Geral de Turismo o poder de autorizar o funcionamento de parques de campismo municipais e, caso a abertura não seja precedida de despacho autorizativo, de ordenar o seu encerramento. Podemos ler nesta decisão:

Destinados os parques de campismo a servir todos aqueles que procuram esta forma de lazer, não pode desde logo dizer-se que a sua instalação seja uma tarefa apenas relacionada com a comunidade local. Com efeito, a criação de parques de campismo insere-se no sector do turismo que, como se sabe, não é de todo estranha ao 'ambiente de vida humano,

---

[155] Sentença do Tribunal Constitucional Alemão N.º 15, de 30 de Julho de 1958, *Entscheidungen des Bundesverfassunggsgerichts*, 8.º Volume, pág. 134, citada pelo Tribunal Constitucional no referido Acórdão n.º 432/93, de 13 de Julho.

[156] Explica Artur Maurício, ao analisar "A garantia constitucional da autonomia local à luz da jurisprudência do Tribunal Constitucional" e, em concreto, o Acórdão n.º 432/93 – que "incidiu sobre um diploma que cometia a um instituto público – Instituto de Gestão e Alienação do Património Habitacional do Estado (IGAPHE) –, no âmbito de um Programa de Construção de Habitações Económicas (...) o encargo de colocar à disposição dos concorrentes, em concurso público, terrenos de que o Instituto era titular, para apresentação de propostas de construção e equiparava os loteamentos, obras de urbanização e de construção civil naqueles terrenos aos promovidos pela administração indirecta do Estado quando esta prossegue fins de interesse público na área da habitação, competindo ainda ao Instituto emitir licenças de utilização das habitações construídas" – que, "embora as autarquias não sejam indiferentes aos comandos que aquelas normas encerram, não versam elas matérias de "interesse específico das autarquias" – "a promoção habitacional e gestão do território e do ambiente interessam às autarquias" mas constituem também "um domínio aberto à intervenção concorrente das autarquias e do Estado"" (*Estudos em Homenagem ao Conselheiro José Manuel Cardoso da* Costa, Tribunal Constitucional, Coimbra Editora, 2003, págs. 635-636).

sadio e ecologicamente equilibrado' (artigo 66.° da Constituição) a que todos têm direito e que ao Estado cumpre promover.

(...) Trata-se aqui – como em tantos outros – de um campo de intervenção concorrencial do Estado, na prossecução de um interesse geral, e das autarquias, estas na gestão do que não deixa de constituir também um interesse local. Na verdade, respeita ainda ao interesse das populações locais a promoção de actividades turísticas nas respectivas autarquias, como forma de atrair visitantes ao seu espaço territorial e criar pólos de desenvolvimento económico local", o que traduz, conclui o Tribunal, uma forma equilibrada "*de repartição de competências entre o Poder Central e o Poder Local, na defesa de interesses gerais e locais*[157].

Resta, então, defender a sobrevivência do conceito clássico de autonomia local, revisitado pela evolução da administração e das solicitações que o Estado foi chamando para si. Este classicismo revisitado, longe de ser um novo «modelo genético», mantém a modelação genética do séc. XVIII, expandindo-a. Trata-se, conclui Cândido de Oliveira, de uma "concepção que, adaptada ao nosso tempo, confie, por um lado, à administração local o exercício, sob responsabilidade própria, de um conjunto significativo de assuntos, a delimitar na massa das tarefas que incumbem à Administração Pública, e que pela sua proximidade e natureza possam por ela ser levados a cabo, sem prejuízo do princípio da boa administração, e que, reconheça, por outro lado, às autarquias locais o direito de participar (intervir) nas decisões a nível administrativo superior que lhes digam respeito, nomeadamente aquelas que se vão repercutir no território local"[158].

Encontrado um critério, já não, porventura, de determinação, mas de orientação quanto ao que deve caber aos entes locais para decisão e execução autónoma, por um lado, e ao que deve caber à comunidade nacional, por outro, a verdadeira crise da autonomia local não está solucionada. Entendemos que a crise do conceptualismo clássico da autonomia local é hoje suplantada pela intensidade dos constrangimentos financeiros a que as entidades locais estão sujeitas, prevalecendo a fraqueza da autonomia financeira sobre a dificuldade em estabelecer um critério que esclareça

---

[157] Trata-se do Acórdão n.° 107/03, publicado no *Diário da República*, II Série, de 23 de Abril de 2003.
[158] *Direito das...*, ob. cit., pág. 195.

qual a natureza dos interesses, locais ou nacionais, e delimite a esfera de intervenção do Estado e das entidades locais.

A delimitação do âmbito da autonomia local – o leque suficientemente amplo de incumbências dos entes locais, para prossecução em liberdade de decisão e execução, dentro dos limites da legalidade, inultrapassável por fiscalização estadual – é fundamental. Mas definido o seu âmbito e conteúdo, de que serve estabelecer a medida de liberdade de acção das entidades públicas infra-estaduais relativamente ao Estado, se os seus poderes financeiros permanecem cativos?

A crise hodierna da autonomia local não se situa no plano dos conceitos, situa-se no plano das finanças. Em reforço desta ideia, reflicta-se sobre o modelo tradicional de financiamento das autarquias locais, entre nós vigente desde 1979: esgotado, quer a despesa estacione, quer aumente, consequência da descentralização e da proximidade, a insuficiência financeira dos entes locais revela uma autonomia local constrangida e uma descentralização insustentada. À mutação conceptual do conceito clássico de autonomia local, sucede uma efectiva crise da autonomia financeira, vector incontornável da autonomia local. Questionava Lobo d'Ávila, em 1874: "De que serve ter competência e liberdade para fazer tudo quando os recursos não chegam para fazer cousa alguma?"[159].

2. A Carta Europeia da Autonomia Local

O valor constitucional conferido pelos Textos Fundamentais dos vários Países europeus à autonomia local viria a ser reconhecido de forma multilateral, na década de oitenta do passado século XX. Só então, não sem que antes fossem levadas a cabo outras tentativas, os Estados da Europa atingiram consenso quanto à uniformização de um conceito comum de autonomia local, de tal sorte que a ele se vinculassem através de um tratado internacional[160-161].

---

[159] *Estudos de Administração*, Lisboa, 1874, págs. 163-164.

[160] No sentido da defesa da autonomia local, as iniciativas de carácter supra-nacional surgiram na década de cinquenta do século XX. Em Outubro de 1953, o Conselho dos Municípios da Europa reuniu os seus primeiros "Estados Gerais" em Versalhes e adoptou a "Carta europeia das liberdades municipais". O Conselho foi fundado em 1950 em Genebra

Em Junho de 1985 foi aprovada no seio do Conselho da Europa, e no âmbito dos trabalhos do Congresso dos Poderes Locais e Regionais

e tinha a natureza de organização não governamental, pretendendo fortalecer a autonomia local. A "Carta de Versalhes", como ficou conhecida, constituí, neste sentido, um prelúdio à Carta Europeia da Autonomia Local.
A "Carta de Versalhes" constava de três partes: "a) O preâmbulo, no qual o Conselho dos Municípios da Europa se compromete a defender e restabelecer os direitos dos municípios da Europa, afirmando que "estam resolvidos a construir, em interesse comum, uma Europa livre e pacífica; b) Os princípios, agrupados em três blocos: – "Os Municípios constituem o fundamento do Estado. Cada vizinho consciente das suas obrigações como membro da comunidade deve poder contribuir para o desenvolvimento desta e participar activamente na vida local; e ao município cabe fornecer-lhe os meios para tal efeito". – "Não podem existir verdadeiras liberdades municipais senão quando os povos tenham a firme vontade de administrar-se a si mesmos e de salvaguardar essas liberdades face a todo o princípio totalitário. Os vizinhos conscientes da sua responsabilidade devem obediência à lei, mas devem também desacatar, individual ou colectivamente, toda a acção arbitrária".
– "A execução da lei deverá salvaguardar os direitos do município face a Entidades superiores, assim como os direitos do vizinho face ao próprio município."; c) As definições, nove, e que se referiam às garantias constitucionais das liberdades municipais; Direito das entidades locais de emitirem parecer prévio relativamente a projectos de lei que regulem a sua organização geral; Direito municipal ao exercício de toda a função de interesse local; Direito à autonomia financeira: os municípios assumirião o desempenho das suas competências em função dos tributos estabelecidos sobre as suas próprias fontes de financiamento; Atribuições e competências mínimas; A responsabilidade da administração municipal; Estabelecimento do controlo de legalidade de todos os actos administrativos locais, com carácter geral; Inalterabilidade dos limites municipais sem consulta prévia aos vizinhos; Direito dos municípios e suas associações a aderirem a organizações internacionais de municípios" (Maria-Àngels Clotet I Miró, *La Cooperacion Internacional de los Municípios en el Marco del Consejo de Europa. La Obra de la Conferência Permanente de Poderes Locales y Regionales de Europa*, Madrid, Civitas, 1992, págs. 220-222. Tradução da autora).

[161] Estávamos então no período de reorganização internacional, fruto da devastação provocada pela II Guerra Mundial, e as matérias que reclamavam consensos eram vastas. A concertação e assunção de compromissos multilaterais encontrou, em muitos campos, obstáculos intransponíveis que só o fim da guerra fria – e do seu último marco, com a queda do muro de Berlim – e das ditaduras fascistas no sul da Europa, permitiram ultrapassar. Relembre-se o caso do *GATT* (*General Agreement on Tarifs and Trade*), o Acordo Geral sobre Pautas Aduaneiras e Comércio que, erguido sobre a tentativa falida de criação da Organização Internacional do Comércio, sob égide da ONU, nasceu como Tratado provisório e adquiriu estatuto de organização internacional de facto – mas nunca de direito – até 1995, com a criação da Organização Mundial do Comércio. Veja-se a Carta Europeia da Autonomia Local, ideia que, proposta pela Conferência Europeia dos Poderes Locais em 1968 – à época, sob a forma de "Declaração de Princípios sobre a Autonomia Local" – só viria a ser retomada em 1981 e adoptada em 1985.

da Europa (CPLRE) – à época denominado Conferência dos Poderes Locais e Regionais da Europa, designação que abandonou em 1994 – a Carta Europeia da Autonomia Local. Na sua génese esteve a vontade de "as associações internacionais dos representantes eleitos das autarquias locais verem reconhecidas, num plano jurídico internacional, as regras fundamentais que asseguram a independência política, administrativa e financeira das instituições que os seus membros personificam"[162]. O Conselho da Europa[163] forneceu o enquadramento institucional adequado a tal desiderato, através do CPLRE.

Em 1981, o então presidente da Comissão das Estruturas e das Finanças Locais, Lucien Harmegnies, foi relator do projecto de Carta Europeia da Autonomia Local – que assumiu a forma de Resolução 126 (1981) da Conferência dos Poderes Locais e Regionais da Europa, em 21 de Setembro desse ano – procurando demonstrar, na "exposição de motivos" a contemporânea razão de ser da erosão do princípio da autonomia local: o confronto entre a *diversidade inevitável* desta e o princípio da igualdade e uniformidade na prestação de serviços públicos, preocupação-maior do Estado[164]. Deste confronto resulta uma pressão centralizadora, eminentemente perigosa para a autonomia local, que este instrumento de Direito Internacional Público, expressando multilateralmente a vontade

---

[162] Mário Rui Martins, ob. cit., pág. 12.

[163] Em 5 de Março de 1949, oito países – Bélgica, França, Holanda, Luxemburgo, Reino Unido, Dinamarca, Itália e Noruega – celebraram a «Conferência de Londres», aprovando o Estatuto do Conselho da Europa, cuja finalidade encontramos plasmada no art. 1.º: "realizar uma união mais estreita entre os seus membros para salvaguardar e promover os ideais e os princípios que constituem o património comum e favorecer o seu progresso económico e social". O Conselho tem, desde então, actuado com especial vigor em matéria de administração regional e local, na tentativa de reforçar o espírito europeu entre as populações. Escreve José Manuel Rodrígues Álvarez que o Conselho "compreenderia desde logo que para alcançar a unidade europeia precisava-se da participação e apoio activo da sua população e dos seus representantes mais imediatos, os eleitos locais, que poderiam ser poderosos aliados do Conselho nos seus esforços para salvaguardar os ideais e princípios que constituem a herança comum da Europa, intimamente unida à existência das organizações locais." (*La Carta Europea de la Autonomia Local*, Bayer Hnos, Barcelona, 1996, pág. 68. Tradução da autora). Actualmente, o Conselho da Europa conta com 46 membros. A Bielorússia é candidata à adesão desde 1993, sendo observadores do Comité Ministerial o Canadá, o Japão, o México e os Estados Unidos da América.

[164] *Vide* o sítio do Conselho da Europa, www.coe.int .

de quarenta e um Estados e as suas tradições constitucionais, procura enfrentar[165].

Distante da organização de uma cruzada contra o Estado moderno combatida por entidades locais isoladas do todo nacional, a Carta Europeia da Autonomia Local traduz a vontade dos próprios Estados, seus membros, e procura compreender e conceber a independência local na era dos interesses cuja escala nacional intersecta a escala local e da busca incessante por um equilíbrio económico e financeiro a nível nacional. Para tal, oferece um conjunto de padrões ou *standards* para medição e salvaguarda dos direitos das entidades locais, garantes da participação efectiva dos cidadãos de quem estão próximos, na gestão dos assuntos interferem com o seu quotidiano.

O Conselho chamou a si, desde o início, o papel de consciência democrática da Europa. Elaborando, a dado momento, um raciocínio quase matemático – se a Europa é democracia, e as entidades locais são democracia, então Europa é igual a entidades locais – a proactividade do Conselho da Europa nesta matéria resulta, salienta, L. Ortega, da ideia de que é fundamental para o velho continente, por um lado, "manter esse espaço democrático local como elemento de democracia europeia, e por outro, usar a dimensão participativa da democracia local para o relacionamento com os indivíduos e transmitir-lhes o ideal da unidade europeia"[166].

Esta convenção internacional, já ratificada pela República Portuguesa[167], cristaliza, no art. 3.º, n.º 1, o conceito de autonomia local *contemporâneo*: "Entende-se por autonomia local o direito e a capacidade efectiva de as autarquias locais regulamentarem e gerirem, nos termos da lei, sob sua responsabilidade e no interesse das respectivas populações, uma parte importante dos assuntos públicos".

Afastando-se da desactualização da dicotomia «assuntos locais *vs.* assuntos nacionais», o conceito de autonomia local plasmado na Carta

---

[165] De acordo com dados disponíveis no sítio do Conselho da Europa, até 27 de Agosto de 2005 dos quarenta e seis Estados-membros, quarenta e um ratificaram a Carta Europeia da Autonomia Local, e dois Estados assinaram este instrumento sem que à assinatura se tenha seguido a respectiva ratificação. Recentemente, a França iniciou o processo de ratificação da Carta da qual, estranhamente, se mantém apartada.

[166] "La Carta Europea de la Autonomía Local y el ordenamiento local español", *REALA*, N.º 259, 1993, pág. 477.

assume como critério primeiro de distribuição vertical de tarefas públicas a (boa) parte de assuntos públicos que interessem às suas populações.

O art. 4.°, ao estabelecer o seu âmbito, assume a revisitação ao conceito clássico de autonomia local e o carácter compromissório da Carta: admite a existência de uma área de intervenção concorrencial entre as entidades locais e o Estado – "Dentro dos limites da lei, as autarquias locais têm completa liberdade de iniciativa relativamente a qualquer questão que não seja excluída da sua competência ou atribuída a uma outra autoridade" (art. 4.°, n.° 2); concede primazia à proximidade como critério de atribuição e exercício de tarefas públicas, em homenagem ao princípio da subsidiariedade, mas justifica a preferência por níveis mais elevados de administração através de uma fórmula de equilíbrio entre amplitude das tarefas e eficiência económica – "Regra geral, o exercício de responsabilidades públicas deve incumbir, de preferência, às autoridades mais próximas dos cidadãos. A atribuição de uma responsabilidade a uma outra autoridade deve ter em conta a amplitude e a natureza da tarefa e exigências de eficácia e economia" (art. 4.°, n.° 3); e consagra um direito de audição e participação das entidades locais no âmbito da planificação e quanto às questões que directamente lhes interessem – "As autarquias locais devem ser consultadas, na medida do possível, em tempo útil e de modo adequado, durante o processo de planificação e decisão relativamente a todas as questões que directamente lhes interessem" (art. 4.°, n.° 6). A autonomia local deve encontrar na Constituição, preferencialmente – em alternativa, na lei – o seu fundamento e núcleo essencial (art. 2.°).

Dirigida essencialmente ao legislador ordinário, que medeia a aplicação destes princípios à realidade de cada país, a Carta carece de mecanismos de controlo da sua aplicabilidade efectiva. O art. 14.° estabelece apenas uma obrigação de comunicação de informações pertinentes quanto a medidas adoptadas no sentido de conformar o seu ordenamento às disposições da Carta. Dir-se-á que, entre nós, terá valia o art. 2.°, n.° 8, da Constituição, ao dispor que "as normas constantes de convenções internacionais regularmente ratificadas ou aprovadas vigoram na ordem interna após a sua publicação oficial e enquanto vincularem internacionalmente

---

[167] *Vide* Resolução n.° 28/90, de 13 de Julho, da Assembleia da República, e o Decreto n.° 58/90, de 23 de Outubro, do Presidente da República.

o Estado Português"[168]. No entanto, o próprio Lucien Harmegnies assumiu, *ab initio*, ser a autonomia local uma matéria que afecta as relações entre poderes públicos, a estrutura do Estado e, consequentemente, a sensibilidade dos membros do Conselho a mecanismos de controlo de maior amplitude ou efectividade seria inultrapassável.

As dificuldades de verificação do respeito dos Estados signatários pela disposição das normas da Carta torna-se especialmente penosa, no âmbito da investigação que conduzimos, quando observamos o art. 9.°, que estabelece um conjunto de princípios fundamentais relativos à matéria dos recursos financeiros, sem os quais a capacidade efectiva de regular e gerir os assuntos públicos é posta em causa: "As autarquias locais têm direito, no âmbito da política económica nacional, a recursos próprios adequados dos quais podem dispor livremente no exercício das suas atribuições", estabelece o n.° 1 daquele preceito[169].

---

[168] A desconformidade de normas legais face a normas constantes de convenções internacionais, viciando aquelas de ilegalidade *sui generis*, gera o dever da sua não aplicação por parte do aplicador da lei e do julgador. Em processo de fiscalização concreta, esta ilegalidade *sui generis* pode ser objecto de recurso para o Tribunal Constitucional. Dispõe o art. 70.°, n.° 1, al. i) da Lei de organização, funcionamento e processo do Tribunal Constitucional (Lei n.° 28/82, de 15 de Novembro, que já conheceu várias alterações): "Cabe recurso para o Tribunal Constitucional, em secção, das decisões dos tribunais: i) que recusem a aplicação de norma constante de acto legislativo, com fundamento na sua contrariedade com uma convenção internacional", sendo o recurso "restrito às questões de natureza jurídico-constitucional e jurídico-internacional implicadas na decisão recorrida".

[169] O n.° 2 do art. 9.° estabelece a proporcionalidade entre atribuições constitucional ou legalmente cometidas e os recursos financeiros disponíveis; o n.° 3, por ser turno, reclama que pelo menos uma parte dos recursos financeiros das autarquias locais provenha de rendimentos de impostos locais, com a inerente possibilidade de fixação da taxa, nos limites da lei; o n.° 4 fixa uma cláusula de diversidade e evolução aplicável aos sistemas de financiamento local, por forma a permitir o acompanhamento da evolução real dos custos do exercício das suas atribuições; o n.° 5 garante a protecção das autarquias mais fracas, exigindo "a implementação de processos de perequação financeira ou de medidas equivalentes destinadas a corrigir os efeitos da repartição desigual das fontes potenciais de financiamento, bem como os encargos que lhes incumbem. Tais processos ou medidas não devem reduzir a liberdade de opção das autarquias locais no seu próprio domínio de responsabilidade"; as modalidades de redistribuição de recursos é matéria sobre a qual as autarquias locais devem ser ouvidas, ao abrigo do disposto no n.° 6; por seu turno, o n.° 7 visa diminuir as consequências prejudiciais advenientes do financiamento através da concessão de subvenções, de auxílios financeiros da administração central à administração local, sendo sempre preferível a concessão de subsídios genéricos ou a sectores

Todavia, em sede de recomendações, o Conselho da Europa, designadamente através do Comité de Ministros, tem desenvolvido importantes contributos para o tratamento, pelos Estados signatários, da questão da autonomia das suas entidades regionais e locais.

Na Recomendação Rec(2000)14, de 16 de Setembro, sobre tributação local, equalização fiscal e transferências para as entidades locais, o Comité fixa as linhas de orientação relativas àquelas matérias, definindo, nomeadamente:

- Quanto à *estrutura da tributação local*, deve esta conter-se nas seguintes condicionantes: (1) justa distribuição da carga fiscal de acordo com a capacidade dos contribuintes; (2) visibilidade da carga fiscal a suportar por pessoas singulares e colectivas; (3) direito de as entidades locais fazerem variar, ainda que dentro de limites pré-definidos, as taxas dos impostos locais e o peso de outros tributos; (4) a diferença de taxas definidas pelas entidades locais deve variar entre estas entidades na razão directa dos serviços, qualitativa e quantitativamente, prestados; (5) existência de margem de acção para que as entidades locais procedam a ajustamentos da receita fiscal de acordo com a evolução dos custos.
- Quanto à *equalização fiscal*, frisa o Comité a preponderância deste princípio enquanto condição necessária à verdadeira descentralização financeira, e recomenda que as fórmulas utilizadas para o cálculo das necessidades de realização de despesa: (1) sejam estáveis, possibilitando projecções de médio-longo prazo e alterações que traduzam reais necessidades de adequação face às necessidades de despesa; (2) sejam simples, mas completas; e (3) o peso dado aos indicadores de necessidade, individualmente considerados, devem ter por base o estudo concreto de variações da despesa geradas pela variação daqueles indicadores – todavia, a equalização da capacidade fiscal das entidades locais não pode ser corrosiva da autonomia local por induzir as entidades locais a manter os mesmos níveis de pressão fiscal ou prover o mesmo nível de ser-

---

específicos a conceder subsídios destinados a projectos específicos; finalmente, o n.º 8, do art. 9.º da Carta Europeia da Autonomia Local destaca a importância do acesso ao mercado para financiamento das tarefas locais que, uma vez mais, deve seguir os termos da lei.

viços, quando estão a ser beneficiárias dos mecanismos de equalização fiscal.

- Quanto ao *sistema de transferências financeiras*, o Comité revela preferência pela utilização do sistema de transferências gerais (sem limites previamente estabelecidos à sua utilização), de acordo com critérios transparentes e estáveis, ou cuja evolução surja associada a um indicador objectivo e de forma clara; relativamente às transferências específicas, sendo vistas como de utilização subsidiária, terão como objectivos o desenvolvimento local sustentável, garantia de que certos serviços públicos são prestados a um nível *standard* em todo o território nacional, compensar eventuais *spillovers* e financiar actividades cuja competência se mantenha nacional mas que sejam desempenhadas pelas entidades locais[170].

A Carta Europeia da Autonomia Local apresenta, embora de forma programática, uma noção de autonomia local que, ainda que clássica, surge actualizada pela modernidade, indo desta forma ao encontro da ideia antes defendida de revisitação do conceito clássico de autonomia local como resposta à pretensa crise que o Estado Social nela havia provocado.

De igual modo, a Carta acompanha-nos quando sugerimos a deslocação da problemática em torno da autonomia local da sua *crise conceptual* para uma efectiva crise financeira. Escreve Cândido de Oliveira que "a atenção dada na Carta ao problema financeiro explica-se perfeitamente, se tivermos em conta que, hoje, a actividade das autarquias locais não é tanto uma actividade de mera polícia (permitir ou proibir) mas essencialmente de fomento. Na verdade, o que se lhes pede cada vez mais são obras, nomeadamente equipamentos colectivos. Ora, esta actividade das autarquias locais deslocou-se, em grande parte, dos domínios de «polícia» para os de obra e prestação de serviços"[171]. A autonomia local encontra-se em crise, não de conceitos mas de dinheiros.

---

[170] Disponível, mediante pedido, junto do Conselho da Europa. Encontra-se em negociação a adopção de uma nova recomendação, relativa à gestão financeira e orçamental das entidades regionais e locais dos Estados membros do Conselho da Europa. Para observação de desenvolvimentos relativamente a este projecto, consultar www.coe.int.

[171] *Direito das...*, ob. cit., pág. 191.

3. A autonomia financeira

A autonomia financeira, enquanto elemento do conceito de autonomia local, sofre, por contágio, da fluidez conceptual que sobre esta se abateu. O conteúdo da autonomia financeira conhece indefinição doutrinária, variando de autor para autor, permitindo, no entanto, que nos aproximemos dos seus contornos indissolúveis: a autonomia financeira traduz a liberdade, o âmbito e a dimensão dos poderes financeiros das entidades locais, reflexo, à luz do princípio da descentralização financeira, de uma determinada opção relativamente à questão do espaço de decisão financeira[172].

Ao colocarmo-nos numa posição de reforço dos poderes locais "e de defesa da concessão às entidades infra-estaduais dos meios para a prossecução de objectivos próprios, nomeadamente no domínio do desenvolvimento económico, a questão da autonomia financeira torna-se um problema central", escreve Eduardo Paz Ferreira[173].

De facto, é este o nosso posto de observação, assumido que deixámos o nosso entendimento do princípio da descentralização, a defesa do conceito clássico de autonomia local revisitado e a localização de uma hodierna crise da autonomia dos entes locais no enfraquecimento da sua liberdade financeira. No âmbito da nossa investigação e face às considerações que tecemos e procurámos sustentar, a autonomia financeira é, de facto, um problema central.

A autonomia financeira implica independência quanto à origem das receitas, e simultaneamente liberdade quanto ao destino das mesmas. Não reclamando a coincidência com a ideia de auto-suficiência econó-

---

[172] Escreve Eduardo Paz Ferreira: "a autonomia financeira definir-se-á, então, por contraposição à situação do Estado, como a medida de liberdade outorgada a certas entidades públicas infra-estaduais em matéria de Finanças Públicas. Trata-se, portanto, de uma situação em que a certas entidades é dada a possibilidade de obterem receitas que podem afectar à cobertura de despesas com uma certa margem de discricionariedade. Só que, dentro desta ideia muito genérica, é possível, encontrar ainda uma multiplicidade de situações e uma grande variedade na extensão dos poderes próprios ou, por oposição, das tutelas que o Estado exerce nesta matéria sobre estas entidades." (*Finanças Regionais*, ob. cit., pág. 266).

[173] Ob. cit., pág. 52. O autor lança esta ideia ao analisar as finanças das regiões autónomas, e não das autarquias locais. No entanto, o raciocínio vale a ambas.

mica, a autonomia financeira implicará sempre – conquanto se trata da medida de liberdade financeira dos entes locais face ao Estado – que uma parcela importante das receitas das comunidades locais seja receitas próprias[174]. Repudia-se, assim, a dependência das transferências efectuadas pelo Estado: como podem as entidades locais conhecer liberdade financeira face ao Estado, se uma parte significativa das suas receitas resulta justamente da transferência de recursos do orçamento estadual?

Por outro lado, a efectiva autonomia financeira implica, também, uma certa margem de discricionariedade na afectação das receitas às despesas. Estabelecer o destino das receitas, realizando despesa com amplitude de escolha é, de igual modo, fundamental para a autonomia financeira das entidades locais.

A consignação ou afectação estadual prévia de receitas a despesas locais específicas é, portanto, de afastar, excepção feita a situações especialmente justificadas e legalmente regulamentadas, sem espaço ao arbítrio. Já o controlo financeiro prévio, externo e independente, levado a cabo por uma entidade com as características funcionais do Tribunal de Contas e, entre nós, efectivado através do visto, não comprime esta dimensão da autonomia financeira[175].

Sousa Franco delimita o perímetro de liberdade financeira das autarquias locais, por "contraposição com a soberania financeira (...) que con-

---

[174] Neste sentido, escreve Casalta Nabais: "como é fácil de ver e largamente reconhecido, a autonomia financeira das comunidades locais será assegurada em termos mais adequados e eficazes se uma parte significativa das suas receitas se configurar como receitas próprias, devendo, por conseguinte, a lei atribuir às autarquias locais, no seu conjunto ou a cada uma das suas categorias (ou níveis) – sobretudo aos municípios –, receitas que tenham essa natureza, nomeadamente certos impostos cobrados nas respectivas circunscrições ou impostos locais. Isto mesmo está, de resto, no art. 9.º da Carta Europeia da Autonomia Local..." ("O Regime das Finanças Locais em Portugal", *Por um Estado Fiscal Suportável, Estudos de Direito Fiscal*, Almedina, 2005, págs. 571-572).

[175] Justamente devido às características do Tribunal de Contas, e às finalidades prosseguidas através da fiscalização prévia e da emissão, ou recusa, do visto. Dispõe o art. 44.º da Lei de Organização e Processo do Tribunal de Contas (Lei n.º 98797, de 26 de Agosto, com as alterações introduzidas pela Lei n.º 87-B/98, de 31 de Dezembro e pela Lei n.º 1/2001, de 4 de Janeiro) que "a fiscalização prévia tem por fim verificar se os actos, contratos ou outros instrumentos geradores de despesa ou representativos de responsabilidades financeiras directas ou indirectas estão conformes às leis em vigor e se os respectivos encargos têm cabimento em verba orçamental própria". Sobre esta questão, *vide* José Tavares, *O Tribunal de Contas, do Visto em Especial...*, ob. cit..

figura a presente estrutura política e da ordem internacional, mas é apenas atributo *ab origine* do Estado. A autonomia financeira é, pois, um atributo dos poderes financeiros das entidades infra-estaduais, relativamente ao Estado"[176].

Propõe, depois, um enquadramento das diversas modalidades de autonomia financeira resultante do relacionamento desta com as principais áreas de actividade público-financeira. Daqui resultam, seguindo o saudoso Professor, quatro modalidades de autonomia financeira, tendo em atenção a matéria:

1) A autonomia patrimonial, ou seja, "o poder de ter património próprio e/ou tomar decisões relativas ao património público no âmbito da lei";
2) A autonomia orçamental, que traduz "o poder de ter orçamento próprio, gerindo as correspondentes despesas e receitas (isto é, decidindo em relação a elas)";
3) A autonomia de tesouraria, isto é, "o poder de gerir autonomamente os recursos monetários próprios, em execução ou não do orçamento"; e, finalmente,
4) A autonomia creditícia, consubstanciada no "poder de contrair dívidas, assumindo as correspondentes responsabilidades, pelo recurso a operações financeiras de crédito"[177].

O perfil autonómico-financeiro das entidades locais resulta, assim, da intersecção entre estas quatro modalidades de autonomia financeira quanto à matéria e as modalidades de autonomia financeira quanto ao grau. Quanto a este, a autonomia financeira "*mede* os poderes legais atribuídos (...) e mede simultaneamente a relação entre o Estado (...) e a entidade autónoma", uma relação de tutela financeira, traduzida, depois, em formatos diversos – no caso das autarquias locais, uma tutela meramente inspectiva.

No mesmo sentido, Pierre Lalumière estabelece três princípios fundamentais, condição para a existência de autonomia financeira das entidades locais: "o financiamento das despesas municipais por receitas em quantidade suficiente, o poder dos municípios de deliberar sobre a evolu-

---

[176] *Finanças do Sector...*, ob. cit., págs. 493-494.
[177] *Idem...*, pág. 494.

ção das suas próprias receitas e sobre a sua aplicação e uma tutela que só seja exercida *a posteriori*"[178].

Entre nós, Isabel Cabaço Antunes desconstrói a ideia clássica de que a autonomia financeira é pressuposto essencial da autonomia local, considerando que a própria autonomia local, em paralelo com a verificação de eleições democráticas, são pressupostos existenciais da autonomia financeira local. A essencialidade da autonomia financeira residiria, assim, no facto de surgir como resultado, e já não como elemento de uma realidade maior, compósita, que a integraria.

Em análise ao regime financeiro previsto na Carta Europeia da Autonomia Local, a autora considera condições indispensáveis à autonomia financeira "as competências próprias dos órgãos locais no controle efectivo da situação financeira das autarquias locais, uma forte elasticidade das receitas em relação às despesas, bem como a existência de receitas próprias e que tornam possível às autarquias locais uma política real de repartição dos encargos e, implicitamente, a livre opção das suas despesas". Eis, na opinião de Isabel Cabaço Antunes, "os principais traços de um quadro ao qual é necessário acrescentar o comportamento dos factores sócio-económicos de cada país"[179].

É segura a afirmação da autonomia financeira como pressuposto da autonomia local. Mais do que seu elemento, a par de outros que já enumerámos, a autonomia financeira pressupõe a autonomia local – destituídas de independência das suas finanças perante o Estado, as entidades locais perdem a sua autonomia. Isabel Cabaço Antunes inverte esta ordem, sublinhando de forma contundente a relevância do espaço autárquico de liberdade financeira.

Não procurando destituir a autonomia local da sua natureza de realidade maior, a quase sobreposição destes dois conceitos reflecte a hodierna crise da autonomia local, atrás exposta, fruto do enfraquecimento da autonomia financeira. Estamos perante o encontro entre uma autonomia local em aparente crise conceptual desde a aurora do Estado Social até finais da década de oitenta do século XX, e uma autonomia financeira enfraquecida pelas dificuldades económicas do Estado – de quem as entidades

---

[178] *Les Finances Publiques*, Armand-Collin, Colection U, 1973, págs. 153-154, apud Isabel Cabaço Antunes, *A Autonomia Financeira dos Municípios Portugueses*, Ministério do Plano e da Administração do Território, 1987, pág. 2.

[179] Ob. cit., págs. 3-4.

locais se encontram excessivamente dependentes, e que desrespeita a solidariedade recíproca estabelecida em nome do cumprimento das exigências do Pacto de Estabilidade e Crescimento, para o qual todos os subsectores da Administração Pública devem, proporcional e não arbitrariamente, contribuir.

Entre nós, a autonomia financeira das autarquias locais é constitucionalmente tutelada no art. 238.°, n.° 1, reconhecendo-lhes a Lei Fundamental a titularidade de "património e finanças próprias", "cuja gestão compete aos respectivos órgãos". Esta autonomia traduz-se, depois, no poder de elaborar, aprovar e modificar as opções do plano, orçamentos e outros documentos provisionais, no poder de elaborar e aprovar documentos de prestação de contas, de arrecadar e dispor de receitas que lhes forem destinadas e ordenar e processar as despesas legalmente autorizadas, assim como no poder de gerir o seu próprio património, bem como aquele que lhes for afecto[180].

As autarquias são dotadas de independência orçamental, isto é, a sua actividade orçamental processa-se *a latere* do Orçamento do Estado, o que revela a amplitude do fenómeno de desorçamentação que tal liberdade representa[181]. O art. 5.°, n.° 2, da Lei de Enquadramento Orçamental

---

[180] Art. 3.°, n.° 2, da NLFL.
[181] Explicita Paz Ferreira, quanto a esta ideia de independência orçamental, ter sido "mérito do prof. Sousa Franco ter chamado a atenção para a diversidade das situações normalmente abrangidas na ideia de autonomia financeira, tentando por isso mesmo criar um novo conceito, o de independência financeira, situação que tendencialmente teria como características mais significativas: uma total separação entre o orçamento da entidade independente e o Orçamento Geral do Estado; a existência de processos próprios de elaboração e aprovação dos orçamentos independentes; a existência de formas próprias de execução e controlo dos orçamentos e a sujeição a regimes de contabilidade pública diversos (Ver Manual de Finanças Públicas e Direito Financeiro, Volume I, Lisboa, 1974, págs. 698-708). Mais recentemente e ainda que continuando a pôr grande ênfase na diversidade das situações de autonomia financeira, o prof. Sousa Franco abandonou a ideia de independência financeira, passando apenas a falar em independência orçamental, no quadro geral da autonomia financeira" (*Finanças Regionais*, ob. cit., pág. 266, nota 2). De facto, Sousa Franco referia recentemente que o conceito de «independência orçamental» havia sido introduzido por si, recebendo depois consagração legal, preferindo hoje, no entanto, "falar de independência orçamental, em vez de independência financeira; e, embora com retoques, a evolução dos regimes tem consagrado a caracterização que fizemos" (*Finanças do Sector...*, ob. cit., pág. 497, nota 18).

(doravante LEO) traduz claramente esta ideia de *independência orçamental e patrimonial participativa*, com amplíssima autonomia na "preparação e decisão sobre o conteúdo do orçamento, como a execução orçamental, como o respectivo controlo e responsabilização; inclui designadamente a escolha das despesas e receitas com respeito pelo princípio da legalidade", mas atenuada pelo facto de não poderem "alterar as receitas" nem disporem "da plenitude das receitas cobradas na sua área, estando sujeitas a uma ténue tutela inspectiva"[182].

Gomes Canotilho e Vital Moreira qualificam a autonomia financeira local, tal como desenhada pelo Texto Constitucional, como *autodeterminação financeira*, de modo a que a vida financeira das entidades locais não fique dependente de actos de discricionariedade financeira do Estado[183].

A autonomia financeira, enquanto conteúdo da autonomia local e elemento concretizador da descentralização financeira, espelha a descontinuidade da nossa história jurídico-financeira constitucional e legislativa recente. Se, por um lado, "a quantidade e «qualidade» dos recursos financeiros ao dispor das autarquias locais são variáveis de importância crucial para avaliar a «capacidade efectiva das autarquias locais para gerirem (...) uma parte importante dos assuntos públicos» e, desde logo, a sua autonomia"[184], por outro lado, a "Lei das Finanças Locais – em todos os textos – representa um compromisso, técnica e formalmente aceitável, e apenas num sentido ousadamente descentralizador, tanto pelo montante das receitas afecto às autarquias como pela amplitude dos poderes concedidos para a sua gestão e actuação"[185]. Tendo em vista o reforço da capacidade decisória e de realização das entidades locais, é necessário ter presente, com Pierre Lalumière, que "a autonomia financeira dos organismos descentralizados nunca será uma situação estável e definitiva: ela é uma conquista permanente"[186].

---

[182] Sousa Franco, *Finanças do Sector*..., ob. cit., págs. 497-498.
[183] Ob. cit., pág. 889.
[184] Mário Rui Martins, ob. cit., pág. 77.
[185] Sousa Franco, *Finanças do Sector*..., ob. cit., pág. 544.
[186] Ob. cit., pág. 154, apud Isabel Cabaço Antunes, ob. cit., pág. 179.

CAPÍTULO III
DESCENTRALIZAÇÃO FINANCEIRA

*Fiscal Decentralization is in vogue.
Both in industrialized and in the developing world,
nations are turning to devolution to improve
the performance of their public sectors.*

WALLACE E. OATES
(1999)

1. A descentralização financeira

A destrinça entre *assuntos locais* e *assuntos nacionais*, perfilhando-se como pedra de toque do conceito de autonomia local e, logo, do princípio da descentralização, alimentou durante décadas a discussão entre juspublicistas e cientistas políticos e fomentou teorização semelhante no plano das finanças públicas.

Pese embora tenhamos já, no início deste estudo, afastado teorias que fazem coincidir federalismo e descentralização e, nesse momento, tenhamos situado a descentralização no âmbito da teoria geral do Estado, à problemática que subjaz a esta investigação aproveita a repartição de competências entre a Federação e os Estados federados na satisfação das necessidades colectivas. Não para entendermos o princípio da descentralização na sua génese organizativa e democrática, mas para "determinar em que medida é que existem também razões económicas que justifiquem a opção por um modelo de administração descentralizada que comporte a criação de entidades infra-estaduais dotadas de poderes de decisão significativos"[187].

---

[187] Eduardo Paz Ferreira, "Problemas de Descentralização Financeira", *Revista da Faculdade de Direito da Universidade de Lisboa*, Volume XXXVIII, N.º 1, Coimbra Editora, 1997, pág. 122.

A fraca intensidade da autonomia financeira encontra-se, expressámos já tal opinião, no centro da actual crise da autonomia local. Por contágio, o princípio da descentralização, que com aquela mantém uma relação *umbilical*, é posto em causa. Todavia, quando a autonomia local experimentava de forma secular uma pretensa *crise de existência conceptual*, os financistas, atentos a essa e outras discussões, estudaram o fenómeno relacional entre o Estado e as entidades infra-estaduais, procurando oferecer critérios e processos de optimização financeira de decisão e provisão públicas.

Se o *laissez faire* liberal acarretava maior simplicidade sistemática, ao optar por conferir ao indivíduo o maior espaço de acção possível e desta forma limitar a intervenção estadual ao mínimo, o advento do Estado Social, que prefere providenciar e assim ampliar exponencialmente o seu horizonte de intervenção, colocou financeiramente em causa a descentralização e a autonomia local. De facto, o Estado de Bem-Estar assumiu a grande maioria das tarefas públicas e, consequentemente, chamou a si as competências decisórias financeiras, tanto no momento anterior de selecção e planificação, como *a posteriori*, no âmbito da execução.

O Estado Social foi, por natureza, um Estado de ampla centralização financeira[188]. Consequentemente – rematamos agora, ao conduzir a nossa investigação pela análise dos modelos teóricos da *public choice* e do *fiscal federalism*, o raciocínio exposto no ponto 3 do Capítulo anterior – a crise da autonomia financeira das entidades locais, ainda que sobretudo contemporânea, encontra no modelo estadual intervencionista o seu momento fundador.

Ora, se a aptidão de entidades infra-estaduais, *maxime* regionais e locais, para com o Estado dividirem a realização de tarefas públicas foi

---

[188] Neste sentido, escreve Eduardo Paz Ferreira: "A afirmação do intervencionismo estadual foi, aliás, acompanhada por uma forte centralização financeira, em grande parte porque (...) são fracas as possibilidades de desenvolver políticas de redistribuição ou de estabilização económica a nível local, políticas essas que são centrais na lógica do Estado intervencionista. A tendência para a perda de importância dos orçamentos das entidades menores levou mesmo à formulação da lei de Popitz, que afirma a tendência para o declínio dos orçamentos menores, objecto de uma atracção irresistível por parte dos orçamentos centrais" ("Problemas...", ob. cit., pág. 125). Sobre esta questão *vide*, entre nós, Sousa Franco, *Finanças...*, ob. cit., pág. 58 e segs.; de igual modo, a Parte I do estudo de Jorge Costa Santos, *Bem-Estar Social e Decisão Financeira*, Coimbra, Almedina, 1993, pág. 29 e segs.

explorada, em diversos quadrantes e formatos, no domínio político-administrativo, seria consequência óbvia a experimentação desta ideia no domínio financeiro: qual o nível de organização territorial com substrato orgânico e representativo mais adequado para tomar decisões de natureza financeira? Qual o quadro espacial da decisão e provisão mais adequado à prossecução de (quais?) tarefas públicas?

Podemos, então, afirmar que a descentralização financeira respeita à definição de critérios económicos e financeiros de relacionamento entre o Estado descentralizador e as entidades infra-estaduais, estabelecendo critérios de repartição de tarefas e recursos que visem alcançar o nível óptimo de decisão e provisão pública.

A escola da *public choice* e a teoria do *fiscal federalism* não têm objectos distintos ou objectivos antagónicos. Tratando-se de sub-disciplinas do ramo das Finanças Públicas, analisam o fenómeno financeiro público de prismas diversos, detendo ambas um escopo aplicativo de largo espectro: a primeira estuda o processo decisório de alocação de recursos para provisão de bens públicos e redistribuição da riqueza, enquanto o *fiscal federalism* – que não entendemos como conceito sinónimo de descentralização financeira[189] – trata da estrutura vertical do sector público,

---

[189] A noção de descentralização financeira que antes introduzimos compreende, entendemos, mais do que a doutrina do *fiscal federalism*, por comportar um horizonte mais vasto de contributos doutrinários a problemas mais extensos do que aqueles que o referido corpo teórico procurou enfrentar. Podemos aceitar um sentido amplo de descentralização financeira – que incluí não apenas a nivelação ou estruturação das decisões financeiras, mas os critérios de selecção e orientação na decisão financeira – e um sentido estrito ao qual poderá, porventura, associar-se o *fiscal federalism*. Neste sentido, esclarecem Paulo Trigo Pereira, António Afonso, Manuela Arcanjo e José Carlos Gomes dos Santos: "a distinção entre os termos mais utilizados na literatura anglo-saxónica (federalismo orçamental, governos) e os utilizados na literatura "continental" francesa, portuguesa (descentralização financeira, administrações) não é inócua e traduz-se em visões distintas das entidades do sector público." (*Economia e Finanças Públicas*, Escolar Editora, 2005, pág. 301, nota 1).

Ou, de outra forma, podemos seguir Wallace E. Oates, quando afirma que "esta utilização económica do termo "federalismo" é de certa forma diferente do sentido em que é utilizada na ciência política, onde se refere a um sistema político com a constituição a garantir uma margem de autonomia e poderes quer ao nível central, quer ao nível descentralizado de governo. Para um economista, quase todos os sectores públicos são mais ou menos «federais» no sentido de terem diferentes níveis de governo responsáveis pela provisão pública de serviços e detentores de um escopo decisório de facto (...). Em retros-

explorando, em termos positivos e normativos, o papel dos diferentes níveis de governo e o modo como se relacionam, através de instrumentos como as transferências intergovernamentais.

A delimitação do objecto da investigação que conduzimos não se compadece com a sua análise exaustiva. Antes, reclama a aplicação dos seus princípios e enunciados à problemática da descentralização, para melhor compreendermos a dinâmica funcional e relacional da provisão e financiamento de bens públicos por diferentes níveis de governo.

No decurso desta tarefa, os ensinamentos dos teóricos da escolha pública e do federalismo fiscal cruzam-se, formando um bloco compreensivo de partilha de modelos (como sucederá, por exemplo, aquando da análise do modelo de Tiebout). O nosso estudo será, sublinhamos, parcial, uma vez que se concentra somente nas componentes teóricas que possibilitam o exame prático da solidariedade financeira vertical e horizontal, levado a cabo na Parte II desta investigação.

Sousa Franco analisou e definiu o conceito de *decisão financeira* de forma genérica e, depois, concreta, colocando em tensão os vectores *utilidade* e *possibilidade*. Para o Professor de Lisboa, a decisão financeira é, genericamente, "uma decisão económica que tem a particularidade de ser colectiva, mas obedece à lógica fundamental da escolha económica: comparar funções de utilidade ou preferência com curvas de possibilidade ou de «constrangimentos»". Em concreto, as decisões financeiras são "opções relativas à satisfação pública de necessidades e ao nível do sector público em confronto com o privado, bem como às respectivas afectações de recursos e fontes ou processos de financiamento"[190]. O conteúdo e função deste conceito reconduz-se, de acordo com o autor, a duas questões fundamentais: os critérios de decisão, por um lado, e a forma de decisão, por outro.

Ora, fazendo dos critérios de satisfação das necessidades dos indivíduos e da comunidade o problema central da economia pública, Sousa

---

pectiva, parece-me que a escolha do termo "federalismo fiscal" foi provavelmente infeliz, uma vez que sugere uma preocupação única com assuntos orçamentais. O objecto do federalismo fiscal, tal como o sugiro, compreende muito mais, nomeadamente todo o espectro de matérias relativas à estrutura vertical do sector público" ("An Essay on Fiscal Federalism", *Journal of Economic Literature*, Volume XXXVII, Setembro, 1999, pág. 1120, nota 2, tradução da autora).

[190] *Finanças Públicas e Direito Financeiro*, Volume I, 4.ª Edição, 10.ª Reimpressão, Coimbra, Almedina, 2003, págs. 84 e 93.

Franco questiona: "numa economia baseada no princípio da liberdade de comportamentos descentralizados, que princípios e critérios determinam aí as necessidades que são satisfeitas pelos indivíduos e pela colectividade?" – respondendo em seguida: "Fundamentalmente, o mercado"[191]. As estruturas do mercado destrinçam, pela determinação das suas próprias incapacidades, os bens de provisão privada dos bens de provisão pública, cumprindo depois decidir, quanto a estes, que princípios e critérios determinam as necessidades que são satisfeitas pelo Estado e pelas entidades infra-estaduais. Os critérios de satisfação das necessidades da comunidade local são, então, o problema central da economia pública local.

A mesma questão pode conhecer formulação distinta: o problema central reside na determinação da intensidade da intervenção do Estado na economia. Em economias de mercado, modelo que conhece actualmente maior amplitude de experimentação, o intervencionismo estadual cede, gradualmente, àquele. Em consequência, corolário desta ideia, é imperioso determinar onde, quando e quanto deverá o Estado intervir, e assim fixar quais os bens a oferecer pelo sector privado e quais os bens de oferta pública. Para, depois, analisar a «economia do processo de decisão colectiva» que, ante a distinção bens privados-bens públicos, resulta em processos de escolha privada (*private choice*) ou escolha pública (*public choice*). Perante a necessidade de intervir através da provisão de bens públicos[192], corolário ainda da necessidade de medir a quantidade e qua-

---

[191] *Finanças...*, ob. cit., pág. 17.

[192] O termo «provisão», para uso público, importa quer a produção, quer a utilização dos bens. No entanto, à economia pública interessará sobretudo não a produção, mas a colocação destes bens no mercado, à disposição da colectividade. Ou seja, quem oferece e financia tal provisão. Sousa Franco escreve que a "*publicização* dos bens pode resultar da intervenção de diversos tipos de entidades públicas, como intérpretes de necessidades da colectividade ou portadoras de necessidades próprias. No âmbito da escolha por critérios de decisão social, ela pode fazer-se por diversas formas: pela provisão do bem por uma entidade pública (ainda que o tenha adquirido a uma entidade privada) ou pela provisão de entidades privadas que actuam como representantes, executoras ou mandatárias de entidades públicas. (...) Para a colectividade e os particulares elas são órgãos do Estado, ainda que possuam, na relação com o Estado ou a entidade concedente, interesses privados e tenham internamente uma estrutura privada" (*Finanças...*, ob. cit., pág. 40).

De facto, resultado da escassez de recursos financeiros do próprio Estado, o recurso à provisão de bens públicos por entidades privadas conheceu um impulso crescente nas últimas décadas, a nós chegando mais tarde. Assim, exploram-se hoje novas formas de financiamento cujo denominador comum assenta no facto de o endividamento resultante

lidade da intervenção económica do Estado, é necessário determinar qual a estrutura que, no âmbito da organização administrativa do Estado, se encontra em melhor situação para a prossecução de tal tarefa. Bens públicos, escolha pública e federalismo fiscal – eis o caminho a percorrer, no sentido de encontrar os critérios e nível óptimo de provisão e satisfação das necessidades das comunidades locais.

1.1. *Intervenção do Estado na economia – a provisão pública de bens*

A intervenção do Estado numa economia de mercado encontra justificação precisamente no mercado. Onde este seja incapaz de produzir determinados bens, ou falhe na sua provisão em condições eficientes, deverá intervir o Estado, guiando-se por objectivos de eficiência e de equidade.

No âmbito da economia de bem-estar, quadro teórico cujo raciocínio encontra correspondência clara nos sistemas de mercado, procuraram-se critérios de optimização social ou maximização do bem-estar social através da análise das situações em que as estruturas de mercado se revelam inaptas para a melhor satisfação possível dos interesses de todos os indivíduos presentes numa dada comunidade.

---

do financiamento da provisão de bens não ser considerado como próprio da Administração promotora. Estas fórmulas alternativas têm passado pela participação de entidades do sector privado no financiamento de infra-estruturas públicas e pela utilização de modelos gestionários e figuras jurídicas que permitem a não consolidação da dívida. Veja-se, quanto à primeira, os contratos de *Project Finance* (técnica utilizada no financiamento da construção da Ponte Vasco da Gama, concessionada à Lusoponte, cfr. Decreto-Lei n.º 168/94, de 15 de Junho e legislação subsequente), as SCUTS (concessões da exploração de auto--estradas em regime de portagens sem cobrança aos utilizadores, cujo regime jurídico encontra-se, no essencial, no Decreto-Lei n.º 267/97, de 2 de Outubro), ou as Parcerias Público-Privadas (conhecidas pela sigla «PPP», encontrando-se o seu regime jurídico plasmado no Decreto-Lei n.º 86/2003, de 26 de Abril e analisado por Eduardo Paz Ferreira e Marta Rebelo em "O Novo regime Jurídico das Parcerias Público-Privadas em Portugal", *Revista de Direito Público da Economia, RDPE*, N.º 4, Out.-Dez., 2003, págs. 63-80). Relativamente à segunda, pontua a empresarialização do sector da saúde, com a transformação de diversos hospitais integrados no Serviço Nacional de Saúde em sociedades de capitais exclusivamente públicos, agora (re)transformadas em entidades públicas empresariais.

Pigou traçou os critérios de um óptimo social excessivamente ambicioso, enquanto Pareto procurou, de forma mais modesta, explicar e testar um conceito de eficiência económica conducente a um *óptimo relativo*: "uma economia encontra-se em situação de eficiência quando não é possível, através de uma acção correctiva, melhorar o nível de bem-estar de pelo menos um indivíduo sem diminuir o nível de bem-estar de pelo menos outro indivíduo"[193]. A relatividade do *óptimo de Pareto* aferir-se-á pela comparação entre o bem estar actual face a situações anteriores, perante decisões económicas pontuais mais ou menos eficientes[194].

A crença no mercado impossibilita, portanto, qualquer actuação estadual porquanto aquele produzirá nas condições mais eficientes, optimizando através da sua acção o bem-estar social. A intervenção do Estado é, deste modo, encarada como acção correctiva, quando e onde a espontaneidade do mercado seja incapaz ou insuficiente para alcançar tal desiderato. É, assim, crucial, identificar em que condições o mercado produz e afecta recursos de forma ineficiente e não gera a optimização social pos-

---

[193] António Pinto Barbosa, *Economia Pública*, McGraw-Hill, 1997, pág. 1.

[194] Pareto cruzou duas racionalidades distintas para justificar a intervenção do Estado na economia, criando os dois teoremas fundamentais da economia de bem-estar. O primeiro teorema afirma que em certas condições, mercados competitivos em equilíbrio caracterizam-se por uma afectação eficiente dos recursos – ou seja, o mercado reúne em si condições que possibilitam a coordenação descentralizada de recursos, sem intervenção pública, pois o sistema de preços existente, resultado da interacção entre milhões de agentes económicos, garante, em concorrência, a afectação eficiente. Quando tais condições não se verifiquem integralmente, gerando-se ineficiências, o Estado poderá intervir para correcção das *falhas de mercado*. O segundo teorema fundamental demonstra que qualquer afectação eficiente – à Pareto – pode alcançar-se do mesmo modo que um equilíbrio concorrencial de mercado, depois de uma apropriada redistribuição das dotações iniciais dos indivíduos. Ou seja, à eficiência, que solitária é insuficiente, deverá juntar-se a equidade ou justiça social, finalidade que justifica a intervenção pública, para efeitos distributivos (correcção *a priori* das dotações individuais) e redistributivos (correcção *a posteriori* das dotações individuais).

Através da acção correctiva-redistributiva do Estado, será possível, sustenta Pareto, atingir uma solução óptima. Para tal define o *óptimo social* como "o estado social que, para além de ser eficiente, maximiza o bem estar da sociedade, ou seja o óptimo de entre os óptimos", o que exige comparações interpessoais de utilidade, "juízo ético que vai para além do critério de Pareto pois, ao contrário deste, exige que se considere a utilidade de indivíduos ou grupos do ponto de vista cardinal, isto é, mensurável" (Paulo Trigo Pereira, António Afonso, Manuela Arcanjo e José Carlos Gomes Santos, *Economia...*, pág., ob. cit., 44).

sível, pois só em tais circunstâncias deverão os bens em causa ser produzidos fora do mercado.

As situações típicas de incapacidade ou falha de mercado encontram-se amplamente estudadas e são, essencialmente as seguintes: a provisão de bens públicos, a verificação de externalidades originadas por comportamentos dos agentes económicos privados e a geração de bens mistos não negociados entre produtor e beneficiário[195].

Os bens públicos puros ou bens colectivos caracterizam-se pela indivisibilidade da sua utilidade, pela impossibilidade de exclusão ou do acesso generalizado e pela impossibilidade de rejeição por parte dos consumidores[196]. As características destes bens afastam o mercado da sua

---

[195] Fernando Araújo encontra diversas razões pelas quais o Estado pode intervir na economia, sintetizando-as do seguinte modo: "a promoção da eficiência comprometida por falhas de mercado, como as referentes às imperfeições concorrenciais e aos abusos de poder económico, ou às assimetrias ou insuficiências de informação; a disparidade entre eficiência e bem-estar social, causada por externalidades, sejam as negativas sejam as positivas, quando a existência de elevados custos de transacção impedem a solução privada; a injustiça das preferências dos consumidores ou das regras distributivas, que podem conduzir, por um lado, à subprodução de bens de mérito ou à sobreprodução de males de mérito, e, por outro, podem resultar em desigualdades de riqueza para lá das fronteiras do socialmente aceitável." (*Introdução à Economia*, 3.ª Edição, Almedina, 2005, págs. 612-613).

Em relação aos bens de mérito, expressão utilizada por Musgrave, podemos referir a existência de um "conjunto de serviços, que Rawls designou por "bens primários" (educação básica, cuidados primários de saúde) que afectam as reais oportunidades dos indivíduos numa economia de mercado. A provisão pública, e compulsiva, destes bens é uma forma de alterar o status quo inicial, para alterar o bem estar individual e consequentemente o bem estar social" (Paulo Trigo Pereira, António Afonso, Manuela Arcanjo e José Carlos Gomes Santos, *Economia...*, ob. cit., pág. 71. Sobre os fundamentos filosóficos desta questão pronunciámo-nos em "A doutrina contemporânea e a pós-modernidade dos Direitos Fundamentais", *Scientia Iuridica*, Tomo LIV, n.º 302, Abril-Julho de 2005, págs. 227--240). A provisão gratuita, ou tendencialmente gratuita, de bens meritórios na área da saúde (como os planos de vacinação, a proibição do consumo de certos estupefacientes) e da educação (como a escolaridade obrigatória), oferece uma racionalidade essencial aos objectivos de equidade que justificam o intervencionalismo estadual, colocando-se estes fins de justiça social lado a lado da função redistributiva do rendimento.

[196] No mesmo sentido, Sousa Franco explicita as características típicas destes bens: "1.º – Prestam, pela sua própria natureza, utilidades indivisíveis e proporcionam satisfação passiva (independente da procura em mercado: esta caracteriza a satisfação activa). 2.º – São bens não exclusivos, já que não é possível (em regra, pode haver, com maior ou menor custo, exclusão ou limitação artificial) privar alguém da sua utilização. 3.º – São

produção e oferta, reclamando antes a intervenção de estruturas de produção públicas, desinteressadas (ou mesmo será dizer, não orientadas para a geração de lucro) e aptas a definir a utilidade gerada mas também investidas da autoridade que lhes permite a cobrança coerciva do custo respectivo. Distinguindo-se, então, dos bens privados – em relação aos quais se verifica rivalidade no consumo e possibilidade de exclusão ou limitação no acesso – na categoria dos bens públicos inserem-se os *bens públicos locais*[197].

Os bens públicos têm sempre por referência um determinado território, que poderá ser o território nacional (bens públicos nacionais), o território europeu (falando-se, aqui, em bens públicos transnacionais, como será o caso da defesa europeia), o planeta (bens públicos de escala planetária, como a diminuição do buraco de ozono), ou circunscrições locais. Neste caso, estamos perante bens públicos locais, que beneficiam apenas os membros ou os visitantes da comunidade local, e que podem reunir a pureza de elementos acima enunciada ou revestir características tais que se possa falar de *bens públicos locais impuros*[198]. Assim será quando, a partir de um certo limiar de utilização o congestionamento gerado conduz à deterioração da qualidade do bem ou serviço e, mesmo assim, não se verifique a exclusão ao seu uso. Quando a exclusão seja praticada, fala-se em *bens de clube*: "bens mistos que se caracterizam por o consumo ser *colectivo,* a adesão ser *voluntária,* praticar-se *a exclusão* na base de um *preço* e existir *rivalidade no consumo* a partir de uma certa densidade de utilização. Adicionalmente, os membros partilham os custos de forneci-

---

bens não emulativos: os utilizadores não entram em concorrência para conseguir a sua utilização" (*Finanças...,* ob. cit., págs. 26-27). Esta definição foi oferecida por Samuelson, no seu escrito "The Pure Theory of Public Expenditures", *Review of Economics and Statistics,* N.º 36, 1954, págs. 387-389. Sobre a característica da exclusão, *vide* Joseph Stiglitz, *Economics of the Public Sector,* W. W. Norton, 3.ª Edição, New York, 2000.

[197] Note-se que os bens de mérito são bens privados. A sua provisão pública tem por base uma decisão política que, ao determinar o consumo tendencialmente universal do bem independentemente dos rendimentos e preferências dos consumidores, sobrepõe os objectivos de equidade aos objectivos de eficiência (a decisão política de provisão pública deste bens pode gerar uma ineficiência, pois a regra da eficiência dita que os bens privados devem ser fornecidos pelo sector privado).

[198] São bens públicos impuros, por exemplo, as praias, os jardins municipais, monumentos históricos, bibliotecas e museus, onde não se pratica qualquer preço ou este representa um valor muito abaixo do custo médio.

mento do bem"[199]. O congestionamento é função das variáveis *número de utilizadores* e *capacidade*.

O quadro geográfico mais adequado para a decisão financeira e oferta de bens públicos será, tendencialmente, o espaço territorial mais restrito, onde é possível identificar e homogeneizar preferências. Todavia, a questão dos comportamentos *borlistas* ou *free-riders* por parte dos consumidores ganha especial relevo no âmbito local, gerando ineficiências que podem reclamar a intervenção do Estado. De facto, os indivíduos, sabendo que através da provisão pública e mediante a contribuição dos demais para o seu financiamento, beneficiam também do bem público, abstêm-se de oferecer a sua contribuição. Sucede que muitas vezes os bens públicos locais produzem efeitos que ultrapassam a fronteira da comunidade que os oferece e financia, gerando externalidades justificativas do intervencionismo estadual[200].

As externalidades são custos da interdependência social, originadas por comportamentos de agentes económicos cujas decisões, reflectindo-se noutros agentes, podem gerar, por um lado, *utilidades externas* ou *externalidades positivas* – benefícios que resultam do comportamento de outrem – ou, por outro lado, *custos externos* ou *externalidades negativas* – desvantagens resultantes do comportamento de outrem. Assim, na medida em que podem gerar benefícios ou custos sociais, as externalidades são potenciais fontes de desperdício e criadoras de bens mistos, bens compósitos que integram uma componente produtora de benefícios divisíveis e apropriáveis pelo consumidor do bem, mas também uma componente indivisível e de acesso generalizado, apartado da concorrência mercantil. Quando não haja negociação entre o produtor da externalidade, para quem esta representa um custo, e os particulares que se vêem beneficiados pelo comportamento daquele, gera-se uma incapacidade de mercado.

Nas situações enunciadas, o Estado é chamado a colmatar ou a corrigir a incapacidade e as falhas do mercado, respectivamente. Ainda assim, a intervenção pública encontra justificação plena apenas quando a sua acção correctiva seja comparativamente mais eficiente. E, provada que

---

[199] Paulo Trigo Pereira, António Afonso, Manuela Arcanjo e José Carlos Gomes Santos, *Economia...*, ob. cit., pág. 306. O modelo básico dos bens de clube, ou *Teoria dos Clubes*, foi introduzida por James Buchanan, no seu texto "An Economic Theory of Clubs", *Economica*, N.º 32, págs. 1-14.

[200] Eduardo Paz Ferreira, "Problemas de descentralização...", ob. cit., pág. 125.

esteja a maior eficácia da intervenção estadual, restará sempre determinar o sentido da correcção induzida pela actuação pública: se, a partir de uma solução de mercado, o Estado é capaz de corrigir a falha entretanto verificada, podendo gerar três situações distintas mas igualmente eficientes, qual delas deve ser a solução correctiva escolhida?

A intervenção do Estado na economia não pode limitar-se apenas à promoção da eficiência. Deve ocupar-se, também, da promoção da equidade, da distribuição e redistribuição de bem-estar entre os vários membros da comunidade, ainda que para tal tenha de proceder a uma comparação interpessoal de utilidades e optar por uma das três soluções eficientes que se revelaram possíveis. Ao distribuir a utilidade existente, pela escolha de uma de três soluções de igual eficiência, o Estado manifestará a concepção de equidade ou justiça social que perfilha.

Richard Musgrave, teórico pioneiro do *fiscal federalism*, da estrutura relacional intra-estadual de repartição de competências e recursos financeiros, é autor de uma classificação tripartida alternativa das razões justificativas da intervenção do Estado na economia[201]. De acordo com o economista norte-americano, são três os objectivos da intervenção estadual:

1) A correcção da afectação de recursos ou alocação de bens públicos, pondo cobro a situações de ineficiência resultantes do funcionamento dos mecanismos do mercado;
2) A redistribuição da riqueza e rendimento, visando a repartição da riqueza entre os vários membros da comunidade e sectores da sociedade, de acordo com os critérios de equidade adoptados;
3) A estabilização económica, função de intervenção macroeconómica através da qual o Estado procurará assegurar a maior utilização possível dos recursos, a estabilidade dos preços e o equilíbrio externo da economia.

---

[201] *The Theory of Public Finance*, McGraw-Hill, New York, 1959. Também de Richard Musgrave, em co-autoria com Peggy Musgrave, *Public Finance in Theory and in* Practice, 3.ª Edição, 1980 (também disponível em castelhano, *Hacienda Publica Teorica y Aplicada*, Instituto de Estudios Fiscales de Madrid, Madrid, 1981). Cfr. o recente estudo de David N. Hyman, *Public Finance, A Contemporary Application of the Theory to Policy*, 8 E., Thomson South-Western, 2005. Entre nós, *vide* Sousa Franco, «Políticas Financeiras», *Enciclopédia Pólis*, IV, e M. Pinto Barbosa, «Orçamento», *Enciclopédia Verbo*, Volume 20.

Musgrave teorizou este esquema restringindo a sua análise à actividade orçamental, às receitas e às despesas do Estado, propondo uma organização do Orçamento que não conheceu aplicação prática, mas apresenta-se ainda hoje como quadro conceptual da maior valia para a análise do intervencionismo económico do Estado. O autor defendeu a elaboração de três orçamentos distintos ou suborçamentos, correspondentes àquelas áreas funcionais específicas do sistema financeiro e numa relação de interdependência: cada suborçamento seria delineado e executado assumindo que os outros dois suborçamentos seriam integralmente cumpridos, sendo o orçamento global o resultado da consolidação dos suborçamentos parcelares[202].

Como salienta António Pinto Barbosa, esta classificação tripartida não conflitua com o esquema dual dos propósitos de eficiência e equidade da intervenção estadual na economia: "os problemas de redistribuição de riqueza e rendimento correspondem fundamentalmente ao objectivo de promoção da equidade. Os problemas de afectação e estabilização terão que ver essencialmente com a promoção de eficiência na economia, embora, normalmente, tenham também reflexos na esfera da equidade"[203]. Todavia, é nosso entendimento que a exposição do esquema de Musgrave à evolução do sistema financeiro público, e das relações financeiras entre os vários níveis de Administração, reclama hoje uma leitura *pós-clássica*. A esta questão voltaremos adiante.

Ora, se a intervenção pública em sistemas de mercado encontra justificação na incapacidade e falhas dos mecanismos deste – esclarecendo-se, assim, a razão e a margem de intervenção do Estado na economia para provisão pública de bens – ficam por esclarecer os mecanismos e os limites da intervenção pública – ou seja, o processo de decisão financeira

---

[202] Esta interdependência entre as funções orçamentais distinguidas por Musgrave é manifesta, como explica Sousa Franco: "o orçamento, na totalidade das receitas e despesas, obedece a dados princípios e produz certos efeitos sobre a afectação dos recursos; mas também ele, na sua totalidade, produz efeitos diferentes sobre a distribuição e a estabilização. O planeamento das receitas e despesas haverá de ser feito, em referência a cada função, com pressuposição do equilíbrio neutral das outras duas; e os efeitos de afectação, distribuição e estabilização produzem-se sempre que há actividade financeira, embora possam ser deliberadamente provocados ou resultem apenas da própria estrutura do orçamento" (Finanças..., ob. cit., pág. 43).

[203] Ob. cit., pág. 7.

colectiva. Esta problemática foi objecto de análise de várias escolas e estudiosos das finanças públicas. O corpo doutrinário que ficou conhecido como «teoria da escolha pública», ao sublinhar que a acção correctiva do Estado sobre a economia, substituindo-se o público ao mercado, gerava, também, falhas do Estado, formulou critérios de limitação da interferência estadual na economia, retirando importantes conclusões em matéria de descentralização.

1.2. *Descentralização financeira e processo de decisão – a* escolha pública

O palco de actuação privilegiada do Estado intervencionista foi, então, a economia. Comprimindo o espaço de actuação dos agentes económicos privados, na exacta medida em que coarctou as liberdades individuais fiscalizadas apenas pela liberal «mão invisível», o Estado aumentou exponencialmente a sua actividade económica e financeira introduzindo, consequentemente, elementos de crescente complexidade e burocracia nos processos de decisão.

O Estado centralizou o poder decisório financeiro e a distribuição de recursos e gerou no mundo económico uma reacção adversa à centralizada determinação da *vontade generalizada* numa autoridade única, apta a desenvolver e realizar programas idealizados em sintonia com tal vontade. Os economistas encontram o bem-estar individual e o bem-estar social em tensão e, de forma inovadora, retiram ao Estado o estatuto de *ditador benevolente*, modelo formulado por Wicksell, localizando-o e comparando a sua acção com a estrutura do mercado.

Surge, então, o corpo teórico que conheceu a designação de *teoria da escolha colectiva*, colocando em causa os modelos tradicionais de distribuição dos recursos colectivos, nomeadamente o modelo à época vigente. James Buchanan e Gordon Tullock apresentam um estudo inovador, que coloca no centro da problemática económica os processos de decisão colectiva sobre a afectação e distribuição de recursos, dele retirando a eficiência distributiva, e desenvolvem, assim, a *public choice*[204].

---

[204] A obra que marca o início do percurso de Buchanan é publicada em co-autoria com Gordon Tullock: *The Calculus of Consent*, Ann Arbor, University of Michigan Press,

A *public choice* situa-se no domínio da teoria da decisão financeira – relativa àquelas decisões que são tomadas fora do mercado – e procura, através da aplicação de axiomas económicos básicos à realidade política, fazer prova de que a divergência dos interesses, dos indivíduos ou de grupos, interfere com a racionalidade das decisões tanto do Estado, como do mercado: "à componente idealista – valores abstractos que inspiram a escolha financeira – contrapõe-se a componente realista da dimensão financeira no nível político, analisando os interesses próprios dos governantes e parlamentares e os dos eleitores relativamente à decisão financeira. Se o mercado nem sempre era racional e tinha incapacidades, também assim se evidenciam *incapacidades* e *irracionalidades* do Estado"[205]. Ou, de outra forma, enquanto a *welfare economics* enfatizava os fracassos

---

1962. Mais tarde, Buchanan funda com Tullock o *Center for Study of Public Choice*, na George Mason University, hoje presidida por Robert Tollison.

Paulo Trigo Pereira traça a genealogia da *public choice*, situando dentro daquilo que designa por mínimos as origens desta teoria. Em execução de tal tarefa, escreve: "certos autores reportam a origem da public choice ao século XVIII, ao estadista, filósofo e matemático francês marquês de Condorcet (Marie Jean Antoine de Caritat) e à sua «descoberta» do paradoxo do voto, e ao século XIX, pela mão do escritor e professor de matemática inglês Lewis Carrol (Charles Lutwidge Dodgson). Contudo, a origem mais recente da teoria da escolha pública pode situar-se em seis obras, hoje clássicas, escritas por economistas e um cientista político, nos finais da década de 50 e década de 60: Duncan Black (1958), James Buchanan e Gordon Tullock (1962), Mancur Olson (1965), Kenneth Arrow (1951), Anthony Downs (1957) e William Riker (1962). Estas obras são geralmente consideradas as fundadoras de dois programas de investigação que têm estado interligados, embora sejam distintos: a teoria da escolha pública (*public choice*) e a teoria da escolha social (*social choice*), que se autonomizou seguindo os trabalhos de K. Arrow e a Amartya Sen (1970), mas que mantem uma estreita relação com a public choice. Uma influência menos unanimemente reconhecida, mas sem dúvida importante, foi o trabalho de Joseph Schumpeter (1941)." ["A teoria da escolha pública (*public choice*): uma abordagem neoliberal?", *Análise Social, Revista do Instituto de Ciências Sociais da Universidade de Lisboa*, Série 4, Volume XXXII, N.º 141, 1997 – 2.º, pág. 420].

[205] Sousa Franco, *Finanças...*, ob. cit., pág. 86. Por seu turno, Fernando Araújo sublinha que "a intervenção do Estado pode implicar custos que excedem os benefícios, dados os incentivos não estritamente económicos por que se pauta a acção política; as interferências rectificadoras das «falhas de mercado» podem resultar em «falhas de intervenção» ", admitindo, no entanto, que "elas são, ao menos em certa medida, o preço mínimo a pagar pela correcção das «falhas de mercado» – em última análise, pode mesmo dizer-se que, se tudo fosse pelo melhor dos mundos e a ordem espontânea resolvesse todos os problemas particulares sem custos significativos, todos os burocratas seriam redundantes e inúteis" (Ob. cit., pág. 630).

do mercado como fundamento da intervenção correctora do Estado, a *public choice* clarifica os fracassos do mercado e formula critérios de actuação do Estado na economia[206].

Desta forma, a *escolha pública* clarificou problemas situados no âmbito da teoria da decisão financeira, tornando patentes as falhas do Estado, do sector público e do sistema político: a "ineficiência da administração pública, ausência de incentivos, problemas com obtenção de informação acerca das preferências dos cidadãos, rigidez institucional, permeabilidade à actuação de *lobbies*, financiamento ilegal de partidos políticos, etc. Esta visão mais realista do processo político, de certa forma, tem alterado um pouco o *ideal* democrático, e tem mostrado que eventualmente as aspirações desse *ideal* (como referido por Bobbio) estavam demasiado elevadas em relação àquilo que o método democrático permite"[207].

Estabelece-se, assim, um elo de ligação inédito entre o fenómeno económico e o fenómeno político, representando a teoria da escolha pública uma tentativa de análise económica da política. O Estado conquistou espaço de intervenção em nome da satisfação de necessidades colectivas – o *bem comum* – sem que qualquer estudo empírico comprovasse a existência deste e a eficiência da intervenção estadual – o que transformava o *bem comum* em *bem governamental*.

Knut Wicksell teorizara, no século XIX, o modelo do *ditador benevolente*, entendendo o Estado como entidade desprovida de interesses próprios distintos do exercício do poder de autoridade para satisfação das necessidades colectivas. Este modelo ganhava agora dimensão prática, exprimindo, escreve Carlos Pinto Correia, "o espírito da análise neo-clássica. O problema público é essencialmente político e sobre ele não se pronuncia a economia. A ideia do ditador benévolo não é uma simplificação propositada mas tão só a consciência aguda de que qualquer alternativa transpõe as fronteiras de duas áreas do saber estruturalmente separadas"[208-209].

---

[206] *Vide* Aníbal Almeida, "Sobre a racionalidade do 'estado' ou 'governo' como operador económico" e "Indecidibilidade na 'teoria da decisão'", *Sobre o Estado e o Poder, A Economia e a Política*, Coimbra, Almedina, 2003.

[207] Paulo Trigo Pereira, "A teoria...", ob. cit., pág. 438.

[208] "A Teoria da Escolha Pública: sentido, limites e implicações", *Boletim de Ciências Económicas da Faculdade de Direito de Coimbra*, Volumes XLI (1998, págs. 241--276), XLII (1999, págs. 285-458) e XLIII (2000, págs. 547-594), Volume XLI, pág. 249.

[209] No início da década de oitenta, Buchanan desenvolveu, em parceria com Brennan, uma teoria do Estado-Leviatã, tendo como referente a concepção Hobbesiana de soberano,

Pelo contrário, estamos perante dois domínios intimamente associados, o que a *public choice* deixa claro ao conceber a eleição como uma forma peculiar de mercado.

A *public choice* é uma teoria eminentemente processualista. O seu referente é a constituição que, estabelecendo as regras e instituições competentes para tomar as decisões colectivas adequadas, deve colher unanimidade no momento constituinte – a escolha constitucional da sociedade tem de ser unânime. Estabelecidas as regras do jogo democrático por unanimidade, as decisões posteriores não necessitam de tal amplitude de aprovação. Podemos, pois, acatar decisões que não recolhem a nossa aprovação, mas que respeitem as regras pré-estabelecidas e sediadas na constituição, às quais manifestámos, já, a nossa adesão positiva[210].

As decisões políticas, tal como analisadas por Buchanan e Tullock, estão sujeitas a *custos de interdependência*[211]: os *custos de persuasão*, por um lado, fruto da necessidade de promover a identificação dos eleitores com o programa proposto, em geral, e de negociar, resolver conflitos e fazer concessões a alguns grupos de votação, em concreto; os *custos de*

---

expressa em *Leviathan*, em 1651. Numa perspectiva extremada da *public choice*, os autores pretendiam delinear uma constituição apta a conter o comportamento de um soberano Estado excessivamente intervencionista. Ainda que Buchanan se revele já afastado desta ideia extrema, vide *The Reasons of Rules (Constitutional Political Economy)*, Cambridge Press University, 1985.

[210] A *public choice*, enquanto escola que evoluiu ao longo de décadas, conhece vários modelos relativos ao processo de decisão pública, destacando-se o *modelo do eleitor mediano* (o eleitor situado no ponto intermédio do espectro político, ou que detém o rendimento mediano, é o factor decisivo no processo de decisão dos políticos, que assim tentam a reeleição), o *modelo da burocracia* (no qual se inclui o *modelo do controlo da agenda política*, pressupõe que os burocratas, altos funcionários da administração pública, exercem forte influencia sobre os eleitores, de tal sorte que o nível de despesa pública é superior àquele que os eleitores, por si só, escolheriam) e o modelo de *rent-seeking* (que coloca em destaque os grupos de pressão e a sua capacidade em fazer crescer determinadas categorias de despesa pública).

De igual forma, e desde que Wicksell fez defesa da regra da maioria qualificada como sendo a melhor para a revelação do interesse público, muitos autores procuraram determinar a regra óptima para o exercício dos poderes decisórios colectivos, oscilando entre várias regras de votação: maioria relativa, maioria absoluta, maioria qualificada e unanimidade (Sobre as regras de votação, vide Jorge Costa Santos, ob. cit., págs. 307-353).

[211] Buchanan e Tullock, *The Calculus of Consent*, Ann Arbor, University of Michigan Press, 1962.

externalidades, por outro lado, suportados pelos eleitores que negam o seu voto a programas prejudiciais aos seus interesses mas aprovados pelos demais eleitores.

Assumindo que todos os programas públicos importam custos para uns e benefícios para outros, a minimização dos *custos de interdependência* passa pela fixação de distintas regras de votação, em razão da decisão colectiva a tomar[212]. Ainda assim, independentemente da parcela eficiente de eleitores necessários ao acordo, os benefícios produzidos pela provisão pública de bens e serviços devem ser iguais ou de maior dimensão do que o total dos *custos de interdependência*, sob pena de revelarem manifesta ineficiência.

Para aqueles autores, a *regra da unanimidade* é o único referencial aceitável de optimização social, alcançável quanto às regras e aos processos de decisão, mas não terá expressão quanto ao conteúdo das decisões financeiras correntes.

Ainda assim, Buchanan distingue os planos constitucional – onde apenas se poderá aplicar a regra da unanimidade – e infra-constitucional. Neste, a regra da unanimidade é *self-defeating*, e existindo já um acordo unânime no patamar constitucional, as decisões financeiras infra-constitucionais serão adoptadas de acordo com regras de decisão menos exigentes.

Todavia, nenhuma maioria, qualquer que seja, serve os critérios de optimização social, pois implica sempre *custos de interdependência social*, *maxime custos externos*. Assim, no seu *Cálculo do Consenso*, Buchanan e Tullock defenderam que a questão das maiorias necessárias para a tomada de decisões financeiras deve ser tratada na Constituição – e passa pela definição da percentagem correspondente à maioria óptima do número de indivíduos que integram o órgão colegial de decisão representativo da comunidade (em democracia representativa), e que será a que minimize os *custos de interdependência social*.

---

[212] Como sintetiza Marilu Hurt McCarty, "se for necessária apenas 1 por cento de eleitores para aprovar um programa proposto, esses eleitores podem criar programas que produzam benefícios para si próprios, exigindo aos restantes 99 por cento que suportem os custos. Os custos de externalidades são bastante elevados. Mesmo com a exigência de uma maioria simples, 51 por cento dos eleitores podem impor custos de externalidade aos outros 49 por cento." (*Como os Grandes Economistas deram forma ao Pensamento Moderno. Os laureados do Nobel de* Economia, Prefácio, 2001, pág. 88).

Para além das dificuldades óbvias da determinação da *maioria óptima*, Buchanan e Tullock enfatizam que os *custos de interdependência social* não são uniformes, e distinguem duas categorias básicas de decisões colectivas de índole financeira: (1) as decisões financeiras que interferem directamente com a esfera das liberdades fundamentais e com o direito de propriedade; e (2) as decisões financeiras que respeitam à mera afectação de recursos.

Nas primeiras, os *custos externos* a suportar pelos indivíduos poderão ser mais pesados e, consequentemente, a maioria óptima será particularmente agravada. Segundos os autores, há dois tipos de decisões financeiras desta categoria que devem sempre ser tomadas por maiorias alargadas, mesmo quando tomadas no plano infra-constitucional: as decisões relativas à criação de impostos e modificação dos seus elementos essenciais e as decisões orçamentais.

Entre nós, no plano constitucional, apenas a Lei das Finanças Regionais, por ser constitucionalmente qualificada como lei orgânica (art. 166.°, n.° 2), requer uma maioria absoluta dos deputados em efectividade de funções, na votação final global (art. 168.°, n.° 5). As leis de criação de impostos (ou modificação dos seus elementos essenciais), a Lei do Orçamento do Estado, ou, no caso, a Lei das Finanças Locais não requerem qualquer maioria especial.

E, no plano infra-constitucional, em especial no que toca à disciplina das finanças locais, constata-se que as decisões financeiras de maior relevo, *maxime* a aprovação do orçamento, fixação de impostos, criação de taxas, audição no âmbito da concessão pelo Estado de isenções fiscais sobre impostos cuja receita é municipal, *in fine*, as matérias previstas nas alíneas b) a l), do n.° 2, do art. 53.°, da Lei n.° 169/99, de 18 de Setembro, "são tomada à pluralidade dos votos, estando presente a maioria do número legal dos seus membros, tendo o presidente voto de qualidade em caso de empate, não contando as abstenções para o apuramento da maioria" (art. 89.°, n.° 2, daquela lei).

Anda bem a NLFL, quando, no n.° 8, do artigo 38.°, estabelece que "sempre que os efeitos da celebração de um contrato de empréstimo se mantenham ao longo de dois ou mais mandatos, deve aquele ser objecto de aprovação por maioria absoluta dos membros da assembleia municipal em efectividade de funções".

No âmbito das decisões orçamentais, os *custos externos* serão inferiores e, assim sendo, a maioria óptima pode ser mais reduzida.

Ora, face ao que constatámos, não se encontra racionalidade económica nas regras de maioria relativas a decisões financeiras de extrema relevância. Os *custos externos* da regra da maioria simples são muito elevados: 51% dos eleitores – ou dos seus representantes – pode impor *custos externos* aos demais 49%. Não nos parece que os *custos de persuasão* fossem de tal forma elevados, caso se exigissem maiorias agravadas para a tomada de tais decisões, que suplantassem os *custos externos* verificáveis.

A racionalidade inerente às regras de votação seleccionadas revela a exigência de que os benefícios auferidos através da provisão pública de um dado bem ou serviço sejam avaliados. De que forma? Pela comparação das *performances* da provisão pública e da provisão privada do mesmo bem ou serviço, em termos de custo para os eleitores-consumidores.

De facto, na perspectiva da *public choice*, as *performances* pública e privada devem ser objecto de comparação. Não apenas no sentido de comprovar a eficiência dos programas públicos, mas também de demonstrar que tanto o sector público como o sector privado fracassam, "são instituições imperfeitas de afectar os recursos, e como tal o objectivo da análise é desenvolver uma *análise institucional comparada*"[213], passível de anular as premissas e conclusões da *welfare economics*.

a) *Processo de decisão e descentralização administrativa
– a subsidiariedade*

Tendo em vista eliminar, tanto quanto possível, os *custos de interdependência* e permitir a avaliação dos benefícios por parte dos eleitores que consomem os bens providos pelas autoridades públicas, a teoria da escolha pública seria aplicada à temática da descentralização por Gordon Tullock[214].

De acordo com o autor e à luz do princípio da subsidiariedade, os processos de decisão colectiva descentralizados apresentam ganhos de eficiência (ou diminuição da ineficiência), face a processos de decisão colec-

---

[213] Paulo Trigo Pereira, "A teoria...", ob. cit., pág. 438.
[214] Com Arthur Seldon e Gordon L. Brady, primeiro na obra conjunta *Government: Whose Obedient Servant? A Primer in Public Choice*, Londres, Institute of Economic Affairs, 2000; e, dois anos mais tarde, no aperfeiçoado *Government Failure: A Primer in Public Choice*, Washington, D. C., Cato Institute, 2002.

tiva centralizados. Será fácil verificar, argumenta Tullock, que um conjunto vasto de tarefas públicas não reclamam decisões políticas a nível nacional e, consequentemente, deverão ser transferidas para centros de decisão local, próximos dos cidadãos-eleitores directamente implicados. Assim não deverá suceder, apenas quando a prossecução de tarefas pelo governo central seja justificado por intensas e inultrapassáveis economias de escala, como sucederá, por exemplo, no caso da defesa nacional.

Esta derivada do princípio da subsidiariedade possibilita a redução dos problemas associados às votações por maioria e ao processo político. A subsidiariedade, salienta Fausto de Quadros, implica uma repartição de competências entre "a comunidade maior e a comunidade menor, em termos tais que o principal elemento componente do seu conceito consiste na descentralização, na comunidade menor, ou nas comunidades menores, das funções da comunidade maior", daqui resultando que "a comunidade maior só poderá realizar uma dada actividade das atribuições da comunidade menor se esta, havendo a necessidade de a realizar, não for capaz de a realizar 'melhor' "[215].

Formulada como instrumento de harmonização da diversidade de interesses existentes no seio de um sistema federal, a subsidiariedade não encontra a sua derradeira funcionalidade no federalismo. Embora este seja o seu substrato organizativo ideal [216], a subsidiariedade dita *administrativa* ou *interna* encontra na descentralização substrato bastante, revelando-se incapaz de conviver somente com a centralização[217-218]. Para a inves-

---

[215] *O Princípio da Subsidiariedade no Direito Comunitário Após o Tratado da União Europeia*, Almedina, 1995, págs. 17-18. Fausto de Quadros encontra as primeiras manifestações da ideia de subsidiariedade em Aristóteles, São Tomás de Aquino e Dante. Nos séculos XVIII e XIX, vários pensadores, como Locke, Tocqueville, Stuart Mill, Kant ou Jellinek, se aproximariam da ideia sem caracterização da sua substância. Seria, no entanto, a "Doutrina Social da Igreja Católica que viria a dar a construção dogmática à ideia da subsidiariedade, visando, dessa forma, por um lado, contrapor a autonomia do indivíduo e o pluralismo da vida social às ideologias colectivistas dos finais do século passado e inícios deste século, e, por outro lado, combater os excessos do liberalismo, que pretendiam a supressão do papel do Estado na vida social e económica. (...) Foi na base da construção acabada de analisar que a noção de subsidiariedade entrou para o mundo do Direito, e, de modo especial, para o Direito Público" (Ob. cit., págs. 13-16).

[216] Stewing, *Subsidiarität und Föderalism in der Europäischen Union*, 1992, pág. 24 e segs., apud Fausto de Quadros, *O Princípio...*, ob. cit., pág. 20.

[217] Margarida d'Oliveira Martins frisa a incompatibilidade entre a subsidiariedade e a centralização, na medida em que aquela "assenta na repartição de poderes entre entida-

tigação que ora conduzimos, importa considerar o princípio da subsidiariedade na sua vertente administrativa.

Ora, da dimensão interna deste princípio resulta que a prossecução do interesse público deverá ser primacialmente entregue aos indivíduos e a corpos sociais localizados entre estes e o Estado. Nesta situação intermédia encontram-se as famílias, cuja capacidade de decisão e execução, fruto da sua actuação voluntária no mercado e da sua vocação associativa, não deve ser absorvida pelo processo político. Encontram-se, de igual modo, as entidades infra-estaduais, na medida em que o respeito pelo princípio da descentralização "exige também que as funções que possam ser exercidas a nível local, municipal ou regional não sejam exercidas pelo Governo central"[219].

O Estado apenas deverá chamar a si o desempenho de tarefas públicas quando o possa fazer de forma mais eficiente do que os níveis de administração mais próximos do cidadão, sendo, então, necessária a sua acção directa para a satisfação das necessidades colectivas. A acção estadual será, pois, subsidiária à actuação das entidades regionais e locais. Tal como a acção pública é subsidiária à actuação do indivíduo, manifestando-se quando este se revele incapaz de, por si só ou civicamente associado, assumir o desempenho das tarefas em questão[220].

---

des diversas mas que concorrem para a realização dos mesmos objectivos só que a níveis diferentes. Um poder centralizado não pode ser subsidiário pois age sempre a título principal, repudiando a autonomia" (*O Princípio da Subsidiariedade em Perspectiva Jurídico-Política*, Coimbra Editora, 2003, pág. 460).

[218] Sobre a relação entre a descentralização e a subsidiariedade vide, também, Carlos Blanco de Morais, "A Dimensão Interna do Princípio da Subsidiariedade", *Revista da Ordem dos Advogados*, Ano 58, Volume II, Lisboa, Julho, 1998, págs. 779-822; Paulo Otero, "Principales tendencias del Derecho de la organización administrativa en Portugal", *Documentación Administrativa*, N.º 257-258, Madrid, Maio-Dezembro, 2000, págs. 24-40; Margarida Salema d'Oliveira Martins, "El principio de subsidiariedad y la organización administrativa", *Documentación Administrativa*, N.º 257-258, ob. cit., págs. 77-93; e Afonso d'Oliveira Martins, "La descentralización territorial y la regionalización administrativa en Portugal", *Documentación Administrativa*, N.º 257-258, ob. cit., págs. 95-109.

[219] André Azevedo Alves e José Manuel Moreira, *O que é a Escolha Pública? Para uma análise económica da política*, Principia, 2004, pág. 105.

[220] Neste sentido, aponta Vieira de Andrade que "o Estado, não sendo a única comunidade humana, deve respeitar a autonomia das comunidades sociais menores, não tomando decisões nem interferindo nas matérias que tais comunidades possam legítima e eficazmente resolver." ("Suplectividade do Estado e Desenvolvimento", *Gaudium et Spes: uma*

A eficiência superior das decisões colectivas descentralizadas decorre da verificação de dois fenómenos: por um lado, o exercício, pelos eleitores, de um maior controlo, a nível local, do processo decisório; por outro lado, o incremento da concorrência entre entidades locais e consequente promoção da eficiência no seu funcionamento.

A maior proximidade entre o eleitor e a estrutura decisória está na razão directa da diminuição da ignorância racional e desinteresse do eleitorado, provocando, pois, a verificação do primeiro fenómeno apontado[221]. A importância relativa de cada voto individual no resultado final aumenta, sendo que os eleitores envolvidos no processo de decisão local são, tendencialmente, os interessados directos[222].

---

leitura interdisciplinar vinte anos depois, Viseu, 1988, pág. 119. Ao Estado estará, ainda assim, reservado o papel de regulador, coordenador e fiscalizador de omissões e deficiências da actuação das comunidades menores.

Dirigido, primeiramente, às relações entre o Estado e a sociedade civil, o alcance jurídico-político do princípio da subsidiariedade não se esgota neste perímetro relacional, como nota André Folque: "não apenas fermentará critérios aptos a discernir o interesse geral na teia dos múltiplos e distintos interesses sociais, recusando o monopólio público na prossecução do interesse geral, como contribuirá para uma certa latitude na repartição do poder público, obstando ao monopólio estadual na prossecução do interesse público" (Ob. cit., pág. 229).

[221] Baptista Machado reconhece à *participação* "vários níveis de profundidade: ela pode reportar-se à fase preparatória ou de informação do processo de resolução, pode incidir sobre a própria decisão do processo ou pode ter a ver apenas com a implementação ou execução da decisão. (...) Só o direito de voto na decisão final corresponde a uma verdadeira participação no poder de decidir. A participação por inteiro implica não só que sejam tomadas em conta as nossas opiniões e as nossas razões, mas também que a nossa vontade tenha um peso específico (através do voto) na decisão final" (Ob. cit., págs. 40-43).

[222] Mário Rui Martins afirma que as eleições para as autarquias locais possibilitam a participação activa de um número muito maior de pessoas na gestão dos assuntos públicos, pois "se o número de eleitos para os parlamentos nacionais se conta em termos de poucas centenas, os representantes eleitos para as autarquias locais totalizam dezenas de milhares ou mesmo centenas de milhares de pessoas (...). Para além do simples aspecto numérico, as análises estatísticas realizadas num certo número de países indicam que os candidatos eleitos para as autarquias locais representam de forma mais adequada a população, em termos de actividade profissional, de pirâmide de idades e de repartição entre os sexos. A multiplicação das formas e ocasiões de participação e o elevado número de representantes eleitos fazem das autarquias locais verdadeiros «centros de aprendizagem da democracia», quer para jovens líderes políticos, quer para a população em geral. Esta função foi particularmente evidente na Espanha e em Portugal, após as transformações democráticas da segunda metade dos anos 70" (Ob. cit., págs. 14-15).

A concorrência entre entidades locais decorre do facto de os resultados das políticas públicas serem mais facilmente avaliados a nível local, "por comparação, por exemplo, com municípios adjacentes (...) do que a comparação entre os Governos de dois países diferentes, situação em que as realidades tendem a diferir em muitos aspectos e o fluxo de informação a que os cidadãos têm acesso é substancialmente menor"[223].

Por seu turno, a maior eficiência decisória a nível local deve ser apreendida de acordo com o conteúdo concreto oferecido ao princípio da subsidiariedade, ao qual a doutrina tem atribuído uma natureza algo *plástica*, conhecendo configurações jurídicas distintas.

A Carta Europeia da Autonomia Local consagra o princípio da subsidiariedade no art. 4.º, n.º 3, onde se estabelece como regra geral e preferencial o exercício das responsabilidades públicas pelas autoridades mais próximas dos cidadãos. Prevê-se, todavia, o seu exercício "por outra autoridade que embora mais *longínqua* do destinatário da decisão, é aquela que está *apta pela natureza e amplitude* da tarefa, a realizá-la mais *eficaz e economicamente*"[224]. Entre nós, este princípio conhece consagração constitucional, desde a revisão constitucional de 1997, no art. 6.º, n.º 1.

Trata-se, portanto, de um princípio administrativo orientador e reorganizador da repartição de competências entre o Estado e as entidades infra-estaduais dotadas de autonomia local[225]. O princípio da subsidiariedade administrativa actua quando o legislador (constitucional ou ordinário) procede à repartição de competências entre os vários níveis de administração, funcionando como critério de orientação e reorganização em matérias onde Estado e entidades locais concorrem. A sua aplicação será casuística, na medida em que apenas perante o caso concreto será possível determinar se a proximidade anda a par com a eficácia e economia ou se, antes, estes dois vectores seguem rumos divergentes e a prossecução de dada tarefa deve ascender a um nível de governo

---

[223] André Azevedo Alves e José Manuel Moreira, ob. cit., págs. 106-107.

[224] Margarida Salema d'Oliveira Martins, *O Princípio da...*, ob. cit., pág. 445.

[225] Na medida em que estamos a analisar o princípio da subsidiariedade tal como plasmado na Carta Europeia da Autonomia Local e que, entre nós, a Constituição reconhece este estatuto às autarquias locais. As regiões autónomas são, no nosso ordenamento jurídico, fenómenos de autonomia política e legislativa. Daí falar-se, aqui, de *subsidiariedade administrativa*.

superior – onde a sua amplitude e natureza encontrem a eficiência e a adequação[226].

Operando, então, como promotora da optimização da decisão colectiva e da provisão pública através da composição entre o imperativo de descentralização e a necessária eficácia, o princípio da subsidiariedade não dissocia a «comunidade maior» das tarefas desempenhadas pelas «comunidades menores». Antes, estimula a intervenção estadual através da cooperação e co-administração, ao mesmo tempo que limita os poderes substitutivos do Estado às situações em que as entidades territoriais não possam desempenhar tarefas públicas com a maior eficiência[227].

Implica, portanto, alguma flexibilidade, afastando a sua consagração a existência de sistemas de enumeração taxativa de atribuições e competências. O mesmo será dizer que o princípio da subsidiariedade administrativa reclama a convivência com um sistema aberto – seja de enumeração exemplificativa, seja de cláusula geral. Isto porque a lógica inerente a este princípio afasta a clássica dicotomia *assuntos locais vs. assuntos nacionais*, fazendo ceder a localidade ou centralidade da tarefa à proximidade, à sua amplitude e natureza e à economia e eficácia no seu desempenho.

Não pretendemos com isto afirmar que a maior amplitude e natureza de determinadas actividades de natureza pública constituem inevitavelmente factor de atribuição de competências ao Estado, pela geração de economias de escala que, impossíveis de verificação no âmbito local, comprometeriam o seu desempenho descentralizado.

Em rigor, o recurso à contratação com fornecedores privados permite aos entes territoriais «transferir» para tais agentes económicos o ónus de eficiência decorrente das economias de escala. As entidades públicas são

---

[226] Neste sentido pronuncia-se Jorge Miranda, escrevendo: "a propósito da problemática descentralização alude-se correntemente ao princípio da subsidiariedade, ou princípio segundo o qual o Estado só deve assumir as atribuições, as tarefas ou as incumbências que outras entidades existentes no seu âmbito e mais próximas das pessoas e dos seus problemas concretos – como os municípios ou as regiões – não possam assumir e exercer melhor ou mais eficazmente". O autor esclarece, no entanto, que "se a subsidiariedade deve entender-se como garantia da descentralização, não é por si só garantia suficiente – tudo depende do juízo que, a cada momento, se faça acerca das necessidades colectivas e acerca dos modos e dos meios de as satisfazer" (*Manual...*, Tomo III, ob. cit., págs. 180-181).

[227] Neste sentido, Laura Ferraris, "Decentramento amministrativo", *Digesto (delle Discipline Pubblicistiche), Aggiornamento*, Turim, 2000, pág. 190 e segs.

cada vez menos responsáveis pela produção directa dos bens públicos, mantendo-se responsáveis pela sua colocação ao dispor da colectividade e pelo seu financiamento. Referimos já que a aquisição e a concessão (bem como realidades afins) a entidades privadas não retira ao bem o seu carácter público, permitindo mesmo a "existência simultânea de concorrência na oferta (entre as várias empresas potencialmente fornecedoras dos serviços em causa) e de concorrência (pelo menos até certo ponto) na procura (entre as várias unidades políticas locais)"[228].

b) *Processo de decisão e descentralização financeira – a autonomia tributária*

As vantagens apontadas à descentralização administrativa, por aplicação da teoria da escolha pública e respeito pelo princípio da subsidiariedade, revelam-se ineficazes se desacompanhadas das correlativas medidas de descentralização financeira ou reforço da autonomia tributária das entidades locais[229].

Buchanan e Tullock afirmaram a necessidade de basear as decisões políticas de realização de despesa pública numa relação estreita entre o pagamento de impostos e outros tributos e os benefícios retirados dos bens financiados pelo erário público[230]. Neste quadro, Gordon Tullock colocou especial ênfase na descentralização e no incremento da autonomia financeira das entidades infra-estaduais[231].

A determinação do quadro espacial de decisão financeira mais adequado e eficiente é tarefa de que se ocupou a teoria do *fiscal federalism*, tratando do relacionamento financeiro intergovernamental. Todavia, da aplicação da teoria da escolha pública à problemática da descentralização resulta a necessidade de reforçar a autonomia tributária das administrações locais como garantia dos direitos dos cidadãos-eleitores e eficácia do processo de decisão financeira.

---

[228] André Azevedo Alves e José Manuel Moreira, ob. cit., pág. 106.
[229] Para uma perspectiva abrangente sobre esta matéria, *vide* Enrique García Viñuela, *Teoría del Gasto Público*, Minerva Ediciones, 1999.
[230] *The Calculus...*, ob. cit., págs. 290-293.
[231] "Public choice in practice", *Collective Decision Making – Applications from Public Choice Theory*, Clifford Russel (Coord.), Baltimore, Resources for the Future, 1979, págs. 41-42.

Na perspectiva da escolha pública, tal desiderato será alcançado na medida em que a cobrança da receita e a realização da despesa pública se aproximem o mais possível dos contribuintes, o que "facilitaria o controlo dos contribuintes, diminuiria os efeitos nefastos dos processos de *logrolling* a nível de expansão da despesa pública e, ao fazer depender os orçamentos das unidades políticas e administrativas da sua capacidade de ser atractivas para os cidadãos, promoveria a concorrência de forma mais eficiente"[232].

Quando aplicada à temática da descentralização, a escola da escolha pública – procurando sempre a optimização das prestações públicas através da eficiência decisória – reclama uma maior autonomia tributária local face ao Estado, para que as entidades locais possam tomar as suas decisões financeiras de forma independente e os indivíduos possam seleccionar a área de residência mais atractiva. Ou seja, aquela que apresente a melhor relação entre a qualidade dos serviços públicos prestados e a pressão tributária imposta.

As unidades administrativas locais empregariam, assim, maior racionalidade nas suas decisões financeiras, fomentada pelo universo concorrencial em que se movimentariam, consequência da actuação dos agentes económicos face à pluralidade de entidades locais e às «propostas finan-

---

[232] André Azevedo Alves e José Manuel Moreira, ob. cit., pág 108. O *logrolling* é um processo de «comércio» ou troca de votos, que sucede quando se verifica uma assimetria de ganhos relativamente às matérias envolvidas numa eleição. Explica Hyman que "quando mais de uma matéria é votada simultaneamente, como um pacote – tal como normalmente sucede – os eleitores são, por vezes, confrontados com pacotes políticos que incluem quer matérias que lhes são favoráveis quer matérias que lhes são desfavoráveis. Se o eleitor tiver convicções mais fortes em relação a certas matérias do que a outras, ou se estiverem melhor informados sobre certas matérias do que em relação a outras, então o seu voto pode ser função da protecção conferida pelo pacote político à questão que mais convictamente apoia. Quando a intensidade de preferências relativamente às matérias sujeitas a votação difere, existem incentivos para que os grupos troquem os seus votos em favor daquelas que lhes são mais favoráveis" (*Public Finance*, ob. cit., pág. 200). Quando desta troca de votos resulta uma sobre-alocação de recursos públicos, pela aprovação de programas eleitorais cujos custos sociais marginais excedem os benefícios sociais marginais, o processo provoca perdas de eficiência. Contudo, não é possível concluir que o *logrolling* tem um impacto negativo na utilização dos recursos, já que, noutros casos, poderá contribuir para a aprovação de programas que promovem a eficiência na sua alocação, porquanto os benefícios sociais marginais gerados são iguais ou excedem os custos sociais marginais.

ceiras» de cada uma. A atractividade destas propostas e eficiência na alocação dos recursos disponíveis resultaria da amplitude dos poderes tributários locais[233].

Para a teorização dos ganhos de eficiência decisória e limitação da despesa pública, através da proximidade, participação e escolha dos membros das comunidades locais, contribuiu decisivamente Charles Tiebout[234]. Em 1956, o autor elaborou um modelo de concorrência fiscal local segundo o qual "a concorrência entre sistemas fiscais num espaço de liberdade de movimentação dos factores de produção conduz a resultados eficientes, na medida em que aos diferentes níveis de fiscalidade correspondam necessariamente níveis diversos de fornecimento de bens e serviços públicos financiados por aqueles. As pessoas e as empresas seriam assim livres de se fixar ou estabelecer nos territórios em que obtivessem um melhor equilíbrio entre a receita fiscal que suportam e a despesa pública correspondente às suas preferências"[235].

Este modelo, baseado nos diferentes *cabazes* de impostos e bens colectivos locais oferecidos e na perfeita mobilidade geográfica dos eleitores entre circunscrições financeiras, é designado por *votação com os pés* (*voting with the feet*). Baseado num conjunto de pressupostos restritivos e irrealistas, de acordo com o mecanismo idealizado por Tiebout, os indivíduos podem seleccionar a sua circunscrição territorial de residência ou localização de acordo com a combinação de bens públicos oferecidos e impostos cobrados, escolhendo como se «comprassem no mercado» pelo simples movimento de migração, como se votassem pelo seu pé. A deslocação ou saída de uma localidade corresponde a um voto contra o *cabaz* oferecido por esta. Como Alfred Hirschman tornou patente, os eleitores têm à sua disposição a sua *voz* (o seu voto), mas também a sua *saída* (a mobilidade)[236].

---

[233] Sobre a noção de poder tributário, vide José Casalta Nabais, *O Dever Fundamental de Pagar Impostos. Contributo para a compreensão constitucional do estado fiscal contemporâneo*, Almedina, Coimbra, 1998, pág. 269 e segs.

[234] "A pure theory of local expenditure", *Journal of Political Economy*, Volume 64, 1956, pág. 416 e segs.

[235] José Casalta Nabais, "Estado Fiscal, Cidadania Fiscal e Alguns dos seus Problemas", *Boletim de Ciências Económicas*, Faculdade de Direito da Universidade de Coimbra, Volume XLV-A, 2002, págs. 592-593.

[236] *Exit, Voice and Loyalty*, Cambridge, Harvard University Press, 1970, pág. 7 e segs.

Tiebout considerou que os consumidores-votantes:

a) teriam total mobilidade, fixando-se na circunscrição territorial cujo «cabaz» oferecido correspondesse ao seu padrão de preferências;

b) teriam, também, informação integral e perfeita relativamente à oferta de cada circunscrição, reagindo à diversidade;

c) existiria uma multiplicidade de circunscrições territoriais, funcionando como unidades de oferta de bens públicos a custos fiscais diferenciados;

d) os bens produzidos não gerariam externalidades para outras comunidades (inexistência de *spillovers*);

e) desconsiderou os mercados de habitação e trabalho; e, finalmente,

f) assumiu que cada comunidade local oferece o seu «cabaz» ao custo médio mínimo, função do número de residentes que conhece uma dimensão óptima: até um determinado número de residentes, a provisão pública gera economias de escala, que dão lugar a custos de congestionamento à medida que a população aumenta[237].

---

[237] O modelo de Tiebout foi alvo de inúmeras críticas, nomeadamente: o facto de ignorar por completo a diferente mobilidade dos factores de produção e inerentes consequências ao nível da sua tributação; o esquecimento a que vota a função redistributiva do imposto, hoje associado à capacidade contributiva e não, como sugere este esquema, à ideia de troca e correspondência integral entre os impostos pagos e os bens públicos de que os contribuintes beneficiam. Para uma perspectiva crítica actual ao modelo de Tiebout, e por todos, *vide* John D. Donahue, "Tiebout? Or Not Tiebout? The Market Metaphor and the America's Devolution Debate", *The Journal of Economic Perspectives*, Volume 11, N.º 4, 1997, págs. 73-82.

Por outro lado, o funcionamento do modelo de Tiebout pode ter efeitos perversos. Os fluxos migratórios internos, podendo gerar benefícios, podem também levantar problemas quer nas circunscrições de origem, quer no destino, refere Jorge Costa Santos. O autor oferece o exemplo dos fenómenos históricos de êxodo rural verificados em períodos de intensa industrialização e urbanização: "as zonas rurais foram muitas vezes prejudicadas, e as condições de vida degradaram-se. Designadamente por incapacidade de assegurarem a provisão de certos bens colectivos (abastecimento de água, construção de caminhos de ferro, etc.). Por outro lado, nas cidades assistiu-se, outras tantas vezes, a efeitos de congestionamento dos bens colectivos (sobrecarga das infra-estruturas sociais, impossibilidade dos serviços e departamentos públicos prestarem o atendimento devido aos cidadãos, etc.)." (Ob. cit., pág. 374, nota 499).

Apesar do irrealismo de alguns destes pressupostos e das conclusões respectivas, o modelo de Charles Tiebout fornece importantes argumentos a favor do reforço da descentralização e da autonomia tributária, aproveitados pela teoria do *fiscal federalism*, mas também pela escola da *public choice*. A proximidade entre custos e benefícios sentidos pelos consumidores-votantes geraria uma maior resistência dos contribuintes face à despesa pública, caso a carga fiscal fosse integralmente determinada ao nível local[238].

No limite, da aplicação da teoria da escolha pública à temática da descentralização, com as consequências enunciadas, a transferência de competências e de poderes tributários para as entidades locais implicaria a consagração de um modelo de financiamento baseado exclusivamente em receitas próprias, sendo totalmente eliminadas as transferências do Orçamento do Estado.

1.3. *Descentralização financeira e provisão pública local* – *o* **federalismo fiscal**

O estudo da estrutura vertical do Estado, federal ou unitário, reclama a análise da repartição de atribuições, competências e recursos entre os diferentes níveis de administração que co-existem, bem como das relações financeiras intergovernamentais que se estabelecem. Richard Musgrave e Wallace E. Oates, na procura de resposta a tais questões foram pioneiros na solução, ao desenharam os contornos do *fiscal federalism*.

Em 1958, Musgrave esquematizou o seu ideal teórico de repartição de funções entre o Estado e as entidades infra-estaduais, atrás mencionado. O autor defendeu a melhoria da actuação política caso as funções de afec-

---

[238] Paulo Trigo Pereira, António Afonso, Manuela Arcanjo e José Carlos Gomes Santos apontam, de forma pertinente, que a descentralização e a autonomia financeira, pese embora andem, geralmente, associadas, são realidades distintas, podendo aquela aumentar sem que esta sofra igual incremento. Referem os autores, a título de exemplo, o caso da antiga SISA, o actual Imposto Municipal sobre as Transmissões Onerosas de Imóveis (IMT), que era inicialmente receita da administração central e passou a receita municipal, pelo que houve descentralização de receitas. "Contudo", frisam, "a determinação da base de incidência do imposto e as taxas continuam a ser determinadas centralmente, pelo que neste caso descentralização não significou maior autonomia" (ob. cit., pág. 301, nota 3).

tação, redistribuição da riqueza e estabilização económica fossem consideradas como «ramos» distintos mas interdependentes. Sobre a base do universo Tieboutiano, Musgrave atribui as funções de redistribuição e estabilização ao governo central. A reduzida capacidade de endividamento e a inexistência de instrumentos de política monetária ao nível local, bem como a sua dimensão, apartam as entidades infra-estaduais da repartição da riqueza e da intervenção macroeconómica de estabilização de preços e equilíbrio externo da economia.

As unidades administrativas locais são chamadas ao desempenho funcional de afectação, estabelecendo Musgrave um modelo normativo e financeiro «multinivelado». Ao Estado cabe estabilizar a economia, redistribuir os rendimentos de acordo com o consenso social e prover os bens públicos de âmbito nacional. As entidades infra-estaduais encarregam-se da provisão de bens públicos geograficamente delimitados às suas circunscrições territoriais, e financiam esta tarefa através de uma tributação baseada sobretudo no princípio do benefício, como veremos adiante.

Oates, por seu turno, seguiu o pensamento de Tocqueville e ofereceu-lhe uma importante concretização financeira: depois de marcar, de forma clara, o que este corpo teórico aproveita do federalismo e do ideário de Alexis de Tocqueville – a ideia de combinação de vantagens resultantes da existência de estruturas maiores e estruturas menores (Federação e Estados federados, neste caso), e não uma qualquer identificação entre o *fiscal federalism* e o federalismo político – Oates leva-nos de volta à tensão entre «assuntos nacionais» e «assuntos locais», e estabelece o «Teorema da Descentralização de Oates»[239].

O «Teorema de Descentralização» é uma proposição normativa que enuncia que "na ausência de economias de escala provenientes da provisão centralizada de um bem (público local) e de externalidades interjurisdicionais, o nível de bem-estar será sempre pelo menos tão elevado (e tipicamente mais elevado) se forem providenciados níveis de consumo de eficiência de Pareto em cada jurisdição como se fosse mantido um nível de consumo único e uniforme em todas as jurisdições"[240]. Desta forma, e em nome da eficiência económica, Oates estabelece uma presunção

---

[239] O Teorema foi enunciado por Oates na sua obra *Fiscal Federalism*, New York, Harcourt Brace Jovanovich, 1972.

[240] *Fiscal...*, ob. cit., pág. 54.

favorável à provisão descentralizada de bens públicos cujos efeitos são localizados[241].

Assim, a repartição de atribuições e competências é definida por Oates através da adesão à trilogia funcional de Musgrave e do Teorema que enunciou. Estas são, aliás, as bases fundacionais do federalismo fiscal, sobre as quais vários autores edificaram os seus contributos. Por definir, encontra-se a questão dos instrumentos financeiros através dos quais os vários níveis de administração financiam a sua actividade e se inter-relacionam, num quadro de equilíbrio entre o princípio do equilíbrio orçamental – que postula a correspondência entre as divisões administrativas e o padrão espacial dos benefícios gerados pelos bens públicos locais, evitando os efeitos de *spillover* e de *exportação fiscal* – e o princípio da responsabilidade política – que reclama a igualdade entre o benefício marginal social e o custo marginal social dos bens públicos locais[242].

---

[241] Apercebendo-se que muitos consideram que os ganhos da descentralização têm origem teórica no modelo de Tiebout, considerando também que tal ideia não teria aplicabilidade para além das fronteiras norte-americanas, Oates defende que, ainda que não exista qualquer tipo de mobilidade, a descentralização financeira proporciona ganhos de eficiência: "o nível de eficiência do output de um bem público local, tal como determinado pela condição de Samuelson – a soma das taxas marginais de substituição são iguais ao custo marginal – variam tipicamente de uma jurisdição para outra. Por exemplo, o nível eficiente de qualidade do ar em Los Angeles é seguramente muito diferente do nível eficiente em Chicago" ("An Essay...", ob. cit., pág. 1124).

[242] A par da análise teórica do federalismo fiscal, que ora empreendemos, da implementação prática deste modelo e numa perspectiva de direito comparado resultaram, essencialmente, três experiências: o *federalismo dual*, o *federalismo cooperativo* e o peculiar regionalismo italiano.

O *federalismo dual* corresponde à fórmula mais tradicional do federalismo financeiro e caracteriza-se pela intensidade da descentralização. O poder tributário próprio das entidades intermédias é extremamente valorizado, de tal modo que, satisfeitas as necessidades da autonomia financeira através do exercício de tal poder, os «recursos participativos» resumem-se, praticamente, à realização de uma só finalidade: a solidariedade interterritorial, que assume expressão prática nas transferências perequativas. Este modelo, ainda que estruturalmente alterado pelo advento do Estado de Bem-Estar, é seguido na Suíça, nos Estados Unidos da América e no Canadá.

Por seu turno, no *federalismo cooperativo* pontuam os mecanismos financeiros de colaboração e consequente articulação de modalidades peculiares de «participação» das entidades intermédias nos recursos ou receitas da administração central, em nome dos princípios da autonomia e da solidariedade. A «participação» realiza-se através de mecanismos

Ora, afirmámos já que a repartição de funções entre o Estado e as entidades infra-estaduais ou a delimitação das *competências funcionais das entidades infra-estaduais em cada função musgraviana interdependente* não é isenta de críticas ou, ao menos, de uma leitura *pós-clássica*.

Assim, no âmbito da **função afectação**, a provisão de bens públicos pelas entidades infra-estaduais é geradora de ganhos de eficiência, na medida em que estas: **(a)** identificam de forma mais eficiente as necessidades das populações, dada a proximidade entre provedores e beneficiários e **(b)** mobilizam recursos para o pagamento de bens/serviços que têm impacto unicamente local.

Em linguagem microecnómica, a presunção favorável à provisão descentralizada de bens públicos, que muitos autores estabelecem, significa uma melhor aproximação ao equilíbrio entre custos e benefícios marginais.

Concordando com tal presunção, a mais das vezes verificável, as conclusões retiradas essencialmente por quatro grupos de doutrina – Musgrave e Oates, e a sua *Equivalência Fiscal*; Buchanan e Tullock, e a sua *Teoria dos Clubes*; Tiebout e o *Modelo de competição fiscal inter-juridições*; e o modelo de *Exit and Voice* de Hirshman –, em termos de modelação do sistema de financiamento local e de repartição vertical de receitas não recolhem, integralmente, a nossa subscrição.

---

de decisão normativa conjunta, de gestão coordenada e de repartição de rendimentos de origem fiscal. Assim, os princípios básicos deste modelo, vigente na Alemanha e na Bélgica, são a responsabilidade fiscal, a subsidiariedade financeira e o federalismo fiscal solidário.

Por fim, o sistema financeiro italiano combina vertentes de federalismo e regionalismo. O tratamento das finanças das regiões e dos municípios italianos foi constitucionalmente cometido ao legislador ordinário, o que resultou, até 2001, num sistema fortemente centralizado e apartado das experiências norte-americana ou alemã. Após várias tentativas de efectiva descentralização financeira, foi aprovada a Lei Constitucional n.º 3 de 2001, ratificada por referendo em Outubro do mesmo ano, conhecida como «Lei sobre o federalismo», modificando profundamente o Título V da Parte Segunda do Texto Constitucional italiano. Pese embora não acolha explicitamente o modelo de federalismo fiscal, uma vez que a amplitude e imprecisão desta revisão constitucional não permite conhcer o alcance real da autonomia tributária concedida às regiões, constitui um grande avanço na medida em que reconhece directa e expressamente a autonomia regional, quer em matéria de obtenção de receitas quer de realização de despesa pública, sem necessidade de regulamentação legal [Eligio Alasonatti, "Itália: das Regiões ao Federalismo?", *XVI Colóquio Nacional da ATAM (Associação dos Técnicos Administrativos), l, Comunicações*, Vilamoura-Loulé, 1996, págs. 245-252].

Veja-se o teorema da descentralização de Tiebout. A determinação do nível eficiente de despesa com a provisão de bens públicos locais opera sobre a premissa de que os *indivíduos votam com os pés*: a combinação da quantidade e da qualidade de bens públicos oferecidos e de tributação suportada, seria um *cabaz* determinante na localização da população. Quando o *cabaz* não satisfaça a população de uma dada circunscrição territorial, forçará a migração da população em direcção a áreas fornecedoras de *cabazes* que melhor atendam às suas necessidades.

Todavia, este modelo parte de pressupostos restritivos e irrealistas, o que se torna patente quando atendemos à nossa realidade sócio-económica, vimos já.

1. mobilidade perfeita da população na escolha da residência, pela inexistência:
   1.1. de custos de relocalização (fixos, como o arrendamento de casa – variáveis, como os transportes);
   1.2. de restrições impostas pela variável emprego.
2. Informação simétrica relativa aos *cabazes* oferecidos por cada circunscrição, *maxime* das qualidades e quantidades de serviços oferecidos e do montante de tributos a suportar;
3. Inexistência de *spillovers* – os bens providos não aproveitam a qualquer indivíduo para lá das fronteiras da circunscrição, eliminando os *free-riders*;
4. Cada circunscrição atinge uma dimensão óptima de população, o que possibilita a oferta do seu *cabaz* a um custo médio mínimo (até um determinado número de residentes, a provisão pública local gera economias de escala – para lá dessa dimensão óptima, o aumento da população vai gerando custos de congestionamento).

Satisfeitas estas condições, a provisão pública local de bens obecede aos princípios da **eficiência na alocação** (quantidade óptima de provisão de bens/serviços públicos) e da **eficiência produtiva** (quantidade óptima é produzida ao menor custo possível). Podem, porém, apontar-se várias falhas a este modelo:

1) inexistência de mobilidade perfeita, pois o mercado de habitação e arrendamento e a diferenciação espacial da prestação de serviços de transportes importa custos de relocalização, e a variável emprego, sobretudo entre nós, não é promotora de mobilidade;

2) desconsideração das empresas como actores no processo de escolha, eliminando a possibilidade de avaliar a competição entre jurisdições sobre a perspectiva do crescimento económico;
3) existência de *spillovers*, que carecem de internalização, pela tributação dos agentes beneficiados pelos *spillovers* (ex: turistas; movimentos pendulares), ou de resolução pela associação de municípios ou existência de áreas metropolitanas, à escala das quais os *spillovers* são internalizados e redistribuidos os custos/benefícios
4) o voto *tout court*, é anterior ao «voto com os pés»;
5) as empresas, não votando, «pagam votos», contribuindo para as campanhas, assim influenciado os eleitores.

No âmbito da **função redistribuição**, a leitura clássica do esquema de Musgrave leva à desoneração das entidades infra-estaduais da resdistribuição e prossecução da justiça fiscal, devendo esta função ser prosseguida de forma centralizada sob pena de ineficiências. Os sistema fiscal deverá ser unitário e progressivo, justo, baseado na capacidade contributiva, e tal justiça fiscal só pode ser alcançada a nível estadual.

Verifica-se, actualmente, uma tendência para conferir uma dimensão territorial à conformação do princípio da igualdade fiscal, desenvolvendo-se sistemas de descentralização territorial de competências fiscais ao nível dos impostos nacionais. Esta tendência foi acentuada pela integração comunitária e conheceu um impulso decisivo com a aprovação do Pacto de Estabilidade e Crescimento, na medida em que este limitou as políticas orçamentais dos Estados que integram a UEM.

Vale, hoje, um *princípio de corresponsabilização financeira*: o *fine-tuning* da carga tributária, ante a capacidade contributiva real de cada indivíduo, deve passar, também e cada vez mais, pelas entidades infra-estaduais – a situação económica de cada contribuinte resulta do somatório dos bens públicos e privados na sua disponibilidade, e o desenho concreto do sistema fiscal baseado na capacidade contributiva depende de uma relação causal justa e equitativa entre os encargos fiscais sustentados pelo indivíduo e os benefícios que aufere, em troca, decorrentes da iniciativa pública – que também é, em crescendo, local.

O movimento de descentralização de competências em áreas anteriormente reservadas para o Estado, como seja a educação, a saúde, a acção social – veja-se o Fundo Social Municipal, criado no âmbito da NLFL –

ou mesmo a segurança (programas como a polícia de proximidade e a revisão do regime das polícias municipais, com incremento de competências), implica a correspondente descentralização de recursos financeiros.

Ora, a actividade pressuposta no exercício destas competências é tradicionalmente financiada pelos impostos nacionais (estamos a falar de necessidades gerais de cidadania). Não andaremos distantes da lógica ao afirmar que, havendo descentralização de tais recursos financeiros, deverá prever-se uma margem de corresponsabilização nas decisões fiscais ao nível da angariação de receitas – o que vem a suceder actualmente, no âmbito da *participação variável de 5% no IRS dos contribuintes com domicílio fiscal no município, com possibilidade deste atribuir «deduções fiscais»*, abdicando de receitas e realizando, então, despesas passivas (arts. 19.° e 20.° da NLFL)[243].

Finalmente, no âmbito da **função resdistribuição**, as políticas relativas à função de estabilização devem ser executadas de forma centralizada, pois a estabilidade de preços depende da política monetária e económica nacional, apresentando os choques cíclicos um escopo nacional (simétricos do ponto de vista local). É, pois, um plano de reserva estadual.

Trata-se, é certo, de um domínio no qual o Estado define o ambiente macroeconómico, mas ao qual os municípios estão associados, de forma passiva: o cálculo preciso do Fundo de Equilíbrio Financeiro (tanto na anterior LFL, como na NLFL), depende da conjuntura macroeconómica que, através de estabilizadores automáticos, reflecte-se na colecta dos três impostos que compõem aquela transferência.

Esta associação passiva veio tendo um impacto quase nulo nas decisões financeiras dos municípios pois, à luz do artigo 14.°-A da ALFL, o sistema de crescimentos mínimos garantidos tinha um efeito de neutralização.

A NLFL consagra a regra de adequação das receitas subvencionadas – FEF – ao ciclo económico, em termos globais, permitindo depois ajustamentos internos, pela associação das variações máximas, positivas e negativas, à situação do município em termos de capitação de impostos locais, face à Capitação Média Nacional (fluxo interno, na medida em que global ou primariamente sucede a adequação ao ciclo económico).

---

[243] Em geral, diga-se, a descentralização de responsabilidades implica a equivalente descentralização de recursos, o que, no nosso quadro constitucional terá de ser associado à autonomia financeira efectiva e à justa repartição de recursos (maiores poderes tributários + menor dependência de subvenções)

Vem, assim, associar os municípios, de forma mais nítida, à realização da função establização, reservada ao Estado mas no âmbito da qual os municípios, modestamente, também participam, pela previsão na NLFL da *coordenação das finanças locais com as finanças estaduais*, tendo "especialmente em conta o desenvolvimento equilibrado de todo o País e a necessidade de atingir os objectivos e metas orçamentais traçados no âmbito das políticas de convergência a que Portugal se tenha obrigado no seio da União Europeia" (art. 5.º, n.º 1) – coordenação efectuada através do Conselho de Coordenação Financeira do Sector Público Administrativo, "sendo as autarquias ouvidas antes da preparação do Programa de Estabilidade e Crescimento e da Lei do Orçamento do Estado" (art. 5.º, n.º 2).

Mais, existem já estudos que começam a associar a descentralização financeira ao crescimento económico: a realização de despesa pública local, descentralizada, em educação, pesquisa e desenvolvimento local sustentado tem um impacto positivo sobre o crescimento económico global; também o aumento da oferta de serviços públicos locais, quantitativa e qualitativamente, funciona como força atractiva de mão-de-obra qualificada e capital privado, influenciando decisões de localização.

a) *Estrutura vertical da tributação*

A estruturação vertical da tributação – *tax-assignment problem*, tal como designado por Charles Mclure – coloca uma questão de base normativa, cuja solução impera alcançar: que tipo de tributação é mais adequada para financiamento da actividade de cada nível administrativo?[244]

---

[244] Questão prévia será a de saber quem tem a titularidade da *Kompetenz-kompetenz*, a competência para repartir as competências tributárias – correspondentes ao conjunto de poderes tributários de que um determinado sujeito jurídico é titular. De forma quase unânime, a doutrina tem considerado que o ente público maior – a federação ou a administração central, consoante se trate de um Estado federal ou de um Estado unitário – é o seu titular, tendo, portanto, o poder de repartir competências tributárias procedendo, assim, a um repartição primária das receitas tributárias (Joaquim Rocha, "A caminho de um federalismo fiscal? Contributo para um estudo das relações financeiras e tributárias entre sujeitos públicos nos ordenamentos compostos", *Estudos em Comemoração do Décimo Aniversário da Licenciatura em Direito da Universidade do Minho*, Almedina, 2004, pág. 467 e segs.).

O esquema de repartição de funções avançado por Musgrave apresenta inúmeras consequências ao nível da política de tributação. Por um lado, exonera as entidades infra-estaduais da utilização de impostos progressivos, uma vez que o sistema fiscal nacional deve assegurar a progressividade adequada. Deste modo, as entidades infra-estaduais, despreocupadas com a redistribuição e justiça fiscal, podem concentrar-se na provisão dos bens públicos mais adequados, financiando-os fundamentalmente através de uma tributação baseada no princípio do benefício[245].

O princípio motor da repartição de competências tributárias entre os vários sujeitos de direito público de dado ordenamento jurídico será o princípio *receita-função* (*Die Ausgaben folgen den Aufgaben*), devendo o tributo ser adstrito à entidade encarregada da prossecução da tarefa que a receita tributária gerada financiará.

É possível definir as linhas orientadoras de um sistema fiscal local eficiente, baseado nas seguintes premissas:

a) *Preferência pela tributação incidente sobre factores imóveis*: a tributação local sobre factores móveis, como o trabalho ou o capital, num cenário de concorrência entre entidades locais, pode incentivar a saída, pela mobilidade geográfica que lhe é inerente[246];

b) *As bases tributárias imóveis devem ser objecto de tributação diferenciada no espaço*, de município para município, seguindo a lógica dos «impostos de Ramsey», "segundo a qual bens de procura mais rígida devem ser tributados a taxas mais elevadas que os de procura mais elástica. Neste caso trata-se de bens (terra e construções) cuja oferta é fixa no espaço territorial e cuja procura é relativamente rígida"[247]. Evitam-se, desta forma, as ineficiên-

---

[245] Charles E. Mclure Jr., "La Participación en Impuestos", *Lecturas de Hacienda*, Juan Francisco Corono (Coord.), Minerva Ediciones, Madrid, 1994, pág. 426 e segs.. De facto, e por razões de equidade horizontal, o imposto sobre os rendimentos do trabalho, único e progressivo, deve ser lançado pela administração central, por forma a que todos aqueles que se encontram em similitude de circunstâncias paguem o mesmo ao fisco. A tal não obsta o mecanismo de participação no IRS, fixado na NLFL.

[246] Sobre esta questão *vide*, por todos, *Property Taxation and Local Government Finance*, Wallace E. Oates (Coord.), Cambridge, Massachusetts, Lincoln Institute of Land Policy, 2001.

[247] Paulo Trigo Pereira, António Afonso, Manuela Arcanjo e José Carlos Gomes dos Santos, *Economia...*, ob. cit., pág. 316. Os autores apontam um segundo argumento para a

cias ou distorções na localização dos agentes económicos motivadas pela uniformidade da tributação sobre o património;

c) *As externalidades negativas devem ser internalizadas,* através da tributação dos agentes beneficiados pelo efeito de *spillover*. Será o caso dos turistas, sobretudo nas zonas de especial atracção turística, ou dos residentes em áreas periféricas a áreas metropolitanas que se deslocam diariamente para o centro urbano. No primeiro caso, os turistas podem contribuir para o financiamento dos bens de que beneficiam pelo pagamento de um imposto indirecto sobre actividades turísticas; na segunda situação, a internalização pode ocorrer através de uma tributação consonante com o princípio do utilizador-pagador, através, por exemplo, de taxas de entrada e circulação. Outra hipótese será a internalização dos custos externos negativos através de subvenções intergovernamentais;

d) *Prevalência do princípio do benefício*: a utilização de tributos como as taxas, tarifas e preços é preferível à tributação através de impostos para financiamento de bens de apropriação e benefício privado ou de consumo colectivo, mas expostos a congestionamento intenso (será, por exemplo, o caso do estacionamento urbano). A implementação do princípio do utilizador-pagador introduz racionalidade e incentiva a eficiência na utilização dos recursos.

e) *Exportação fiscal*: a transferência da incidência económica do tributo para não-residentes é advogada por alguns autores, mas repudiada pela maioria. A favor, argumenta-se que a cobrança de impostos sobre recursos não móveis que, não gerando externalidades negativas, serão utilizados fora da circunscrição local diminui a pressão fiscal sobre os residentes e fomenta a concorrência inter-jurisdicional, desde que a tributação seja coordenada ao nível nacional em nome da eficiência; também em nome da eficiência argumenta-se contra esta técnica, por conduzir à pro-

---

tributação diferenciada de factores móveis: "os impostos sobre o património seguem uma lógica aproximada de benefício, dado que os proprietários vêem capitalizado, no preço das habitações os bens públicos locais. Assim o valor patrimonial de uma casa é acrescido pela existência de jardins, arruamentos ou outros equipamentos colectivos". Todavia, este argumento não recolhe consenso entre a doutrina.

dução excessiva do bem público local – uma vez que o custo marginal de produção é inferior ao custo marginal social, e o nível de provisão óptima resulta da intersecção entre benefícios e custos marginais.

Conclui-se, então, que apesar da necessidade de congruência entre o princípio da responsabilidade política e o princípio da equivalência orçamental, "poucos poderes tributários podem ser transferidos para níveis de governo subordinados, sem que se gerem preocupações relativamente à eficiência e à redistribuição. A literatura sobre o federalismo fiscal defende que as entidades infra-estaduais devem minimizar o uso de bases tributárias móveis, impostos redistributivos, tributos sobre recursos naturais e impostos sujeitos a flutuações cíclicas. (...) Para os países com um nível significativo de devolução de poderes relativos à realização de despesa, *não é suficiente*. Assim, as entidades infra-estaduais acabam por depender de outras bases tributárias, a maior parte das vezes numa relação de partilha com a administração central"[248].

Tal resulta claro da análise crítica mas sobretudo de índole evolutiva que conduzimos, relativamente à triologia funcional de Musgrave exposta e associada a outros contributos teóricos.

De facto, em termos de tributação, o já analisado e criticado modelo de Tiebout – mas não apenas este – assume que, face aos pressupostos elencados, a tributação local deve basear-se no princípio do benefício e não no princípio da capacidade contributiva e, como tal, não ocorre através da tributação local qualquer redistribuição de rendimentos. Mas tal primazia e quase-exclusividade ignora por completo a fraca e diferente mobilidade dos factores de produção, e dela não retira consequências ao nível da sua tributação, esquecendo a função redistribuição dos impostos, hoje associada à capacidade contributiva e não à ideia de troca/correspondência integral entre bens públicos auferidos e impostos pagos.

Esquecendo-se a função redistribuição, e dissociando-se dela, de forma absoluta, a tributação local, as entidades locais:

• ficam excessivamente dependentes das transferência intergovernamentais, que deveriam limitar-se ao reajustamento da equiva-

---

[248] Isabelle Joumard e Per Mathis Kongsrud, "Fiscal Relations Across Government Levels", *OECD Economic Studies*, N.º 36, 2003/1, pág. 182 (tradução da autora).

lência fiscal (recebendo os cidadãos *cabazes* de bens públicos estaduais e locais, devem pagar tributos a cada uma dessas jurisdicções em valor equivalente à quantidade ofertada; se a cobrança dos impostos for efectuada por jurisdição distinta da provedora dos bens, deve aquela restaurar a equivalência, através de transferências);
• optam, também, por outras bases tributárias – *maxime* móveis, a mais das vezes numa relação de partilha com a administração central.

b) *Relações fiscais intergovernamentais:* a teoria das subvenções

No âmbito do relacionamento fiscal entre os vários níveis administrativos de um ordenamento composto, a questão fundamental respeita ao modelo de financiamento e aos critérios de repartição de receitas tributárias entre os diversos sujeitos encarregados da provisão de bens públicos.

A solução poderá residir no *modelo de obtenção separada de receitas tributárias* – sistema de total independência entre entidade maior e entidade menor, no âmbito do qual ambas podem auto-financiar as tarefas públicas que desempenham –, na *obtenção de receitas tributárias exclusivamente por parte da entidade maior* e *subsequente partilha* ou *atribuição de subvenções* às entidades menores, em obediência a critérios diversos, ou, finalmente, em *sistemas mistos*[249].

A primeira situação corresponde a uma concepção teórica mas pouco realista do sistema financeiro e da soberania fiscal do Estado, podendo dar origem à existência de um sistema fiscal único ou de vários sistemas fiscais. Naquele caso, a titularidade das receitas geradas pode caber às entidades infra-estaduais, que entregam uma parte das mesma ao Estado – gerando-se um movimento ascendente – ou ser este o titular das receitas, destinando, de forma descendente, uma parcela às entidades infra-esta-

---

[249] Sobre a diversidade de modelos de relacionamento fiscal intergovernamental *vide*, em especial, G. Brennan e James Buchanan, *The Power to Tax: Analytical Foundations of a Fiscal Constitution*, Cambridge, Cambridge University Press, 1980; Richard Musgrave, "Devolution, Grants, and Fiscal Competition", *Journal of Economic Perspectives*, Volume 11, N.º 4, 1997, págs. 65-72; Havey S. Rosen, *Public Finance*, 7.ª Edição, McGraw-Hill Irwin, 2004, págs. 504-541.

duais. Estas podem, ainda, criar adicionais uniformes ou diferenciados. Por outro lado, a existência de vários sistemas conduz à separação das figuras tributárias[250].

O segundo modelo preconiza um sistema de financiamento local baseado única e exclusivamente em transferências do Orçamento do Estado para as entidades locais, resultantes da partilha de receitas ou da atribuição de subvenções. Esta solução desconsidera de forma integral a autonomia financeira das comunidades infra-estaduais, pois inviabiliza a sua independência orçamental perante o Estado e promove a desresponsabilização dos decisores políticos locais, podendo dar origem ao fenómeno das *finanças parasitárias*[251].

Os sistemas mistos apresentam virtualidades face aos modelos de financiamento por via fiscal e de financiamento por repartição de receitas tributárias, na medida em que permitem a utilização combinada dos diversos instrumentos fiscais e dos vários tipos de subvenções. Mais, os modelos de financiamento mistos possibilitam a realização de *ajustes financeiros* bi-dimensionados. Assim, distingue-se:

a) o *ajuste financeiro primário*, no âmbito do qual se procede, "segundo pressupostos pré-determinados, a uma atribuição directa e separada a cada instância, num duplo sentido: vertical – fixando as receitas que separadamente serão atribuídas ao ente público maior e aos entes públicos menores – e horizontal –

---

[250] Vasco Valdez manifesta opinião desfavorável quanto à existência de um sistema de financiamento local exclusivamente assente em impostos, nomeadamente "porque estes tendem a manter, senão acentuar, os desequilíbrios inter-regionais e inter-municipais. Na verdade, os municípios mais ricos são aqueles que, naturalmente, mais impostos podem recolher já que a tributação incide sobre manifestações directas ou indirectas de riqueza. Registando-se desequilíbrios acentuados na sua distribuição num dado território, importa que sejam implantadas políticas que, de algum modo, contrariem tais desequilíbrios, pelo que as transferências podem ser um importante instrumento para esse efeito" (*Sistemas Fiscais das Autarquias Locais*, Editora Rei dos Livros, 1987, pág. 29).

[251] Este fenómeno acontecerá na medida em que, salienta Eduardo Paz Ferreira, os responsáveis políticos locais "não estam sujeitos a constrangimentos orçamentais resultantes da reacção popular ao aumento dos impostos, uma vez que ao pretenderem aumentar as despesas, se limitam a reivindicar maiores transferências, o que poderá constituir um incentivo para que os dinheiros públicos não sejam administrados criteriosamente" ("Problemas...", ob. cit., pág. 128).

fixando as receitas que, de um ponto de vista abstracto e igualitário, serão atribuídas a cada um dos entes públicos menores"[252];

b) o *ajuste financeiro secundário*, que corrigirá o primeiro ajustamento, equilibrando a capacidade financeira das entidades menores, e que se realiza "através da fixação das receitas comuns e das transferências (orçamentalmente previstas) de uns entes para os outros, também aqui num sentido duplo"[253], vertical – do Estado para as entidades locais – e horizontal – entre as diversas entidades locais.

Analisámos já a estruturação vertical da tributação, numa óptica de eficiência. Para a definição das relações fiscais intergovernamentais cumpre proceder ao estudo da *teoria das subvenções* ou transferências orçamentais. Para tal, a tarefa primeira será a sua tipificação.

A primeira distinção opõe as subvenções não condicionadas ou gerais (*block grants* ou *lump-sum grants*) às subvenções condicionadas (*categorical grants*). Aquelas são transferidas em bloco e não se encontram condicionadas a qualquer utilização específica dos recursos transferidos. Estas são destinadas à realização de despesas ou projectos específicos, podendo ser combinadas com as subvenções comparticipadas (*matching grants*), no âmbito das quais a entidade que subvenciona reclama a participação percentual da entidade beneficiária, de forma aberta (aquela subvenciona enquanto esta co-financiar a parte que lhe cabe) ou fechada (a subvenção conhece limites).

As subvenções gerais não condicionadas são o instrumento apropriado para proceder à redistribuição do rendimento ou à equalização fiscal, dadas as diferenças entre as bases tributárias das várias entidades locais face ao Estado, ou entre si. Servem objectivos de eficiência e de redistribuição contributiva, procurando atingir o equilíbrio financeiro vertical através da repartição de receitas tributárias.

De facto, concluímos, aquando da análise da estrutura vertical da tributação, que a cobrança de impostos progressivos é mais eficiente a nível nacional, uma vez que a sua imposição ao nível local promove a deslocação dos contribuintes para circunscrições onde a pressão fiscal seja menor. Assim sendo, é indispensável proceder à repartição das receitas tributárias,

---

[252] Joaquim Rocha, ob. cit., pág. 474.
[253] *Idem...*, pág. 474.

actuando a administração central como «cobrador de impostos» das entidades infra-estaduais. A fórmula de cálculo do montante a transferir resulta da diferença entre a base contributiva local *per capita* e a respectiva média nacional, uma vez que à mera repartição de impostos, motivada por razões de eficiência, introduzem-se elementos redistributivos. Contudo, não é necessário que assim seja, podendo somente repartir-se impostos cobrados ao nível nacional, sem ter em consideração quaisquer fins de redistribuição.

Ou seja, e como observa Paulo Trigo Pereira, as subvenções (*grants*) distinguem-se da partilha de receitas (*revenue share*), na medida em que aquela corresponde a uma transferência geral de recursos entre dois níveis de administração, enquanto esta é uma repartição das receitas de um ou vários impostos, em proporções fixas e pré-determinadas, entre dois ou mais níveis de administração.

A destrinça entre estes instrumentos financeiros não é despicienda, porquanto servem diferentes propósitos. Enquanto a repartição de receitas fiscais visa o reequilíbrio vertical (reafectação), as subvenções procuram atingir o reequilíbrio financeiro vertical e horizontal (reafectação e redistribuição, pela correcção de assimetrias). Ainda que se aproximem em inúmeros aspectos, distanciam-se noutros. Assim será na medida em que, sublinha Trigo Pereira, "as transferências são distribuídas de forma mais arbitrária entre os diferentes níveis de governo, enquanto que a partilha de receitas fiscais entre os diferentes níveis de administração é feita, em geral, na base de proporções fixas (por exemplo 40%, 30%) e a repartição entre as diferentes entidades no mesmo nível de governo é feita, na maior parte dos casos, usando a base geográfica onde o rendimento tributário é gerado"[254].

---

[254] *Regionalização, Finanças Locais e Desenvolvimento*, Comissão de Apoio à Reestruturação do Equipamento e da Administração do Território, MEPAT, 1998, pág. 103. Assumindo a existência de várias semelhanças entre estas duas formas de financiamento destinadas à reequilibrar verticalmente as finanças dos vários níveis da administração, Trigo Pereira verifica que "existe até um caso em que as transferências governamentais e partilha de receitas são equivalentes do ponto de vista do próprio montante global e da sua variação. Definir variação nas transferências em função da variação num imposto que constitui receita da administração central, equivale a dizer que as transferências são uma proporção fixa desse imposto e portanto temos uma situação perfeitamente equivalente a uma partilha de receitas se considerarmos apenas em termos globais o montante a ser dado ao nível de administração "abaixo" do governo central" (Ob. cit., págs. 102-103).

O autor considera mesmo que às subvenções está subjacente uma racionalidade política, reconhecendo-se a autoridade política do governo central sobre a base de incidência do imposto (ou impostos) e, "mesmo que esteja consignado na legislatura a obrigatoriedade dessa transferência, não é o mesmo que a receita fiscal seja por direito próprio partilhada entre os dois níveis de administração"[255].

A subvenção não condicionada de receitas tributárias constitui, no âmbito da *teoria das subvenções*, a melhor salvaguarda da autonomia local, porquanto permite às entidades locais uma utilização livre das verbas que lhe são distribuídas. Todavia, caso represente uma percentagem excessiva das receitas locais, este tipo de subvenção pode introduzir elementos de perversidade e dependência no sistema de financiamento local.

As subvenções não condicionadas servem, de igual modo, o princípio do equilíbrio financeiro horizontal, pela redistribuição com base na carência de cada entidade local, permitindo que todas financiem bens públicos em quantidades semelhantes. Torna-se, então, necessário medir as «necessidades fiscais» e a «capacidade fiscal» de cada entidade, por forma a que, através de transferências determinadas por indicadores de carência relativa sejam eliminadas as disparidades entre as jurisdições financeiramente sãs e as jurisdições cuja viabilidade financeira apresenta maior fragilidade.

Por outro lado, as subvenções condicionadas, tal como as subvenções comparticipadas, são um instrumento de sobreposição das preferências da entidade que subvenciona sobre as escolhas locais. A esta intencionalidade na distorção das escolhas encontra-se subjacente a necessidade de induzir os decisores políticos ou o eleitorado a incorporar os benefícios do *spillover* nos cálculos das decisões financeiras.

A internalização das externalidades geradas para além das fronteiras de dada circunscrição é realçada pela atribuição de subvenções comparticipadas: ao financiar parcialmente uma despesa concreta, a subvenção terá tanto um «efeito rendimento» quanto um «efeito substituição», pois diminui o *preço fiscal* a pagar pela circunscrição do bem comparticipado. Enquanto que as subvenções específicas têm sobretudo um «efeito rendimento», isto é, além de conduzirem ao aumento do nível de despesa no sector especificamente subvencionado – o que sucede quando o montante

---

[255] Paulo Trigo Pereira, *Regionalização*..., ob. cit., pág. 103.

empregue nesse sector ultrapasse o montante da subvenção – fomentam, também, a despesa realizada com a provisão de outros bens, uma vez que às entidades locais compete a provisão de uma multiplicidade de bens públicos e desde que os fundos sejam fungíveis[256].

No entanto, o *efeito rendimento* das subvenções, qualquer que seja o seu tipo, tem sido questionado. Em 1971, Wallace Oates e David Bradford procuraram teorizar uma reacção positiva às subvenções estaduais, por parte dos destinatários. Desenvolveram o teorema conhecido como *hipótese do véu* (*veil hypothesis*), segundo o qual uma subvenção atribuída a uma comunidade seria equivalente a um corte nos impostos cobrados pela administração central aos indivíduos dessa comunidade[257]. Assim, as subvenções intergovernamentais seriam apenas um *véu* sobre um corte central de impostos.

Contudo, estudos empíricos sobre a reacção dos subvencionados à transferência de receitas contrariam este teorema, confrontando-o com a verificação de uma estranha disparidade, conhecida como *flypaper effect*: seria expectável que tanto o aumento das transferências orçamentais como o aumento do rendimento privado dos membros da comunidade produzissem equivalente aumento da despesa pública local[258]. No entanto, tal não sucede, pois os burocratas locais respondem de forma mais dinâmica ao incremento das subvenções, gastando tais receitas sem que os eleitores tenham a oportunidade de manifestar as suas preferências – "*money sticks where it hits*", tal como sucede com as moscas no *flypapper*.

---

[256] David Hyman, reconhecendo-lhe utilidade, advoga a artificialidade desta distinção, dada a fungibilidade do dinheiro: "uma subvenção, incondicional ou condicionada, liberta receitas tributárias locais que de outro modo seriam gastas na provisão pública de serviços. Os destinatários das subvenções podem assim reduzir os impostos, beneficiando os seus cidadãos. Se os impostos são reduzidos como resultado da recepção de subvenções, os cidadãos podem aumentar o seu consumo de bens e serviços privados para lá das quantidades que poderiam consumir caso tivessem que financiar todos os bens e serviços de provisão pública através do pagamento de impostos locais. Noutras palavras, os fundos subvencionados podem acabar por ser usados para qualquer propósito, ainda que tenham sido atribuídos para um fim específico" (ob. cit., pág. 696, tradução da autora).

[257] "Towards a Predictive Theory of Intergovernmental Grants", *American Economic Review*, N.º 61, Maio 1974, págs. 440-449.

[258] *Vide* Edward M. Gramlich, "Intergovernmental Grants: A Review of the Empirical Economic Literature", *The Political Economy of Fiscal Federalism*, Wallace Oates (Coord.), Lexington, Massachusetts, Lexington Books, 1997, págs. 121-147.

Esta tendência de conversão dos fundos oriundos de transferências em recursos fungíveis, disponíveis para qualquer tipo de utilização, gera ineficiências na afectação de recursos e disparidades entre as várias entidades locais, revelando que a proximidade é um elemento fundamental da economia e finanças públicas: a proximidade do eleitor relativamente à entidade a quem entrega os tributos e que é, simultaneamente, responsável pela provisão dos bens públicos que manifestou preferir é um mecanismo de controlo e manutenção da eficiência imprescindível.

2. Vantagens e limites da descentralização financeira: o nível óptimo de decisão e de provisão pública local

Face ao exposto, é agora possível elencar os argumentos favoráveis à descentralização financeira, apresentados pelos vários autores e consubstanciados nas várias teorias sujeitas a análise[259].

Assim, dir-se-á que:

1) À luz do princípio da subsidiariedade, a decisão financeira e a provisão de bens públicos são, via de regra, mais eficientes ao nível local, uma vez que a proximidade entre o decisor e os membros da comunidade facilita a manifestação e compreensão das suas preferência, ideia enunciada por Oates no «teorema da descentralização», que atrás analisámos;
2) Consequentemente, os custos de informação decrescem, quando a decisão e provisão públicas acontecem de forma descentralizada;
3) A possibilidade de comparação entre os «cabazes» oferecidos por cada entidade local, colocada ao cidadão-contribuinte quando os entes locais dispõem de autonomia financeira e poderes tributários bastantes para a composição diferenciada de cabazes de bens públicos e carga fiscal, permite àquele "votar com os pés", deslocando-se para o local que proporcione a melhor oferta. É este o contributo de Charles Tiebout para a compreensão dos processos de decisão financeira e da descentralização;

---

[259] Seguimos, aqui, a linha de orientação exposta por Eduardo Paz Ferreira, "Problemas...", ob. cit., pág. 126.

4) Na medida em que as entidades locais disponham de autonomia financeira, a descentralização permite que os cidadãos identifiquem a entidade cobradora de impostos com mais facilidade, contribuindo para a transparência do processo orçamental e efectivando a responsabilidade política dos decisores locais;
5) A descentralização favorece a inovação tecnológica pois, colocando as entidades locais num «mercado público concorrencial» é possível conceber que os cidadãos-contribuintes sejam beneficiados pela concorrência que assim se estabelece, tal como sucede no concorrencial sector privado;
6) A decisão e provisão local de bens públicos assegura a satisfação das necessidades da colectividade de acordo com padrões de justiça social, pois da estrutura vertical da tributação decorre a necessidade de estabelecer relações de transferência de receitas tributárias, mais eficientemente cobradas num sistema fiscal de âmbito nacional, para as entidades locais.

Ponderadas as vantagens geradas por um sistema financeiramente descentralizado, as desvantagens que tradicionalmente se lhe opõem encontram propostas de solução.

Assim sucede com a possibilidade de ocorrência de distorções entre as várias comunidades locais por força de uma maior amplitude dos seus poderes tributários, reflectida nos incentivos à mobilidade dos factores. A responsabilização política dos decisores locais, o reforço da autonomia financeira com a inerente possibilidade de diversificação de receitas e a ênfase no princípio do utilizador-pagador oferecem resposta cabal a tal problema.

Da mesma forma, as desigualdades orçamentais podem, até certo ponto, ser colmatadas por mecanismos de repartição de receitas tributárias e subvenções da administração central.

Do ponto de vista da eficiência, é possível delinear estratégias de internalização de externalidades e criar sistemas de tributação local eficazes. Maior conflitualidade resulta do confronto entre a eficiência e a ocorrência de economias que, pretensamente, acontecerá somente quando a provisão de bens públicos aconteça a um nível de grandeza administrativa superior às entidades locais, *maxime* ao nível estadual.

A solução reside na definição da dimensão óptima das entidades infra-territoriais prestadoras. Nas décadas de cinquenta e sessenta do passado século, razões de eficiência levaram à redução drástica do número de entidades locais nos países europeus. No final do século XX, a proximidade e o fomento da participação ganharam terreno, levando os mesmos países a reestruturar a sua administração local pela recriação de muitas dessas unidades administrativas. A definição da sua dimensão óptima, palco da optimização da provisão de bens públicos, é tarefa difícil.

Assumindo que o número de utilizadores dos bens públicos locais são fixos, e os demais factores variáveis, podemos aproximar a residência numa dada jurisdição a um «preço fiscal»: quanto mais indivíduos se deslocarem para uma determinada comunidade maior será o alargamento da base tributária e, consequentemente, cada um pagará menos impostos pelos mesmos bens públicos locais até ao ponto de congestionamento, a partir do qual a qualidade de vida diminuirá.

O mesmo exercício poderá ser conduzido a partir da assunção de que a capacidade é variável, mantendo-se os demais factores fixos, deslocando agora a análise para a despesa. O nível óptimo de despesa será aquele que, para determinado índice populacional, igualar o custo marginal individual – ou seja, os impostos adicionais por cada unidade adicional de despesa – ao benefício marginal auferido por cada indivíduo. Ainda assim, a questão apenas se resolverá sabendo se existem, ou não, economias de escala.

Na verdade, não existe um óptimo populacional ou dimensional local, com factores variáveis. Assim, qualquer dimensão e densidade populacional intermédia é óptima (eficiente), devendo ser "suficientemente elevada para aproveitar as economias de escala, para um número significativo de bens públicos locais, mas não tão grande que provoque níveis de congestionamento elevados, dadas as restrições ao uso de factores produtivos (terra em particular) que impossibilitam a provisão de mais bens públicos locais a custos médios constantes"[260].

Em rigor, os estudos empíricos não determinam qualquer solução que não seja a existência de critérios flexíveis de salvaguarda da autonomia, responsabilização e democracia locais. Se a descentralização

---

[260] Paulo Trigo Pereira, António Afonso, Manuela Arcanjo e José Carlos Gomes dos Santos, *Economia...*, ob. cit., pág. 312. Sobre a dimensão óptima das entidades locais *vide*, de igual forma, Mário Rui Martins, ob. cit., págs. 39-60 e Stephen J. Bailey, *Strategic Public Finance*, Palgrave Macmillan, 2004, págs. 229-232.

financeira apresenta virtualidades acrescidas face ao modelo de centralização – sendo especialmente sedutores os aspectos da descentralização "que se prendem com a possibilidade de dar uma resposta mais adequada às necessidades das populações locais e a diversificação de padrões de receita e de despesa"[261] –, a eficiência aproxima-se ou distancia-se do nível óptimo de provisão na medida da variação e da mobilidade dos factores.

---

[261] Eduardo Paz Ferreira, "Problemas...", ob. cit., pág. 127.

PARTE II
A JUSTA REPARTIÇÃO DE RECURSOS ENTRE O ESTADO E AS AUTARQUIAS LOCAIS

CAPÍTULO I
AS AUTARQUIAS LOCAIS

> *Não é novidade dizê-lo: o Município é a peça-mestra*
> *da nossa administração local. Mas se um espírito curioso*
> *pretendesse conhecer em todos os pormenores*
> *o que se entende em Portugal por Município,*
> *que papel desempenhou ele na nossa história,*
> *que função se lhe reserva nos tempos presentes*
> *– creio que sofreria uma cruel decepção.*
>
> MARCELLO CAETANO
> 1936

1. Organização territorial autárquica

A expressão «autarquia local» chega ao nosso ordenamento jurídico proveniente de Itália, tendo conhecido generalização pela Constituição de 1933 e difusão por Marcello Caetano. É curioso verificar que *autarquia*, em sentido económico (autarcia) significa auto-suficiência, isto é, "a possibilidade que determinada entidade tem de se bastar a si própria em termos económicos"[262].

A autarquia local sofreu uma longa evolução, desde os primórdios do século XVII até ao início do século XX, gerando-se duas formas diversas de organização administrativa para o exercício das atribuições comunitárias: por um lado, um modelo de repartição entre o Estado e as comunidades locais, implementado nos países da tradição napoleónica, onde o advento do Estado moderno se deveu à redução dos poderes das comuni-

---

[262] Casalta Nabais, *A Autonomia...*, ob. cit., pág. 39, nota 63.

dades estamentais[263]; por outro lado, o modelo dos países anglo-saxónicos, de *selfgovernment* ou *local government*, onde as funções comunitárias não conheceram, em qualquer momento, prossecução centralizada.

No *terminus* deste trajecto evolutivo, a autarquia local "vem a ser concebida como a capacidade de uma comunidade para se administrar a si própria, mediante o desenvolvimento de uma actividade com a mesma natureza e eficácia jurídica da actividade administrativa do Estado", consubstanciando "toda a riqueza autonómica das comunidades territoriais descentralizadas"[264].

Assim, autarquia local e autonomia local são expressões sinónimas, cobrindo aquela a noção de autonomia na administração de um dado território pela comunidade que nele localiza o seu quotidiano, regendo e realizando os seus interesses próprios, e correspondendo esta à delimitação da esfera jurídica da comunidade local organizada face à administração central.

Podemos afirmar que à ideia de autarquia local subjaz um substrato formal – a forma de organização territorial e administrativa – e ao conceito de autonomia local um substrato essencialmente material, relacionado com o âmbito dos interesses, atribuições e competências locais, sua delimitação e protecção face aos interesses, atribuições e competências nacionais.

Entre nós – e após a submissão de décadas ao regime corporativo da Constituição de 1933, que dedicava às autarquias locais o Título V da Primeira Parte – as autarquias são um elemento inerente à organização democrática do Estado, tal como estabelece o art. 235.°, n.° 1 do Texto Constitucional: "são uma específica expressão política organizada das comunidades locais, das colectividades de cidadãos que residem na sua área territorial, para realização dos seus interesses comuns específicos, diferenciados dos de outras comunidades locais e dos da colectividade nacional global"[265].

---

[263] Na doutrina espanhola, na década de vinte do passado século, a tese de Fleiner da formação espontânea das entidades locais era defendida com acuidade, entendendo o autor germânico que as instituições descentralizadas exercem a sua actividade por direito próprio, sendo criações espontâneas da nação e anteriores à vontade do Estado (*Institutionnem des deutschen Verwaltungsrechts*, 6.ª Edição). De tal sorte que não será este a criar tais entidades, mas apenas a reconhecer estes "núcleos sociais da vida humana total", afirmou Posada, em defesa da doutrina da formação espontânea dos organismos municipais (*El regimen municipal de le ciudad moderna*, 1927).

[264] Casalta Nabais, *A Autonomia...*, ob. cit., págs. 48-50.

[265] Gomes Canotilho e Vital Moreira, *Constituição...*, ob. cit., pág. 881.

Constituídas por quatro elmentos – território, população, interesses próprios e órgãos representativos – as autarquias locais encontram-se conceptualmente delimitadas e categoricamente tipificadas pela Constituição. Sendo "pessoas colectivas territoriais dotadas de órgãos representativos, que visam a prossecução de interesses próprios das populações respectivas" (art. 235.º, n.º 2), a textura da organização administrativa do território encontra-se preenchida pelos municípios e freguesias, sendo possível, à luz da Lei Fundamental, a criação de regiões administrativas e autarquias *especiais*, estas nas grandes áreas urbanas e nas ilhas (art. 236.º).

a) *Os municípios*

O município é, entre nós, a autarquia-paradigma[266]. De facto, as freguesias, embora quantitativamente em maioria, nunca conheceram seme-

---

[266] Escreve Sousa Franco: "Entre nós, a autarquia mais importante – também no domínio financeiro – tem sido históricamente o concelho, variando as restantes: freguesia, distrito (ou distrito autónomo), província... Desde a colonização romana que tomou relevo a organização em municípios, regendo-se pelas leis romanas através de resoluções dos cidadãos em comícios – e, depois, das decisões, ou votações, na cúria – e elegendo os magistrados (duúnviros). No final do Império, o peso tributário foi-se agravando, e a administração local concentrou-se progressivamente nos duúnviros, submeteu-se a autoridades nomeadas pelo Imperador e foi-se apagando perante a nova autoridade emergente dos bispos cristãos. No período visigótico regista-se profunda decadência do município, que desaparece durante a dominação muçulmana e renasce com a Reconquista, à sombra dos forais ou cartas de privilégios – direitos e deveres especiais – outorgados pelos reis. A partir de então, assiste-se ao florescimento de municípios por toda a Península Ibérica, os quais cobram boa parte das receitas públicas: sisas (impostos sobre as vendas) e múltiplos impostos indirectos (sobre a circulação dos bens, a prática de actos comerciais, de produção e de consumo), etc.. Com a centralização do poder real – que é o poder do Estado – este vai chamando a si, como receitas reais, alguns impostos que eram originariamente municipais (caso das sisas do século XV)" (*Finanças...*, ob. cit., pág. 278).

O nosso Estado liberal, sucedendo a tal período de centralização do poder absoluto, estabelece-se sobre as ruínas do poder municipal. Atravessando breves períodos de descentralização, a tradição municipalista portuguesa só voltaria a ser constitucionalmente reconhecida em 1976. Tal tradição sofreu directamente os reveses do centralismo da Constituição de 1933, onde o corporativismo marcava de forma intensa a organização social, económica e política do país. Enquanto forma de organização social "o corporativismo recorta-se através de uma «ordem económica e social», que repousa na solidariedade (ou solidariedade a todo o custo) dos interesses das classes sociais (...) envolve as corporações morais e económicas e as associações ou organizações sindicais, incumbindo ao Estado

lhante *qualidade funcional*. E as regiões administrativas, cuja previsão constitucional data de 1976, nunca foram criadas.

O traço definidor do município enquanto autarquia é o seu território concelhio e a população que lhe subjaz. E é para a prossecução dos interesses deste agregado populacional que a Constituição e o legislador ordinário o elevam a paradigma administrativo e financeiro da administração local.

De facto, quando nos referimos, na Parte I desta investigação, a «entidades locais» ou «entidades infra-estaduais», reportando-nos ao nosso ordenamento jurídico e esquema de organização territorial autárquica, tal referência traduzir-se-á, na maior parte das ocasiões, nos municípios. Em matéria financeira, são estas autarquias que dispõem de maior autonomia e capacidade de auto-sustentação. Serão, deste modo, o objecto primordial da Parte II do presente estudo.

Observaremos o seu leque de atribuições e competência mais adiante, explorando agora outras formas de organização – associativa e *especial* – que, não sendo paradigmáticas, oferecem algumas soluções importantes do ponto de vista financeiro e no âmbito das finanças supramunicipais[267].

---

reconhecê-las e promover e auxiliar a sua formação", ensina Jorge Miranda. Enquanto forma de organização política, o autor define o corporativismo como visando "a participação das sociedades primárias no poder, pois «elementos estruturais da Nação» (art. 5.°) não são apenas os indivíduos, são também as sociedades menores. O sufrágio orgânico (...) pertence privativamente às famílias, através dos respectivos chefes" elegendo as juntas de freguesia, que depois "concorrem para a eleição das câmaras municipais e estas para os conselhos de província, e na Câmara Corporativa haverá representação de autarquias locais (art. 19.°)" [*Manual...*, Tomo I, ob. cit., págs. 300-301].

O Código Administrativo de 1936-40 adoptou uma visão extremamente centralizadora, restritiva das atribuições e competências autárquicas, paralelamente a uma drástica redução dos recursos financeiros. Só após o 25 de Abril de 1974 e as tentativas mais imediatas de formas associativas de base, foi definido um regime e sistema autárquico democrático e progressivamente descentralizado, assente na Constituição de 1976 e nas leis do poder local que se lhe seguiram (Lei n.° 79/77, de 25 de Outubro, e a Lei das Finanças Locais, a Lei n.° 1/79, de 2 de Janeiro).

[267] Marcello Caetano, reflectindo sobre a reorganização espacial de vida quotidiana, caracteriza o municipalismo como "fenómeno administrativo ligado às condições peculiares do localismo, se por esta palavra entendermos um processo de vida social em que os aglomerados humanos estão radicados cada qual à sua localidade e nela realizam económica e espiritualmente a sua vida colectiva. Ora hoje em dia, sabemo-lo todos, tais circunstâncias modificaram-se por completo. As distâncias praticamente desa-

b) *As freguesias*

A freguesia constitui um elemento de originalidade do modelo de organização administrativa do território português, dado que, nos demais países, a autarquia de nível inferior é o município. Com origem na divisão territorial eclesiástica, as freguesias têm origem nas antigas paróquias. Essa ligação íntima persiste até hoje, ao menos quanto à definição das suas fronteiras, evidenciado o território paroquial uma estabilidade secular.[268] De tal sorte que nos primórdios do liberalismo contavam-se em Portugal

---

pareceram. Os homens deixaram de estar arreigados na terra donde são vizinhos para circular facilmente pelo seu país e até pelo mundo. Cada povoação é centro ou satélite de outras com as quais os seus interesses se acham ligados. Raras são as necessidades de um lugar que possam ser satisfeitas localmente (...) Vive-se em local diferente daquele onde se trabalha. As diferenças de níveis de vida de região para região, os desequilíbrios entre as comodidades oferecidas nos campos e nas cidades ou entre as grandes urbes e os núcleos citadinos do interior, tudo isso aparece como chocante neste mundo onde as comunicações fáceis acentuam de dia para dia, cada vez mais, a tendência para a uniformização de hábitos, padrões e costumes. (...) Os municípios têm assim de ser concebidos não como unidades destinadas a viver sobre si mesmas, egoisticamente, laborando as suas próprias possibilidades com utilização exclusiva dos seus recursos, mas como elementos componentes de um conjunto para o qual contribuem, do qual beneficiam e onde desempenham uma função" (*Ensaios Pouco Políticos*, Editorial Verbo, 2.ª edição, 1971, págs. 208-209).

[268] A palavra «freguesia» tem origem na expressão *filli eclesia* – filhos da igreja. As paróquias, a sua base fundacional, resultaram da transformação das igrejas rurais. O progresso da colonização das terras reconquistadas levou à criação de novas paróquias, à frente das quais se encontrava um presbítero. A paróquia evolui, transformando-se numa comunidade de interesses, sendo-lhe atribuídas, por via consuetudinária, funções de administração pública, para além das funções eclesiásticas que sempre desempenhou. O liberalismo acabaria por conferir às juntas de paróquia a natureza de autarquia local, da qual são expurgadas por Mouzinho da Silveira, que exclui as paróquias da organização administrativa do território. Em 1836, com o Código Administrativo de Passos Manuel, a paróquia faz a sua reentrada na organização territorial, que só consolidaria em 1878.

Com o advento da I República, a Constituição de 1911 consagra o princípio da descentralização administrativa e, na senda de tal consagração, as paróquias adquirem a designação de paróquias civis, no intuito de separar estas unidades administrativas da Igreja. Por fim, o Código Administrativo de 1936 centra a divisão administrativa do território em torno do concelho, formado por freguesias e agrupado em distritos, e estes em províncias. A natureza corporativa do regime então vigente impossibilitava a existência de verdadeiras autarquias locais, ao nível concelhio ou ao nível paroquial.

cerca de quatro mil freguesias. Existem, actualmente, quatro mil duzentas e cinquenta e uma freguesias[269].

No período de vigência da Constituição de 1933, as freguesias eram encaradas como muncípios secundários, dotadas de escassos meios de acção, um núcleo residual de atribuições e uma total dependência financeira face ao município.

Em rigor, as freguesias apenas conheceram destaque aquando da revolução de 1974, vivendo-se então momentos de edificação de um verdadeiro poder local que, sabemos hoje, ficou muito aquém do anúncio constitucional de 1976.

Nos dias de hoje, estas autarquias mantêm o papel secundário que há muito lhes é atribuído, permanecendo a dúvida sobre a sua real importância. Enquanto alguns salientam a relatividade da sua importância, desempenhando um papel preponderante ao nível rural e contestando a sua razão de ser ao nível urbano, outros autores defendem a valorização do papel das freguesias na administração local.

O argumento que preside à relativização do papel das freguesias prende-se com o carácter diminuto das suas atribuições e competências dos seus órgãos, "não se diferenciando o núcleo de interesses da freguesia dos do município, podendo mesmo advogar-se que poderiam ser melhor prosseguidos com uma maior desconcentração a nível municipal", afirma Maria José Castanheira Neves[270].

No campo oposto encontramos Sousa Franco, Sérvulo Correia, Freitas do Amaral, Jorge Miranda e Cândido de Oliveira, argumentando que "as tarefas de prestação de serviços estão dentro da vocação mais genuína das autarquias locais e no que toca às freguesias só a escassez de recursos pode impedir uma actuação significativa. Acções inclusive pioneiras podem e devem ser desenvolvidas pelas freguesias em domínios como a pro-

---

[269] Como refere António Cândido de Oliveira, houve apenas uma tentativa, no século XIX, com expressão legislativa, no sentido de reduzir substancialmente o número de freguesias, mas sem sucesso: "Foi a Lei de Administração Civil, de 26 de Junho de 1867, que dividiu o país, para efeitos administrativos em distritos, os distritos em concelhos e estes em paróquias civis. O mapa da nova divisão administrativa, publicado por Decreto de 10 de Dezembro de 1867, estabelecia 1.093 paróquias civis, enquanto o número de paróquias eclesiásticas continuava a rondar as 4.000 (3.971). Esta reforma não resistiu a uma revolta popular de Janeiro de 1868 (a Janeirinha)" (*Direito das...*, ob. cit., pág. 337, nota 687).

[270] Ob. cit., págs. 123-124.

tecção do ambiente, assistência às populações com mais carências, abastecimento alternativo de água de qualidade (fontes e poços), recolha de lixos selectiva (pilhas, vidro)"[271].

De facto, a escassez de recursos continua a limitar a actuação das freguesias. Reconhecendo virtualidades a esta categoria de autarquia, *maxime* o exercício de competências «delegadas» pelas Câmaras Municipais e o seu papel fulcral como agências de recenseamento eleitoral, concordamos com a o argumentário que aponta para a relatividade da sua importância. Julgamos que a tentativa de diminuição numérica destas unidades territoriais levada a cabo no séc. XIX deveria conhecer repetição, mais eficaz e racional.

c) *O associativismo autárquico*

Actualmente, o *localismo* da vida de relação vai, muitas vezes, para além das fronteiras municipais. De facto, "um futuro de melhor e mais racional administração, com as inerentes mais-valias para os utentes e contribuintes, passará sem dúvida pela procura de uma escala mais adequada das circunscrições autárquicas e pelo fomento do associativismo entre autarquias, nas múltiplas formas que um processo desta índole pode revestir"[272].

A Constituição, na sua redacção originária, estabelecia a possibilidade de constituição de associações e federações de municípios, "para a administração de interesses comuns" (art. 254.º, n.º 1), podendo a lei estabelecer a obrigatoriedade da federação (n.º 2). Alterado pela revisão constitucional de 1982, o renumerado art. 253.º estatui: "os municípios podem constituir associações e federações para a administração de interesses comuns, às quais a lei pode conferir atribuições e competências próprias".

---

[271] António Cândido de Oliveira, *Direito...*, ob. cit., pág. 348. O reforço do papel das freguesias é defendido por Sousa Franco, Sérvulo Correia, Freitas do Amaral, Jorge Miranda e Luís Sá na publicação *Papel das Freguesias na Administração Portuguesa*, ANAFRE, Benedita, 1990.

[272] José António Santos, "O Associativismo Municipal na Europa", *Revista de Administração Local*, 171, Maio-Junho, 1999, Ano 22, pág. 315. *Vide*, de igual forma, Fernando Alves Correia, "Formas Jurídicas de Cooperação Intermunicipal", *Estudos em Homenagem ao Prof. Doutor Afonso Rodrigues Queiró, Boletim da Faculdade de Direito de Coimbra* (Número especial), 1986, págs. 7-78.

Também as freguesias podem constituir associações para a administração de interesses comuns, nos termos do art. 247.º da Constituição. O Texto Fundamental limita, no entanto, o associativismo das freguesias à figura jurídica da *associação*.

O redimensionamento autárquico pode passar por um processo de unificação horizontal – fusão – ou por um processo de unificação vertical – associação. Aquela importa a supressão de entes locais, retirando do mapa administrativo as entidades de menores dimensões e expressão económica. Reveste duas modalidades: a fusão por recriação, fundindo-se duas entidades locais autónomas preexistentes, formando uma só entidade; e a fusão por absorção, através da qual as autarquias limítrofes são parcial ou totalmente incorporadas numa entidade local pré-existente.

O associativismo autárquico passa pela cooperação entre municípios ou freguesias, mantendo todos os participantes a sua autonomia. Pode revestir uma de três modalidades: a federação, a associação e a contratualização.

Por federação – forma jurídica cujo acesso encontra-se constitucionalmente limitado aos municípios – entende-se a constituição de um nível de administração supramunicipal, compreendendo o exercício de competências transferidas dos municípios. Traduz-se "numa estrutura solidária, de integração acentuada, e por vezes legitimada electivamente; e, em geral compreende uma gestão estável e funcional; é normalmente uma séria alternativa à fusão"[273].

À associação correspondem entes livremente criados e dissolvidos pelas autarquias participantes, envolvendo um conjunto muito variado de formas institucionalizadas de colaboração. Por fim, na contratualização, as autarquias cooperam mutuamente para o exercício de tarefas, competências ou prestação de serviços, estando a relação entre as autarquias agremiadas contratualmente estabelecida.

A associação de municípios conheceu previsão legal em 1981, através do Decreto-Lei n.º 266/81, de 15 de Setembro, revogado depois pela Lei n.º 172/99, de 21 de Setembro, que definia associação de municípios como uma pessoa colectiva de direito público, criada por dois ou mais municípios, para a realização de interesses específicos comuns. As associações de freguesias seriam legalmente estabelecidas através do Decreto--Lei n.º 412/99, de 29 de Novembro (ainda em vigor).

---

[273] José António Santos, "O Associativismo…", ob. cit., pág. 326.

Em 2003 é encetada a denominada *reforma da divisão administrativa do país*. O projectado mapa associativo municipal desencadeado através da Lei n.º 10/2003, de 13 de Maio – que estabelece o regime de criação, o quadro de atribuições e competências das áreas metropolitanas e o funcionamento dos seus órgãos – e da Lei n.º 11/2003, de 13 de Maio – que estabelece o regime de criação, o quadro de competências das comunidades intermunicipais de direito público e o funcionamento dos seus órgãos – pretende colmatar uma deficiência crítica da nossa organização territorial: a inexistência de uma nível de governo intermédio, localizado entre a Administração Central e os municípios, após a falência do modelo proposto a referendo em Novembro de 1998.

À instituição das regiões administrativas foi concedida previsão constitucional logo em 1976. Verdadeira categoria das autarquias locais, a Constituição confere às regiões administrativas, designadamente, "a direcção de serviços públicos e tarefas de coordenação e apoio à acção dos municípios no respeito pela autonomia destes e sem limitação dos respectivos poderes" (art. 257.º)[274]. As regiões administrativas nunca viriam a ser instituídas. A dificuldade em estabelecer consensos bem como em definir o mapa das regiões atrasou o processo de regionalização até

---

[274] Este preceito foi aprovado, em 1976, com dois votos contra do MDP, crítico da definição constitucional das tarefas a atribuir às regiões, preconizando a sua definição por lei à semelhança do que sucede com as demais autarquias locais, e com dezanove abstenções do PCP. O então deputado comunista Vital Moreira, em declaração de voto, delineou um conjunto de parâmetros para a definição de competências destas autarquias, sobremaneira importantes para o debate actual, face à acusação que sobre esta reforma descentralizadora impede de generalidade na previsão de competências e nos mecanismos de clara atribuição e articulação das mesmas. Vital Moreira, declarou, então: "Entendemos que o Deputado Álvaro Monteiro, do MDP, tem alguma razão quando aponta para a incoerência lógica do facto de em relação a outras autarquias não se ter dedicado qualquer artigo em relação às suas atribuições. Entretanto acabámos por não retirar o apoio, de princípio genérico, que tínhamos dado a este artigo, na medida em que sempre a lei ficaria livre para atribuir às regiões as atribuições que entendesse. E, na realidade, as atribuições que aqui estão contidas, umas já derivam da qualificação das regiões, nomeadamente no que respeita à colaboração no planeamento, outras derivam da sua característica de serem autarquias supramunicipais e, portanto, de terem tarefas de coordenação e apoio à acção de municípios, e no que respeita à direcção de serviços públicos, pois isso remete-se para além, entendendo-se que, naturalmente, não serão atribuídas às regiões, nem todas nem a maior parte dos actuais serviços do Estado que existem a nível regional".(Transcrito por Victor Silva Lopes, *Constituição da República Portuguesa de 1976 (anotada)*, Editus, 1976, págs. 269-270).

Novembro de 1998, momento em que a maioria dos cidadãos que se deslocaram à mesas de voto declinou a instituição das(quelas) regiões. Apesar de não revestir efeitos vinculativos, pela fraca adesão dos cidadãos, o resultado do referendo acabou por servir de mote a uma conformação política, inviabilizando na prática a criação deste nível autárquico intermédio[275].

Surge, então, a *reorganização territorial* de 2003. Que, pretende-se, passaria, numa primeira fase, pela associação voluntária dos municípios – os seus dirigentes directa e democraticamente eleitos, definem o *mapa associativo* e, assim, o mapa da divisão administrativa; numa segunda fase, pela efectiva transferência contratualizada de competências e recursos da Administração Central para as novas entidades[276]; e finalmente, na terceira e derradeira fase deste processo, pela fusão das áreas metropolitanas e comunidades intermunicipais em entidades de matriz macro-regional – que, nesse momento, poderiam estar aptas, ou não, a substituir as regiões administrativas e que deveriam, impreterivelmente, ser dotadas de órgãos directamente eleitos, pondo fim à tão falada questão da falta de legitimidade das novas entidades[277].

---

[275] Sobre os princípios orientadores do modelo regional proposto em 1998, vide *Descentralização, Regionalização e Reforma Democrática do Estado*, 2.ª Edição, Comissão de Apoio à Reestruturação do Equipamento e da Administração do Território, MEPAT, 1998.

[276] Na medida em que, no acto constitutivo deste novos *entes autárquicos*, pelo menos parte das competências municipais para a prossecução dos fins mencionados no n.º 1 do art. 6.º da Lei n.º 10/2003 e cujo exercício pelas áreas metropolitanas possa gerar ganhos de eficiência, eficácia e economia (cfr. art. 6.º, n.º 6), será transferida. O mesmo valerá, *mutatis mutandis*, para as comunidades intermunicipais (cfr. art. 5.º, n.º 6 da Lei n.º 11/2003).

[277] Encontramos no direito comparado o parente mais próximo das figuras que agora se criaram, entre nós: a comunidade urbana francesa. Enquanto forma federativa de cooperação municipal, esta figura foi instituída em 1966, existindo hoje nove comunidades urbanas: Bordéus, Lille, Lyon e Estrasburgo, criadas por lei; e Dunkerque, Creusot, Cherbourg, Le Mans e Brest, voluntariamente criadas. Não configurando uma fusão, as comunidades urbanas têm um forte pendor integracionista. De acordo com José António Santos, as principais características das comunidades urbanas francesas são as seguintes: a) "*podem ser constituídas em aglomerações com mais de 50.000 habitantes, a pedido de dois terços das comunas*"; b) "*é grande a extensão das competências obrigatórias, transferidas das comunas integradas: planos urbanísticos, modernização e equipamento; reservas fiduciárias; ordenamento de áreas escolares; bombeiros; transportes urbanos; liceus e colégios; água; saneamento; cemitérios; mercados; matadouros; vias públicas; sinalização;*

No âmbito de tal *reorganização* surgiram as novas «áreas metropolitanas», definidas pela Lei n.º 10/2003, de 13 de Maio como "*pessoas colectivas públicas de natureza associativa e de âmbito territorial e visam a prossecução de interesses comuns aos municípios que as integram*" (art. 2.º), de dois tipos: as grandes áreas urbanas (GAM) e as comunidades urbanas (ComUrb).

Do mesmo modo, foram criadas as comunidades intermunicipais de direito público, através da Lei n.º 11/2003, de 13 de Maio – que revogou a Lei n.º 172/99, de 21 De Setembro –, conhecendo também uma categorização dupla: fala-se, por um lado, de comunidades intermunicipais de fins gerais, "*pessoas colectivas de direito público, constituídas por municípios ligados entre si por um nexo territorial*" (art. 2.º, n.º 1); e associações de municípios de fins específicos, "*pessoas colectivas de direito público, criadas para a realização de interesses específicos comuns aos municípios que as integram*" (art. 2.º, n.º 2).

Apesar das dificuldades de delimitação entre a figura das áreas metropolitanas e a figura das comunidades intermunicipais de fins gerais[278], a ideia seria a de os municípios terem o poder de escolha relativamente ao tipo de entidade que pretendiam constituir ou aderir, apenas podendo pertencer a uma área metropolitana ou a uma comunidade intermunicipal (art. 3.º, n.º 7 da Lei n.º 10/2003; e art. 2.º, n.º 7 da Lei n.º 11/2003).

É precisamente nos termos desse *poder de escolha* que radica a irracionalidade deste modelo de reorganização territorial. De facto, é impe-

---

e parques de estacionamento"; c) "*podem assumir competências facultativas, em princípio sem o acordo obrigatório dos municípios: equipamentos culturais, desportivos, sanitários e sociais; espaços verdes; e iluminação pública*"; d) "*as comunas podem ceder competências*"; e) "*os recursos financeiros são do mesmo tipo das comunas: taxas directas (adicionais a impostos), dotações estaduais de funcionamento; subvenções estaduais de equipamento; tarifas; e comparticipações dos municípios*".(Ob. cit., pág. 328). Vide, também, Jean-François Médard, "Les Communautés Urbaines: renforcement ou déclin de l'autonomie locale?", *Revue du Droit Public et de la Science Politique en France et a l'Étranger*, N.º 4-5, 1968; e François Benchendikh, "L'intérêt communautaire dans les agglomérations en pratique", *L'actualité Juridique*, Dez., 2002.

[278] Repare-se que a Lei n.º 172/99, de 21 de Setembro, que estabeleceu o primeiro regime jurídico comum das associações de municípios de direito público (agora revogada pela Lei n.º 11/2003), definia a associação de municípios como "*pessoa colectiva de direito público, criada por dois ou mais municípios, para a realização de interesses específicos comuns*".

rioso que os municípios ganhem escala, se dimensionem adequadamente para a prossecução de determinadas tarefas que, desempenhadas de forma solitária, geram deseconomias de escala e ineficiências várias, analisadas no último Capítulo da Parte I.

O voluntarismo inerente ao movimento associativo municipal tem de conhecer critérios de racionalidade que permitam gerar efectivos ganhos na prossecução associada de tarefas municipais. Entendemos, portanto, que à Lei n.º 10/2003, bem como à Lei n.º 11/2003, deverá suceder um novo regime jurídico do associativismo municipal, que tenha em consideração este conjunto de questões.

Pronunciando-se sobre esta temática, Ana Bela Santos e Jorge Vasconcellos afirmam que "as associações de municípios podem ser uma alternativa potencialmente superior à regionalização (...) do ponto de vista económico (e apenas deste ponto de vista), as associações de municípios são uma alternativa superior pois são de natureza voluntária enquanto as regiões integram municípios de forma compulsiva e irreversível. Com efeito, o associativismo tem subjacente o argumento teórico dos *clubes*, que se situa na área da *Public Choice* e remonta a *Tiebout* e *Buchanan*. Os *clubes* formam-se pela associação voluntária de indivíduos de preferências iguais para partilharem os custos de um serviço colectivo. É claro que, do ponto de vista político, uma regionalização bem realizada seria uma forma de organização democrática superior, pois, as regiões teriam órgãos de decisão política, ao contrário das associações"[279-280].

---

[279] *Autarquias Locais, Descentralização e Melhor Gestão*, Verbo, 2000, pág. 134.

[280] Não parece, no entanto, ser esta a posição da Associação Nacional de Municípios Portugueses (ANMP). Na Secção 1 do relatório aprovado no recente Congresso da ANMP, no Funchal, relativo à "*Organização do Estado e do Poder Local*", a posição dos municípios relativamente a esta questão é enunciada. Assim, "a este propósito, há, antes de mais, que qualificar estas novas unidades administrativas. Contrariamente ao que por vezes se ouve dizer, a sua criação não traduz um acto ou uma forma de descentralização. Estas novas unidades administrativas são tão-só associações de municípios, com a mesma natureza jurídica das associações de municípios que até agora temos tido, não devendo ser, de forma alguma, confundidos com Regionalização, processo que continua suspenso após o Referendo inconclusivo de 1998.Por outro lado, importa também ter presente que estas novas unidades administrativas foram criadas na vigência de uma Constituição que prevê a criação e a instituição concreta de Regiões Administrativas no Continente. Este facto tem o profundo significado político de revelar que a Assembleia da República não pretendeu, com a criação destas novas unidades, evitar ou tornar dispensável a criação das Regiões

Por outro lado, se o associativismo municipal se configura como instrumento de partilha de custos na provisão de bens de clube, ou mesmo de bens públicos, concordamos com Ana Bela Santos e Jorge Vasconcellos: a associação fornece resposta a algumas necessidades de âmbito supramunicipal; mas falha como solução espacial óptima de decisão financeira, na medida em que inexiste legitimidade política dos decisores e a capacidade financeira destas entidades têm um escopo limitado.

d) *As autarquias locais* especiais*: a dimensão metropolitana da organização territorial infraestadual*

A cooperação intermunicipal e a dimensão metropolitana da organização territorial infraestadual surgem, assim, intimamente relacionadas. A introdução de factores de racionalidade económica no contexto do progresso técnico, nas décadas de sessenta e setenta do passado século, levou a que um número crescente de assuntos abandonasse o carácter local que, até então, os caracterizava: "tarefas que durante muito tempo ficaram confinadas ao domínio municipal começaram a ser tratadas a nível superior, quer supramunicipal, quer mesmo nacional. Foi o que sucedeu com a iluminação e energia (aparecimento da energia eléctrica explorada em grandes centrais), assistência hospitalar qualificada e segurança social. A mesma ideia é expressa em Itália por Giannini ao escrever que o progresso tecnológico exige, para a concreta administração de importantes matérias (urbanismo, assistência sanitária, obras públicas, protecção do ambiente) grandes espaços e, consequentemente, concentração de decisões em espaços que ultrapassam o âmbito municipal"[281].

Administrativas, tanto mais que estas são, nos termos constitucionais, verdadeiras autarquias locais e não associações de municípios. O sentido da criação das áreas metropolitanas e das comunidades intermunicipais não é o de elas realizarem as atribuições que o art. 257.º da Constituição reserva às Regiões Administrativas (direcção de serviços públicos e coordenação e apoio à acção dos municípios), ou as competências de planeamento e coordenação regional que a Lei Quadro das Regiões Administrativas atribui aos seus órgãos. O objectivo da criação das novas áreas metropolitanas e das comunidades intermunicipais é o de elas gerarem novas escalas territoriais que favoreçam a descentralização administrativa e a cooperação entre os Municípios para o exercício de competências de tipo operativo e de prestação de serviços" (disponível no sítio da ANMP: www.anmp.pt).

[281] António Cândido de Oliveira, *Direito das...*, ob. cit., pág. 138.

Depois, a concentração populacional em torno das grandes cidades – fenómenos que extravasam as fronteiras municipais – constituindo um dos traços caracterizadores dos nossos tempos, obrigou o Direito a fornecer resposta às questões suscitadas por esta *nova forma de vida*. Ou seja, tal como afirma Maria Concepción Barrero Rodríguez, "o que está em jogo, em última instância, é determinar se certos serviços públicos se prestarão melhor adaptados a esses espaços territoriais supramunicipais ou se, pelo contrário, podem continuar a ser prestados com eficácia nos estreitos limites municipais"[282].

Esta *nova forma de vida* reclamou do Direito novas fórmulas de organização territorial que adaptassem as velhas estruturas da administração local, herdeira dos postulados revolucionários – da *vontade política pública* de Hobbes, e da *vontade geral* de Rousseau – à problemática diversa que afecta os espaços que aspira administrar[283].

Deste modo, a Constituição de 1976 estabeleceu no art. 238.°, n.° 3 que "nas grandes áreas metropolitanas a lei poderá estabelecer, de acordo com as suas condições específicas, outras formas de organização territorial autárquica". O preceito foi alterado pela revisão constitucional de 1982, prescrevendo o actual art. 236.°, n.° 3: "nas grandes áreas urbanas e nas ilhas, a lei poderá estabelecer, de acordo com as suas condições específicas, outras formas de organização territorial autárquica".

Face à estatuição constitucional, não parecem restar dúvidas quanto à inserção das entidades criadas para a prossecução dos interesses específicos das populações de grandes áreas urbanas na categoria das autarquias locais. Poderemos, somente, questionar se a expressão "outras formas de organização territorial" implica a convivência destas entidades *especiais* com as formas autárquicas *típicas*, ou a existência daquelas em substituição destas[284].

O legislador ordinário fez uso desta possibilidade constitucional apenas em 1991. As áreas metropolitanas de Lisboa (AML) e do Porto (AMP) foram criadas através da Lei n.° 44/91, de 2 de Agosto – revestindo a natu-

---

[282] *Las Areas Metropolitanas*, Civitas, 1993, pág. 23 (tradução nossa). Vide, também, António Simões Lopes, *Desenvolvimento Regional. Problemática, Teoria, Modelos*, 5.ª Edição, Lisboa, Fundação Calouste Gulbenkian, 2001.

[283] Neste sentido, Maria Concepción Rodríguez, ob. cit., pág. 28 e segs.

[284] A este respeito, concluem Gomes Canotilho e Vital Moreira que poderá significar ambas as situações (*Constituição...*, ob. cit., pág. 884).

reza de "pessoas colectivas de direito público de âmbito territorial e visam a prossecução de interesses próprios das populações da áreas dos município integrantes" (art. 1.º, n.º 2) – e assumindo um conjunto de atribuições em tudo semelhantes às funções exercidas pela federação de municípios consagrada no Código Administrativo (art. 4.º)[285]. Não tinham, no entanto, órgãos directamente eleitos, levando autores como Freitas do Amaral a considerar que estas áreas metropolitanas seriam sim associações obrigatórias de municípios[286].

---

[285] De facto, as federações de municípios obrigatórias do Código Administrativo de 1936, são as antecessoras das AML e da AMP, e das novas áreas metropolitanas. Nas palavras de Oliveira Lírio, "Diz-se federação de municípios a associação de câmaras municipais, voluntária ou imposta por lei, para realização de interesses comuns dos respectivos concelhos (art. 177.º, Código Administrativo). Não se trata, pois, da criação de um ente distinto, superior aos associados, não tendo a designação sido adoptada no seu sentido próprio.
A federação pode ter por objecto: 1.º – o estabelecimento, unificação e exploração de serviços susceptíveis de serem municipalizados; 2.º – a elaboração e execução de um plano comum de urbanização e expansão; 3.º – a administração de bens e direitos comuns indivisos; 4.º – a organização e manutenção de serviços especiais comuns (Código Administrativo, art. 178.º).
São obrigatórias: 1.º – a federação dos concelhos de Lisboa e Porto com os concelhos vizinhos em que a sua influência se faça sentir intensamente; 2.º – a federação de concelhos limítrofes de um centro urbano de qualquer ordem, quando seja considerada útil. Estas são decretadas pelo Ministro do Interior, ouvidas as câmaras interessadas, e os seus fins são mais amplos (art. 190.º, Código Administrativo). Pelo Decreto-Lei n.º 40904, de 15 de Dezembro de 1956, foi criada a Federação dos Municípios da Ilha de São Miguel (Açores) para execução de um plano geral de aproveitamentos hidráulicos e de electrificação, e pelo Decreto-Lei n.º 41527, de 11 de Fevereiro de 1958, definiram-se as atribuições da respectiva comissão administrativa. O Código Administrativo considerou constituídas, desde logo, as federações obrigatórias seguintes: 1.º do concelho de Lisboa, com os de Oeiras, Cascais, Loures e Sintra; 2.º do concelho do Porto com os de Vila Nova de Gaia, Valongo, Matosinhos, Maia e Gondomar (art. 195.º)" ["Administração Local", *Dicionário Jurídico da Administração Pública*, Volume I, Lisboa 1990, págs. 220-221].
[286] Ob. cit., pág. 513. Em 1971, Marcello Caetano já dava conta da "necessidade de colaboração entre os municípios" (*Ensaios...*, ob. cit., pág. 209). Ponderando "o papel dos municípios no fomento regional", e questionando-se sobre que municípios desempenhariam tal função, o Professor de Lisboa, autor do Código Administrativo de 1936, escreve, em considerações da maior relevância para a questão em análise: "previu-se com largueza que os municípios, cujas possibilidades de acção isolada se sabiam limitadas, pudessem associar-se para realizar em comum as tarefas susceptíveis de assim serem levadas a cabo. É a razão de ser das federações de municípios. Sabia-se, por experiência alheia, que as

"Efectivamente", afirma Maria José Castanheira Neves, "embora o referido diploma classificasse as áreas metropolitanas como pessoas colectivas de direito público de âmbito territorial, constatou-se que, com o enquadramento legal que lhes foi dado pelo citado diploma, não foram de

---

grandes cidades tendem a derramar-se pelos arredores, formando com os municípios vizinhos, onde se instalam cidades satélites e dormitórios suburbanos, inevitáveis unidades sociais que têm de ter a sua expressão administrativa. Por esse motivo foram criadas as federações obrigatórias dos municípios das áreas de Lisboa e do Porto que, em trinta anos, nunca foram de facto instaladas nem funcionaram efectivamente. E todavia a previsão das realidades confirmou-se e hoje está à vista de todos que a Lisboa oficial se insere numa «grande Lisboa» ou «Lisboa-maior», assim como o Porto deixou de caber nos seus limites urbanos para abranger núcleos circundantes que com ele formam um «grande Porto» ou o «Porto-maior».

O Estado teve assim de acorrer com as suas providências a suprir as omissões da acção que o legislador admitiu que fosse concertada pelos municípios. O Plano Regional de Lisboa, decretado em 1959 devido à rasgada visão e iniciativa desse grande ministro das Obras Públicas que foi o Eng.º Eduardo de Arantes e Oliveira, traduziu o reconhecimento da impotência dos municípios, mesmo quando possuam a dimensão e os recursos das maiores cidades e das povoações que lhes ficam próximas, para resolver problemas à escala regional; na lei que previu esse plano ordenador criou-se uma comissão consultiva extremamente numerosa, em minha opinião, e por isso mesmo pouco eficaz, onde as vozes dos municípios escassamente representados se misturam com a burocracia e se perdem no conjunto das entidades componentes. Se, porém, deixarmos os casos das grandes cidades teremos ainda no Código a faculdade de associação de concelhos, por sua livre resolução, nas «federações voluntárias», previstas para estabelecer e explorar em comum serviços municipalizados, ou para manter serviços técnicos ou para elaborar planos de urbanização. Poucas foram as federações criadas à sombra desta faculdade legal. Nenhuma até hoje, que me conste, o foi para fins de fomento regional, aliás não previstos na letra do Código. Esta é a fórmula que, porém, se me afigura válida para permitir a participação efectiva dos municípios de uma região, na obra da valorização dela. Na verdade seria muito pouco se os concelhos se limitassem a colaborar na elaboração dos planos regionais mediante a resposta a inquéritos ou a formulação de votos e aspirações. O planeamento regional exige uma visão do conjunto das necessidades da região e a sua consideração no quadro do planeamento global e dentro das possibilidades técnicas dos planeamentos sectoriais.

Põem-se assim já em termos macroeconómicos em cuja formulação e resolução pouco podem influir anseios desta ou daquela povoação. Os problemas têm de ser vistos em grande, pensados em grande e solucionados em grande. E o planeador, mesmo para criar entre os interessados a consciência da dimensão regional dentro das coordenadas nacionais, precisa de se dirigir, não ao representante de uma parcela minúscula mas aos que, reunidos, traduzem já a pluralidade, a complexidade e a extensão dessa realidade ampla" (ob. cit., págs. 211-213).

facto criadas novas autarquias mas sim associações obrigatórias de municípios de carácter especial"[287]

Verifica-se, no entanto, que o pendor metropolitano da nossa organização urbana, social e económica acentuou-se com a evolução do sistema democrático. Segundo um estudo recentemente publicado pelo Instituto Nacional de Estatística, com o título "Sistema urbano: áreas de influência e marginalidade funcional", a "hierarquia de centros urbanos construída e a delimitação das suas áreas de influência fornecem uma leitura do sistema urbano onde se distinguem os sistemas metropolitanos de Lisboa e Porto, mais complexos e que extravasam os limites administrativos das respectivas áreas metropolitanas (englobando, por exemplo, Braga, no caso do Porto, e Torres Vedras, no caso de Lisboa). O território não metropolitano continua a ser estruturado maioritariamente em torno de capitais de distrito. No entanto, um número reduzido de centros urbanos do interior estrutura mais de metade do território do Continente no acesso a bens e serviços"[288].

---

[287] Ob. cit., pág. 326.

[288] Assim, "os centros urbanos apresentam-se como nós territoriais, concentrando funções estruturantes na organização do quotidiano de populações que residem para além dos seus limites. Foi estabelecida uma hierarquia de centros urbanos que depende do número e tipo de funções aí disponíveis". Desta forma, e de acordo com o referido estudo, no território nacional distinguem-se quatro tipos de áreas de influência: **(1)** *as áreas de influência por continuidade*, correspondentes ao "desenho territorial mais próximo dos esquemas teóricos de áreas de influência, ocorrendo em territórios onde a rede urbana é pouco densa e bem estruturada. Aparecem com maior nitidez no Alentejo (por exemplo, Évora e Beja), onde a estrutura de povoamento é bastantes concentrada e os centros urbanos distantes entre si, e no interior do país, onde escasseiam centros urbanos com índices de centralidade significativos (por exemplo, Guarda e Castelo Branco)"; **(2)** *as áreas de influência fragmentadas*, que ocorrem "em territórios com lógicas funcionais mais complexas, onde a relação entre a distância física e a distância-tempo é menos linear, com uma maior densidade de centros urbanos relevantes e, por isso, propícias ao desenvolvimento de estratégias de competição/complementaridade entre centros urbanos. Estas áreas envolvem espaços que, muitas das vezes, estão mais próximos fisicamente de outros centros urbanos que não os que sobre si exercem efectivamente influência. Surgem assim, predominantemente, associados a centros urbanos do litoral, especialmente, na Região Norte"; **(3)** *os arquipélagos sob influência de centros metropolitanos*, sendo "nas Áreas Metropolitanas de Lisboa e Porto e áreas envolventes que se encontra a maior densidade de centros urbanos com elevados índices de centralidade e onde as lógicas de competição/complementaridade são mais fortes. Para além disso, é nestas áreas que a rede de transportes é

Sendo a área metropolitana uma expressão ambivalente, nela encontramos um conceito extra-jurídico e um conceito normativo: "de um ponto de vista fáctico, alude-se através de tal denominação àquelas aglomerações urbanas situadas na cintura das grandes cidades; da óptica do Direito, há formas de organização e governo características de tais espaços"[289]. De facto, em qualquer deste planos encontramos discrepâncias, consoante o sistema jurídico chamado a pronunciar-se.

Pensadas para resolver os problemas das grandes zonas urbanas, as áreas metropolitanas apenas serão verdadeiras autarquias locais conquanto reúnam os elementos essenciais de tal conceito – território, agregado populacional, interesses comuns e órgãos representativos – e, segundo François Ascher, possuírem as seguintes características: (a) densidade populacional razoável, (b) multifuncionalidade e (c) dimensão internacional[290].

Por seu turno, Margarida Pereira, Carlos Nunes da Silva e Fernando Nunes da Silva entendem que a constituição de uma grande metrópole implica determinado tipo de problemas cuja gestão deve ser atribuída à própria área metropolitana, nomeadamente aqueles que se prendem com "as relações de âmbito regional e que, numa situação em que a continuidade geográfica já deixou de ser uma característica incontornável das áreas metropolitanas, se define muito mais como o espaço das deslocações

---

mais densa, mas fortemente delineada em função dos centros metropolitanos, permitindo que estes captem sob sua influência territórios mais distantes"; e, finalmente, **(4)** *os esquemas de funcionalidade hierárquica*, que correspondem, também, "a áreas de influência fragmentadas mas em que o território, que constitui o centro polarizador, está sob influência de outros centros urbanos que tendencialmente detêm índices de centralidade mais elevados. Esta lógica de funcionalidade hierárquica ocorre sob moldes das áreas de influência por continuidade (por exemplo, área de influência de Vila Real de Santo António que se encontra sob a influência de Faro) ou das áreas de influência fragmentadas (por exemplo, Albergaria-A-Velha, que se encontra na área de influência de Aveiro), sendo que também têm especial incidência nas áreas metropolitanas e espaços envolventes (por exemplo, Penafiel, que se encontra sob a influência do Porto; Sacavém que se encontra sob influência de Lisboa)".

Destacam-se ainda os territórios exteriores às áreas de influência que representam lógicas de funcionamento não integradas nos centros urbanos delimitadas neste estudo, ou porque os fluxos de saída da freguesia em questão são demasiado difusos, ou porque estas freguesias estão integradas funcionalmente com outros territórios exteriores aos centros urbanos delimitados".

[289] Maria Concepción Rodríguez, ob. cit., pág. 59 (tradução nossa).
[290] *Metapolis – Acerca do futuro da cidade*, Oeiras, Celta, 1998.

pendulares e das grandes relações de interdependência ao nível dos consumos – materiais, mas também cada vez mais culturais e associados ao lazer"[291]. Incluem-se aqui a provisão de bens e serviços públicos como a distribuição e tratamento de água, recolha e tratamento de resíduos, transportes colectivos, infra-estruturas rodoviárias e habitacionais, entre outros.

Ora, na medida em que a provisão municipal de bens públicos conhece limitações gerando, muitas vezes, *spillovers* que produzem efeitos de âmbito supramunicipal, mas não recomendando a eficiência, economia e amplitude da tarefa a intervenção estadual, as áreas metropolitanas configuram-se como espaço geográfico óptimo para a provisão de determinados bens públicos. Contudo, para que a optimização económica se realize de forma plena é imprescindível promover o *óptimo político*, e dotar tais entidades da legitimidade política necessária para que sejam, antes de mais, o espaço óptimo de decisão financeira capaz, também, de garantir a sustentabilidade e autonomia das suas finanças.

2. As atribuições das autarquias locais e a competência dos seus órgãos

A Constituição estabelece no art. 237.º, n.º 1 que "as atribuições e a organização das autarquias locais, bem como a competência dos seus órgãos, serão reguladas por lei, de harmonia com o princípio da descentralização administrativa", cometendo em seguida os poderes de natureza orçamental às assembleias representativas das autarquias locais.

Neste sentido, a Lei n.º 159/99, de 14 de Setembro, estabelece o quadro de transferência de atribuições e competências para as autarquias locais, encontrando-se o quadro de competências e regime jurídico de funcionamento dos órgãos dos municípios e das freguesias plasmado na Lei n.º 169/99, de 18 de Setembro.

---

[291] *Comunicação apresentada no VIII Colóquio Ibérico de Geografia*, Lisboa, Setembro, 1999, apud Maria José Castanheira Neves, ob. cit., pág. 332. De acordo com os autores, a constituição de grandes metrópoles coloca, também, problemas "relacionados com a internalização da metrópole, centrados sobretudo nos equipamentos e infra-estruturas de comunicação e nos suportes das actividades do sector financeiro" que, tendo em conta a sua dimensão e o nível de investimento necessário, serão matérias de prossecução estadual, em exclusividade ou, preferencialmente, em cooperação com as áreas metropolitanas.

O primeiro diploma referido caracteriza-se essencialmente pelo seu conteúdo programático, estabelecendo um conjunto vasto de objectivos a atingir, *maxime* a transferência de atribuições e competências em obediência aos princípios da descentralização e da subsidiariedade (arts. 2.° e 3.°), estatuindo que "a transferência de atribuições e competências é acompanhada dos meios humanos, recursos financeiros e do património adequados ao desempenho da função transferida" (art. 3.°, n.° 2).

Deste modo, consagra a lei o binómio *competência-financiamento*: o gradual alargamento das atribuições e competências das autarquias, tendo como consequência directa o aumento da despesa e da dimensão administrativo-burocrática das suas estruturas, deverá ser acompanhado do correspondente aumento das receitas.

Nos termos deste diploma (arts. 13.° e 14.°), os municípios e as freguesias dispõem de atribuições nos seguintes domínios:

QUADRO n.° 1

Domínios em que as autarquias locais dispõem de atribuições

Municípios	Freguesias
Equipamento rural e urbano	
Energia	
Transportes e comunicações	Equipamento rural e urbano
Educação	Abastecimento público
Património, cultura e ciência	Educação
Tempos livres e desporto	Cultura, tempos livres e desporto
Saúde	Cuidados primários de saúde
Acção social	Acção social
Habitação	Protecção Civil
Protecção civil	Ambiente e salubridade
Ambiente e saneamento básico	Desenvolvimento
Defesa do consumidor	Ordenamento urbano e rural
Promoção do desenvolvimento	Protecção da comunidade
Ordenamento do território e urbanismo	
Polícia municipal	
Cooperação externa	

Fonte: Lei 159/99, de 14 de Setembro

Constata-se, de facto, uma sobreposição de domínios no âmbito dos quais que quer os municípios, quer as freguesias, dispõem de atribuições, epicentro da problemática em torno da razão de existir destas últimas. Descortina-se, de igual modo, que, em consonância, e sobretudo aos órgãos dos municípios, são distribuídas vastas competências, o que implica um esforço financeiro significativo.

A concretização e regulamentação do *programa legislativo* contido na Lei n.º 159/99 tem sido sucessivamente protelado. Face à situação das finanças públicas portuguesas, revela-se extremamente pertinente a consideração tecida no *Relatório sobre as Medidas para uma Política Sustentável de Estabilidade e Controlo da Despesa Pública*, pelo respectivo Grupo de Trabalho: "sublinha-se que sem avaliar a pressão política por maior descentralização – até porque ela se situa no domínio político e não no técnico –, enquanto o processo de descentralização decorrer ele provoca duplicação de funções, aumento de despesas com os regimes transitórios e custos de transição, pelo que o montante adequado para movimentos profundos de descentralização não pode ser o de um esforço adicional para consolidar ou alcançar níveis mais elevados de estabilidade orçamental"[292].

Tendo presentes estas considerações, e sabendo de antemão que o estudo, ainda que breve, da dinâmica de organização do território e distribuição de tarefas às autarquias é vital para a compreensão do nosso sistema de descentralização e modelo de subvenções estaduais – justa repartição de recursos entre o Estado e as autarquias locais, e entre as autarquias – compare-se a actuação e dimensão das funções exercidas de forma centralizada e as funções exercidas de forma descentralizada.

---

[292] *Relatório sobre as Medidas para uma Política Sustentável de Estabilidade e Controlo da Despesa Pública*, António Sousa Franco (Coord.), Lisboa, 2002, pág. 101.

Quadro n.º 2
Funções Centralizadas e funções descentralizadas

	Funções centralizadas	Funções descentralizadas
Funções gerais de administração	**Sistema Judicial** **Defesa Nacional** **Segurança Pública**	------- ------- Polícias Municipais (facultativo)
Funções Sociais	**Educação** Currículos Nacionais Pessoal docente (básico e secundário) Equipamento escolar (secund.) Ensino Superior	Construção/manutenção de escolas do ensino pré-escolar e do ensino básico Pessoal não docente (básico) Acção social escolar Transportes escolares
	Saúde Hospitais, Centros de Saúde Pessoal médico, de enfermagem e auxiliar	Participação e consulta no planeamento da rede de centros de saúde
	Segurança e Acção Social Transferências a favor do rendimento. Competência quase exclusiva da administração central	Cooperação com instituições de solidariedade social e em parceria com a adm. central, em programas e projectos de acção social de âmbito municipal, *maxime* no combate à pobreza e à exclusão social
	Habitação Regulação do mercado de arrendamento Programas de renovação urbana	Disponibilização de terrenos para a construção de habitação social Promoção de programas de habitação a custos controlados, de erradicação de barracas e de renovação urbana
	Serviços Culturais e Recreativos Centros de cultura, ciência, bibliotecas, museus nacionais (IPM) Património cultural, paisagístico e urba- nístico regional ou nacional	Construção de instalações desportivas e recreativas Centros de cultura, ciência, bibliotecas, teatros e museus municipais Património cultural, paisagístico e urbanístico municipal
Funções Económicas	**Agricultura, Pecuária, Pesca...** Incentivos económicos	-------
	Indústria e Energia Distribuição de energia eléctrica em alta tensão, apoio às PME	Distribuição de energia eléctrica em baixa tensão; Iluminação pública urbana e rural
	Transportes e comunicações Rede Nacional de Estradas Portos	Viadutos, arruamentos e obras complementares; Rede Viária Municipal
	Águas, saneamento e resíduos Tratamento de resíduos perigosos	Distribuição de água em alta e em baixa Tratamento de resíduos sólidos Sistemas de esgotos

Fonte: *Economia e Finanças Públicas* (AAVV)

CAPÍTULO II
AS FINANÇAS DAS AUTARQUIAS LOCAIS EM PORTUGAL

> *"O dinheiro é considerado, muito correctamente, como o princípio vital do organismo público; como aquilo que sustenta a sua vida e movimento e o capacita para executar as suas funções mais essenciais."*
>
> ALEXANDER HAMILTON

1. A descentralização financeira em Portugal

Após os primeiros momentos de fulgor, o impulso descentralizador, tal como idealizado pela Assembleia Constituinte e plasmado na versão originária de 1976, diluiu-se no revisionismo legislativo. Para tal contribuiu o desenvolvimento da experiência democrática, que seguiu um curso aparentemente muito diverso do trajecto inicialmente pensado. E, paradoxalmente, as limitações constitucionais que foram surgindo através do processo de revisão do Texto Fundamental, foram convivendo com outras que indicavam, ao menos no plano financeiro, um claro pendor descentralizador. Veja-se o n.º 4, do art. 238.º, da Constituição, aditado na sequência da revisão constitucional de 1998, e que estabelece: "as autarquias locais podem dispor de poderes tributários, nos casos e nos termos previstos a lei".

Concordamos, pois, com Eduardo Paz Ferreira, quando afirma que "a descentralização não constitui um factor de inovação tão profundo como se teria pensado ser possível, quer porque as administrações local e regional revelaram um acentuado mimetismo em relação à Administração Central, quer até porque a Constituição, a partir da primeira revisão constituional, estabeleceu um limite significativo à possibilidade de definição de regras próprias para os respectivos orçamentos, incluindo na reserva de competência da Assembleia da República a legislação de enquadramento dos orçamentos das regiões autónomas e das autarquias locais"[293].

Realmente, de acordo com o art. 164.º, al. r), da Constituição, é matéria de reserva absoluta de competência legislativa da Assembleia da República o "regime geral de elaboração dos orçamentos do Estado, das regiões autónomas e das autarquias locais".

Podemos, então, falar de uma *descentralização financeira incompleta* ou de um *velho* federalismo fiscal[294], que urge substituir por um federalismo fiscal renovado e efectivo, uma vez que, sendo as autarquias locais "agentes de definição do volume e do tipo de despesa a efectuar, não o são, em termos gerais, quanto às receitas públicas"[295].

De facto, as autarquias locais encontram ainda limites à realização de despesa pública, porquanto obedecem a um princípio de tipicidade funcional e, logo, financeiro. No plano das receitas, a sua autonomia tributária é escassa encontrando-se, até à recente aprovação da NLFL, limitada à fixação da taxa da derrama sobre o IRC, a alguma margem de determinação da taxa de IMI a cobrar sobre prédios urbanos e ao poder de fixação de taxas. Consequentemente, a dependência face às receitas provenientes de transferências do Orçamento do Estado é significativa.

A principal característica do *velho* federalismo fiscal, vigente entre nós há mais de duas décadas é, aponta Trigo Pereira, "não entender, ou pelo menos não implementar, a unidade fundamental do sistema fiscal a diferentes níveis de governo. As regiões autónomas são consideradas como caso à parte, os municípios são tratados como se nada tivessem a ver com as regiões em que estão inseridos (caso das regiões autónomas), as freguesias são entendidas fiscalmente como se não estivessem integradas territorialmente em municípios"[296].

---

[293] "Em Torno das Constituições Financeira e Fiscal e dos Novos Desafios na Área das Finanças Públicas", *Nos 25 Anos da Constituição da República Portuguesa de 1976*, Lisboa, AAFDL, 2001, pág. 307.

[294] A referência ao "velho" federalismo é da autoria de Paulo Trigo Pereira (*Regionalização...*, ob. cit., pág. 93).

[295] Eduardo Paz Ferreira, *Ensinar Finanças Públicas numa Faculdade de Direito*, Almedina, 2005, pág. 126.

[296] Ob. cit., pág. 94.

O advento de um *novo* federalismo financeiro reclama uma visão integrada da fiscalidade, assumindo a unidade fundamental do sistema fiscal e a interacção entre os diversos actores independentes. Mais, exige a simplificação de sistemas de subvenções estaduais simplificados e estruturados, pois a realidade territorial e indivídual sobre as quais incidem são sempre as mesmas.

1.1. *O princípio do equilíbrio financeiro – equilíbrio vertical e equilíbrio horizontal*

A Constituição estabelece, no art. 238.º, n.º 2: "o regime das finanças locais será estabelecido por lei e visará a justa repartição dos recursos públicos pelo Estado e pelas autarquias e a necessária correcção de desigualdades entre autarquias do mesmo grau".

Consagra-se, assim, o princípio do equilíbrio financeiro, assumindo uma vertente vertical – repartição de recursos públicos entre o Estado e as autarquias – e uma vertente horizontal – correcção de desigualdades entre autarquias do mesmo grau. Está plasmado no art. 254.º do Texto Fundamental o direito próprio dos municípios de participação nas receitas provenientes dos impostos directos, manifestação do princípio do equilíbrio vertical.

Por seu turno, o art. 81.º, al.d), incumbe prioritariamente o Estado de "promover a coesão económica e social de todo o território nacional, orientando o desenvolvimento no sentido de um crescimento equilibrado de todos os sectores e regiões e eliminando progressivamente as diferenças económicas e sociais entre a cidade e o campo e entre o litoral e o interior".

Deste conjunto de normas constitucionais resulta a necessidade de subvencionar as autarquias locais, indo para além do mero reequilíbrio vertical ou partilha de receitas, uma vez que o princípio constitucional de justa repartição de recursos públicos orienta-se, também, no sentido de promover a perequação ou equidade horizontal.

A este desiderato o legislador forneceu resposta, desde a primeira Lei das Finanças Locais, de 1979, através da criação de fundos de redistribuição, oscilando entre o pendor essencialmente horizontal e a vertente de maior verticalidade. Tais oscilações manifestaram-se, também, na eficência e equidade effectiva dos critérios de distribuição das transferências.

1.2. Evolução do sistema de financiamento local

Aquando da discussão parlamentar que antecedeu a aprovação da primeira Lei das Finanças Locais posterior à aprovação da Constituição de 1976, o debate em torno dos instrumentos de financiamento local revelava um grau de abertura a soluções de equilíbrio financeiro e auto-suficiência financeira das autarquias locais que, infelizmente, se perdeu.

Da leitura dos Diários da Assembleia da República respectivos, onde se encontram inscritos os diálogos estabelecidos entre os Deputados de então, é possível descortinar a tentativa de implementação de mecanismos orçamentais plurianuais – *maxime* a fixação quadrianual das transferências do Estado de acordo com os objectivos do Plano; de um sistema de personalização dos serviços prestados pelas autarquias locais associando-o, tanto quanto possível, a uma taxa definida em função da utilidade (benefício) mas que poderia comportar uma componente redistributiva, considerando a capacidade económica do utilizador; bem como um debate de argumentação sólida em torno dos critérios do sistema de participação proporcional nos impostos estaduais.

A amplitude e interesse do debate foi um logro, face aos resultados plasmados na Lei n.º 1/79, de 2 de Janeiro. É certo que o sistema de finanças locais anterior introduzia diversos factores de desvio nas decisões financeiras locais, sendo absolutamente redutora quanto à auto-suficiência municipal e das freguesias.

Desta forma, a primeira LFL atribuíu aos municípios a receita de quatro impostos:

1. a contribuição predial rústica e urbana;
2. o imposto sobre veículos;
3. o imposto de turismo; e
4. o imposto para o serviço de incêndios.

Estabeleceu, também, a possibilidade de lançamento de derramas, de cobrança de taxas e contracção de empréstimos, criando o Fundo de Equilíbrio Financeiro (FEF) para repartição de receita e perequação horizontal.

Por seu turno, o Decreto-Lei n.º 98/, 84, de 29 de Março, operou alterações de pouca monta: aos quatro impostos cuja receita era já entregue aos municípios, juntaram-se o imposto de mais-valias e a taxa municipal de transportes (que nunca foi regulamentada e, consequentemente, nunca foi cobrada). Em 1986, o imposto de turismo foi extinto, ante a criação comunitária do IVA, sendo os municípios compensados através de uma participação de 37,5 por cento nas receitas geradas pelo *IVA turístico*. Por fim, os critérios do FEF foram alterados.

Já a Lei n.º 1/87, de 6 de Janeiro, aumentou de forma efectiva a receita gerada pelos impostos locais, ao transferir o produto da cobrança de um imposto anteriormente estadual para o orçamento dos municípios: a SISA. E, uma vez mais, o FEF viu o método de cálculo ser alterado.

A Lei n.º 42/98, de 6 de Agosto (ALFL), reestruturou profundamente o sistema de subvenções estaduais, mantendo sensivelmente os mesmos imposto na esfera das autarquias, a possibilidade de cobrança de taxas e de endividamento – intermediado ou desintermediado –, a par dos mecanismos de cooperação técnica e financeira, instrumento de desvio à lógica trifásica dos fundos municipais de repartição e perequação financeira.

Finalmente, surge a NLFL, a Lei n.º 2/2007, de 15 de Janeiro, que introduz importantes alterações no sistema de financiamento autárquico português. Vejamos.

1.3. *Evolução do sistema de transferências do Orçamento do Estado*

Face à necessidade de proceder à repartição de impostos, por um lado, e de servir os propósitos perequatórios a que o legislador ordinário se encontra constitucionalmente vinculado, por outro, a LFL estabelece um mecanismo complexo de subvenções estaduais que cristaliza o aperfeiçoamento do sistema. Que está, todavia, distante da perfeição.

Assim, tal mecanismo tem antecendentes nos anteriores regimes jurídicos das finanças locais, *maxime* no FEF: Fundo de Equilíbrio Financeiro. Este fundo, tal como estabelecido na Lei n.º 1/79, de 2 de Janeiro, permitia a concessão aos municípios de uma participação mínima de 18% na receita de diversos impostos estaduais incidentes sobre o rendimento, tendo em consideração, para proceder à distribuição das verbas transferidas para o FEF, indicadores representativos da população, área e capitação dos impostos directos cobrados na respectiva área.

O Decreto-Lei n.º 98/84, de 29 de Março alterou os critérios de determinação do FEF, gerando inúmeras críticas face à arbitrariedade do novo sistema, uma vez que os mecanismos perequatórios da LFL de 1979 permitiam a participação das autarquias quer no aumento das receitas do Estado, quer no aumento das despesas, corrigindo-se, assim, a eventualidade de situações conjunturais.

Deste modo, a Lei n.° 1/87, de 6 de Janeiro acabou por consagrar uma grande inovação no regime legal do FEF: "a transferência legal obrigatória a inscrever no Orçamento do Estado deixou de ser calculada em percentagem da despesa pública e passou a ser calculada com base na receita do imposto sobre o valor acrescentado, com base numa nova fórmula"[297].

O regime estabelecido na Lei n.° 42/98, de 6 de Agosto consagrou um esquema, num primeiro momento, bipartido e, desde 2001, tripartido, sendo as transferências calculadas com base na totalidade dos impostos do Estado, e sua distribuição efectivada pelo Fundo Geral Municipal (FGM), pelo Fundo de Coesão Municipal (FCM) e pelo Fundo de Base Municipal (FBM).

A NLFL estabelece, no art. 19.°, os instrumentos de repartição de recursos públicos entre o Estado e os municípios, agora mais complexo mas oferecendo maiores garantias ao princípio da autonomia local. O FEF divide-se, em percentagens exactamente iguais, entre o FGM e o FCM; surge um fundo de natureza consignada, o Fundo Social Municipal (FSM); e, ainda no âmbito da partilha de receitas públicas mas com natureza distinta das transferências orçamentais *tout court*, surge a possibilidade de fixação de uma percentagem sobre a colecta de IRS dos contribuintes com domicílio fiscal na circunscrição municipal, percentual esse que apenas pode chegar aos 5 por cento.

Adiante voltaremos aos instrumentos consagrados na ALFL e na NLFL, finalizando este estudo com uma análise comparativa entre aqueles diplomas, intermediado pelo modelo de repartição de recursos que aqui propomos.

1.4. *O sistema de financiamento local vigente*

A ALFL – a Lei n.° 42/98, de 6 de Agosto – estabelecia o seguinte quadro de receitas municipais[298]:

---

[297] Sousa Franco, *Finanças...*, ob. cit., pág. 292.

[298] Relembramos a importância da análise do dispositivo legal recentemente revogado, na medida em que se encontrava em vigor aquando da elaboração desta tese tendo

1. As receitas de origem tributária:
    a) O produto da cobrança dos impostos a que os municípios tenham direito, *maxime* o Imposto Municipal sobre Imóveis (IMI), o Imposto Municipal sobre as Transmissões Onerosas de Imóveis (IMT) e o Imposto Municipal sobre Veículos (IMV) [nos termos dos arts. 4.°, 16.°, al. a) e 17.°];
    b) Também de natureza fiscal, as transferências financeiras efectuadas pelo Estado para os municípios, e que se traduzem no "direito a uma participação em impostos do Estado equivalente a 30,5 por cento da média aritmética simples da receita proveniente dos impostos sobre o rendimento das pessoas singulares (IRS), sobre o rendimento das pessoas colectivas (IRC) e sobre o valor acrescentado (IVA)" (art. 10.°, n.° 1). Os montantes desta participação são fixados anualmente em cada Lei do Orçamento do Estado, e distribuídos pelo Fundo de Base Municipal (art. 10.°-A), pelo Fundo Geral Municipal (arts. 11.° e 12.°) e pelo Fundo de Coesão Municipal (arts. 13.° e 14.°). Esta distribuição obedece ao imperativo constitucional de equilíbrio financeiro horizontal e vertical, à luz do fito de correcção das assimetrias (art. 238.°, n.° 2, da CRP). Naturalmente, a esta questão voltaremos adiante.
    c) As derramas, por seu turno, são impostos excepcionais destinados a acorrer ao financiamento de investimentos urgentes (v.g. para reforço da capacidade financeira do município ou no quadro dos contratos de reequilíbrio financeiro). A sua justificação é duvidosa, sendo cobradas pelos municípios incidindo sobre a colecta do IRC (nos termos do art. 18.°).
    d) As taxas locais e tarifas e preços de serviços, previstas nos arts. 19.° e 20.°, respectivamente.
2. De natureza distinta, constituem também receitas dos municípios as receitas patrimoniais, resultantes da administração do património do município [art. 16.°, als. e) e j)].

---

sido, portanto, o nosso ponto de partida. O nosso ponto de chegada – o modelo que aqui propomos – estando próximo das soluções plasmadas na NLFL, não é delas sinónimo, como veremos adiante.

3. Um conjunto de receitas municipais cuja tipificação ou enquadramento revela-se mais difícil e menos relevante, como seja o produto de multas e coimas, da cobrança de encargos de mais-valias, heranças, doações e demais liberalidades a favor do município, etc;
4. O financiamento pelo recurso ao crédito assume particular relevância no quadro dos recursos financeiros dos municípios. O regime de crédito dos municípios, previsto no art. 23.º e seguintes, engloba, essencialmente a locação financeira – modalidade de crédito através da qual "os municípios poderão adquirir bens móveis e imóveis, através de um arrendamento com opção de compra a preço determinado"[299] – o crédito intermediado – *maxime*, os empréstimos bancários –, e o crédito desintermediado ou emissão de dívida obrigacionista. O recurso ao crédito, desintermediado ou não, deve orientar-se por princípios de rigor e eficiência, e poderá revestir carácter temporal de longo, médio e curto prazo. Os empréstimos poderão ser contraídos "para acorrer a dificuldades de tesouraria, não podendo o seu montante médio anual exceder 10% das receitas provenientes das participações do município" nos fundos municipais. Destinam-se a ser aplicados "em investimentos reprodutivos e de carácter social ou cultural ou para proceder ao saneamento financeiro dos municípios"[300];
5. As verbas resultantes da concessão de auxílios financeiros, permitidos nas situações legalmente tipificadas (art. 7.º, n.º 3, da ALFL), bem como de outros mecanismos de cooperação técnica e financeira, *maxime* contratos-programa e acordos de colaboração (previstos e regulamentados pelo Decreto-Lei n.º 384/87, de 24 de Dezembro), aos quais voltaremos, bem como protocolos de modernização administrativa, que têm como objectivo fomentar a qualidade e o aperfeiçoamento dos serviços públicos (regulados pela Resolução do Conselho de Ministros n.º 108/2001, de 10 de Agosto);

---

[299] Vítor Castro, "O Mercado de Capitais e a Emissão de Obrigações pelo Município", *Municipalis, Técnicas e Equipamentos Municipais*, n.º 13, Maio/Junho de 1990, pág. 28.

[300] *Idem...*, pág. 28.

6. Os empréstimos contraídos para saneamento ou reequilíbrio financeiro, destinando-se à resolução de situações de desequilíbrio financeiro estrutural ou de ruptura financeira, desde que se mostre esgotada a capacidade de endividamento;
7. Transferências provenientes da União Europeia, definidas ao nível do Quadro Comunitário de Apoio (agora QREN), estando a sua repartição pelas diversas entidades e instituições dependente da qualidade e elegibilidade dos projectos de investimento apresentados para comparticipação.

Por seu turno, são receitas das freguesias, designadamente:

1. As taxas cobradas;
2. A participação em impostos do Estado, equivalente a 2,5% da média aritmética simples da receita proveniente do IRS, IRC e IVA, a qual constitui o Fundo de Financiamento das Freguesias (FFF);
3. O produto de multas e coimas fixadas por lei, regulamento ou postura que caibam às freguesias;
4. Rendimentos de bens próprios, móveis ou imóveis, por elas administrados, dados em concessão ou cedidos para exploração;
5. O produto de heranças, legados, doações e outras liberalidades;
6. O produto da alienação de bens próprios, móveis ou imóveis;
7. As verbas resultantes de recurso ao crédito, podendo as freguesias contrair empréstimos de curto prazo e utilizar aberturas de crédito e celebrar contratos de locação financeira, junto de quaisquer instituições autorizadas por lei a conceder empréstimo, com o prazo máximo de um ano, sendo contraídos para ocorrer a dificuldades de tesouraria, não podendo o seu montante exceder, em qualquer momento, 10% do FFF respectivo;
8. Rendimentos provenientes na prestação de serviços pelas freguesias;
9. Rendimentos provenientes de mercados e cemitérios das freguesias;
10. As verbas resultantes da cooperação técnica e financeira, designadamente através da celebração de contratos-programa (regulada pelo Decreto-Lei n.º 219/95, de 30 de Agosto), protocolos de modernização administrativa e outros instrumentos.

Após a revisão sucessiva do regime jurídico do financiamento local, e seguindo o trajecto da NLFL – acompanhada de outros diplomas avulsos reguladores de mecanismo de financiamento dos municípios – são, essencialmente, receitas municipais, nos termos do art. 10.°:

1. O produto da cobrança dos impostos municipais a cuja receita têm direito, designadamente o imposto municipal sobre imóveis (IMI), o imposto municipal sobre as transmissões onerosas de imóveis (IMT) e o imposto municipal sobre veículos (IMV);
2. O produto da cobrança de derramas lançadas ao abrigo do disposto no art. 14.°: "os municípios podem deliberar lançar anualmente uma derrama até ao limite máximo de 1,5% sobre o lucro tributável sujeito e não isento de IRC, que corresponda à proporção do rendimento gerado na sua área geográfica por sujeitos passivos residentes em território português que exerçam, a título principal, uma actividade de natureza comercial, industrial ou agrícola e não residentes com estabelecimento estável nesse território" (n.° 1).
Esta regra conhece duas excepções possíveis: nos termos do n.° 3, "Quando o volume de negócios de um sujeito passivo resulte em mais de 50% da exploração de recursos naturais que tornem inadequados os critérios estabelecidos nos números anteriores, podem os municípios interessados, a título excepcional, propor, fundamentadamente, a fixação de um critério específico de repartição da derrama, o qual, após audição do sujeito passivo e dos restantes municípios interessados, é fixado por despacho conjunto do Ministro das Finanças e do Ministro que tutela as autarquias locais"; e, ao abrigo do disposto no n.° 4, "A assembleia municipal pode, por proposta da câmara municipal, deliberar lançar uma taxa reduzida de derrama para os sujeitos passivos com um volume de negócios no ano anterior que não ultrapasse 150 000 euros";
3. O produto da cobrança de taxas, nos termos do art. 15.° da NLFL e do Regime Geral das Taxas das Autarquias Locais (RGTAL) e preços, nos termos do art. 16.°;
4. O produto da participação nos recursos públicos determinada nos termos do disposto no art. 19.°, que se efectiva da seguinte forma:
    4.1. A subvenção geral correspondente ao FEF, cujo valor é igual a 25,3 por cento da média aritmética simples da receita pro-

veniente do IRS, IRC e IVA, que se subdividirá no FGM (art. 21.º) e no FCM (art.23.º);

4.2. O FSM, uma subvenção específica, consignada ao financiamento das despesas tidas como elegíveis nos termos dos arts. 24.º e 28.º, exclusivamente nas áreas da educação, saúde e acção social;

4.3. Uma participação variável de até 5 por cento no IRS dos sujeitos passivos com domicílio fiscal na respectiva circunscrição territorial, relativa aos rendimentos do ano imediatamente anterior, calculada sobre a respectiva colecta líquida das deduções previstas no n.º 1, do art. 78.º do Código do IRS. Esta participação depende de deliberação prévia do município, e comunicação à Direcção-Geral dos Impostos até 31 de Dezembro do ano anterior àquele a que respeitam os rendimentos (art. 20.º, n.º 2). Caso o município abdique desta receita, ou delibere fixar uma percentagem inferior a 5 por cento, o produto da diferença entre a percentagem fixada (ou a sua ausência) e o tecto máximo de 5 por cento é tido como uma dedução à colecta dos contribuintes com domicílio fiscal no município (n.º 4).

5. O produto da cobrança de encargos de mais-valias destinados por lei ao município;
6. O produto de multas e coimas fixadas por lei, regulamento ou postura que caibam ao município;
7. O rendimento de bens próprios, móveis ou imóveis, por eles administrados, dados em concessão ou cedidos para exploração;
8. A participação nos lucros de sociedades e nos resultados de outras entidades em que o município tome parte;
9. O produto de heranças, legados, doações e outras liberalidades a favor do município;
10. O produto da alienação de bens próprios, móveis ou imóveis;
11. O produto de empréstimos, incluindo os resultantes da emissão de obrigações municipais; e
12. Outras receitas estabelecidas por lei ou regulamento a favor dos municípios.

São receitas das freguesias, nos termos da NLFL (art. 17.º):

1. 50 por cento do produto da receita do IMI sobre prédios rústicos;

2. O produto da participação nos recursos públicos determinada nos termos do disposto no art. 30.°, que se efectiva através do FFF, correspondente a 2,5 por cento da média aritmética simples da receita de IRS, IRC e IVA, a distribuir nos termos do art. 32.°, de acordo com um indicador de diferenciação das freguesias – a tipologia de áreas urbanas e a inserção das freguesias nos três tipos: áreas predominantemente urbanas; áreas mediamente urbanas e áreas predominantemente rurais;
3. O produto de cobrança de taxas, nos termos do RGTAL;
4. O rendimento de mercados e cemitérios das freguesias;
5. O produto de multas e coimas fixadas por lei, regulamento ou postura que caibam às freguesias;
6. O rendimento de bens próprios, móveis ou imóveis, por elas administrados, dados em concessão ou cedidos para exploração;
7. O produto de heranças, legados, doações e outras liberalidades a favor das freguesias;
8. O produto da alienação de bens próprios, móveis ou imóveis;
9. O produto de empréstimos de curto prazo; e
10. Outras receitas estabelecidas por lei ou regulamento a favor das freguesias.

2. Os constrangimentos *europeus*: o Pacto de Estabilidade e Crescimento e a Lei da Estabilidade Orçamental

Os compromissos financeiros assumidos por Portugal ao aderir à chamada «zona euro», aquando da constituição da União Económica e Monetária, importam hoje a possibilidade de derrogar o sistema de financiamento autárquico estatuído na LFL.

O imperativo de consolidação das contas públicas, a atingir através da plena realização do PEC, reclama contenção orçamental, com evidentes consequências no plano das finanças locais.

Desta forma, e desde 2002, a LeO alterou o diploma regulador do enquadramento orçamental (LEO) e aditou um novo art. 35.°-A à ALFL: "a presente lei não exclui a aplicação das normas do novo título V da Lei de Enquadramento Orçamental, até à plena realização do Programa de Estabilidade e Crescimento".

As normas em causa são os arts. 84.º e 85.º do Título V da LEO, que prevê a possibilidade de, através da lei do Orçamento, serem estabelecidos limites específicos de endividamento das autarquias locais e determinadas transferências do Orçamento do Estado de montante inferior ao resultante da LFL, respectivamente. Dispõe o art. 84.º, n.º 1: "em cumprimento das obrigações de estabilidade orçamental decorrentes do Programa de Estabilidade e Crescimento, a lei do Orçamento estabelece limites específicos de endividamento anual da administração central do Estado, das Regiões Autónomas e das autarquias locais, compatíveis com o saldo orçamental calculado para o conjunto do sector público administrativo", prescrevendo o n.º 2 que tais limites de endividamento "podem ser inferiores aos que resultariam das leis financeiras especialmente aplicáveis a cada sector".

Por seu turno, o n.º 2 do art. 85.º, esclarece que a possibilidade de redução das transferências do Orçamento do Estado, prevista no n.º 1 deste preceito, "depende sempre da verificação de circunstâncias excepcionais imperiosamente exigidas pela rigorosa observância das obrigações decorrentes do Programa de Estabilidade e Crescimento e dos princípios da proporcionalidade, não arbítrio e solidariedade recíproca e carece de audição prévia dos órgãos constitucional e legalmente competentes dos subsectores envolvidos".

Para verificação do cumprimento das medidas e procedimentos decorrentes do Titulo V da LEO, o Ministro das Finanças pode exigir dos organismos em questão "informação pormenorizada e justificada" (art. 88.º, n.º 1), que ficam assim vinculados a um especial dever de informação que, incumprindo, pode levar à suspensão, até que a situação se encontre sanada, da "efectivação das transferências do Orçamento do Estado" (art. 89.º, n.º 3). Mais, preceitua o n.º 4 do art. 89.º: "por efeito do não cumprimento dos limites específicos de endividamento que se prevêem no artigo 84.º, a lei do Orçamento pode determinar a redução, na proporção do incumprimento, das transferências a efectuar, após audição prévia dos órgãos constitucional e legalmente competentes dos subsectores envolvidos".

Desde 2003, as sucessivas leis do Orçamento do Estado têm dado expressão às possibilidades derrogatórias, *maxime* em matéria de endividamento. As transferências do Orçamento do Estado, correspondendo a um valor percentual dos impostos sobre o rendimento e sobre o consumo, sofrem uma primeira diminuição, força do circunstancialismo da economia nacional e da diminuição da riqueza gerada e consequente decréscimo da receita arrecada; podem sofrer, depois, reduções tal como previsto na LEO.

Face aos constrangimentos financeiros europeus, «internalizados» pela legislação nacional, as autarquias locais têm contestado, através das suas associações representativas, o cumprimento do princípio da solidariedade recíproca, plasmado também no Título V da LEO: "O princípio da solidariedade recíproca obriga todos os subsectores do sector público administrativo, através dos seus organismos, a contribuírem proporcionalmente para a realização do princípio da estabilidade orçamental, de modo a evitar situações de desigualdade" (art. 81.º, n.º 3).

Neste sentido, a Associação Nacional de Municípios Portugueses, aquando da discussão da Lei do Orçamento do Estado para 2005 (Lei n.º 55-B/2004, de 30 de Dezembro), acusou o governo de utilizar artifícios legislativos que, naquele ano, conduziriam a mínimos históricos da participação nos impostos do Estado, e de limitar ilegítima e injustamente a capacidade municipal de recurso ao crédito. Segundo aquela associação, a actuação do governo atenta contra o respeito pela autonomia das autarquias locais e contra o enunciado princípio da solidariedade recíproca.

De acordo com os números então avançados pela Associação Nacional de Municípios Portugueses, a violação de tais princípios aconteceria porquanto o endividamento da Administração Central aumentou, desde 2001, 190 por cento, e a dívida municipal diminuiu 38 por cento, entre 2001 e 2003. Ainda de acordo com aquela entidade, em 2004 a dívida da Administração Central cresceu para 8845 milhões de euros (a previsão para 2005 é de 9287), enquanto que em 2003 o endividamento municipal saldou-se em 387 milhões de euros (até Agosto de 2004, este saldo situava-se apenas em 203 milhões de euros).

De facto, a estabilidade orçamental reclamada pelo PEC introduz constrangimentos conjunturais a um sistema de financiamento autárquico estruturalmente deficitário. As vinculações externas dos processos de aprovação dos orçamentos municipais são, assim, significativamente agravadas pela LeO.

Face a esta questão, e disciplinando de forma inovadora o endividamento municipal, a NLFL estabelece o princípio da coordenação das finanças locais com as finanças estaduais, no art. 5.º, que dispõe: "1 – A coordenação das finanças dos municípios e das freguesias com as finanças do Estado tem especialmente em conta o desenvolvimento equilibrado de todo o País e a necessidade de atingir os objectivos e metas orçamentais traçados no âmbito das políticas de convergência a que Portugal se tenha obrigado no seio da União Europeia. 2 – A coordenação referida no número anterior efectua-se através do Conselho de Coordenação Financeira do Sector Público Administrativo, sendo as autarquias locais ouvidas antes da preparação do Programa de Estabilidade e Crescimento e da Lei do Orçamento do Estado, designadamente quanto à participação das autarquias nos recursos públicos e ao montante global de endividamento autárquico. 3 – Tendo em vista assegurar a coordenação efectiva entre as finanças do Estado e as finanças das autarquias locais, a Lei do Orçamento do Estado pode definir limites máximos ao endividamento municipal diferentes daqueles que se encontram estabelecidos na presente lei. 4 – A violação do limite de endividamento líquido previsto para cada município no n.º 1 do artigo 37.º origina uma redução no mesmo montante das transferências orçamentais devidas no ano subsequente pelo subsector Estado, o qual é afecto ao Fundo de Regularização Municipal, nos termos do artigo 42.º da presente lei."

CAPÍTULO III
REPARTIÇÃO, EQUIDADE E EFICIÊNCIA – A REFORMULAÇÃO DO SISTEMA DE TRANSFERÊNCIAS ORÇAMENTAIS

Para que a administração financeira mantenha o equilíbrio – sua primeira missão –, é mister que assegure pelo menos a correspondência entre as receitas e as despesas ordinárias, que não recorra ao crédito senão para investimentos reprodutivos e que faça aplicação dos excedentes dos recursos normais.

João Lumbrales

1. **O modelo de financiamento autárquico: receitas próprias *vs.* transferências**

O modelo de financiamento autárquico tem sido objecto de intensos debates. A questão central encontra-se intimamente ligada à origem das receitas locais: deverá o edifício financeiro local edificar-se sobre receitas próprias, ou sobre receitas subvencionadas?

Concentremo-nos no sistema de financiamento municipal, paradigma administrativo e financeiro, dada a diminuta expressão financeira das freguesias e a inexistência de um nível regional intermédio ou de autarquias *especiais*. Ademais, a situação financeira dos municípios permite uma análise mais detalhada do nosso sistema de *descentralização financeira*, dada a maior complexidade do modelo de transferências orçamentais.

À luz de tudo quanto foi dito relativamente à autonomia financeira e à importância que a sua fraca intensidade detém no actual cenário de crise da autonomia local, a resposta parece simples: somente a primeira solução oferece dimensão necessária à independência financeira dos municípios. Todavia, a simplicidade da solução dilui-se quando à equação adicionamos os demais vectores que analisámos ao longo deste estudo.

A subversão do sistema de autonomia local financeira pelas transferências do Orçamento do Estado acontece apenas quando, porque excessivas, as transferências geram dependência e ineficiente utilização dos recursos potencialmente disponíveis. Ou quando, encontrando-se a utilização dos fundos transferidos condicionada a uma utilização concreta, se verifica uma distorção inadmissível das escolhas locais.

Contudo, as transferências são expressão do princípio da justa repartição de recursos entre o Estado e as autarquias locais, e entre autarquias do mesmo grau – princípio do equilíbrio financeiro vertical e princípio do equilíbrio financeiro horizontal. Enquanto instrumento ao serviço do objectivo de reequilíbrio vertical, efectivam o *direito próprio* de partilha de receitas tributárias entre os dois níveis de administração, presente na esfera jurídica autárquica.

Quando servem o desiderato do equilíbrio horizontal, atenuam assimetrias regionais, sendo este mecanismo corrector instrumento essencial de promoção da coesão económica e social de todo o território nacional e do desenvolvimento económico sustentado (incumbência prioritária do Estado, de acordo com o art. 81.º, al. d), da Constituição, tal como já observámos).

Portanto, ainda que obedeçam a uma racionalidade económica mas também política, as transferências são um elemento essencial do sistema de financiamento autárquico. Transformam-se, no entanto, numa intromissão estadual inadmissível na autonomia financeira das autarquias quando, por dependência e geração de ineficiências, mantêm cativos os municípios.

Por outro lado, a sustentação do sistema de financiamento local em receitas geradas pelos próprios municípios encontra limitações significativas. Os seus poderes tributários são diminutos, cabendo à Assembleia da República a definição dos elementos essenciais dos impostos locais. O que leva Rui Baleiras a considerar que os impostos ditos locais "não passam de meras transferências, já que todas as decisões relativas ao seu valor (alteração de taxas, delimitação de bases e a própria liquidação e cobrança) são tomadas pela Administração Central"[301].

Concluímos atrás que a tributação eficiente, ao nível local, incidirá tendencialmente sobre bases tributárias imóveis e deverá basear-se, em muitas situações, no princípio do benefício auferido pela utilização de bens públicos locais, financiados através de taxas.

Em bom rigor, os municípios, têm uma capacidade limitada para influenciar o valor das suas receitas. Não podemos, pois, deixar de concordar com Jorge Correia da Cunha e Patrícia Silva, quando enunciam as dificuldades que, nesta matéria, os municípios enfrentam: "relativamente aos impostos, é a Assembleia da República que estabelece as regras essenciais para a sua aplicação"; "no que respeita à derrama, o município pode definir o imposto a cobrar desde que o seu valor anual não exceda o limite máximo de 10 por cento sobre a colecta gerada na sua área geográfica"; quanto às transferências do Estado, os parâmetros utilizados no seu cálculo ultrapassam a esfera decisória autárquica: "o montante total de recursos que é transferido do Orçamento do Estado para as autarquias locais é definido em função da receita de alguns impostos que constituem receita do Estado"; já o valor total "das transferências da União Europeia é definido ao nível do Quadro Comunitário de Apoio e a sua repartição pelas diversas instituições, incluindo os municípios, depende da qualidade e da elegibilidade dos projectos de investimento apresentados para comparticipação"[302].

Ou seja, e ainda com os mesmos autores, "o actual sistema de financiamento das autarquias locais não permite estabelecer uma boa ligação entre as decisões de aumento da despesa e a responsabilização pela obtenção de receitas adicionais (...) com o consequente ónus político"[303]. Pois, de facto, as regras legais sobre as receitas autárquicas não permitem a estas entidades "influenciar significativamente o seu montante. Em consequência, o custo social marginal de obtenção destas receitas não é tido em conta pelas Administrações Locais nas decisões de afectação dos recursos"[304].

---

[301] "Finanças Municipais", *Seminário da Presidência da República*, Junho, 2004, pág. 19.
[302] Ob. cit., págs. 49-50.
[303] Ob. cit., pág. 54.
[304] Ob. cit., pág. 47.

Cumpre, então, averiguar o grau de dependência dos municípios face às transferências do Orçamento do Estado. A análise dos Orçamentos do Estado dos últimos cinco anos permite retirar uma primeira conclusão: a tendência ascendente dos fluxos financeiros transferidos para os fundos municipais e para o FFF. Atente-se, assim, no quadro seguinte:

QUADRO n.º 3
**Evolução das transferências do Orçamento do Estado
para as autarquias locais
2001/2005**

	2001	2002	2003	2004	2005
Municípios					
Fundo Geral Municipal	1.250.036.432	1.393.409.555	1.443.572.321	1.512.968.474	1.529.680.198
Fundo de Coesão Municipal	335.361.334	373.841.542	387.299.834	405.918.333	410.401.934
Fundo de Base Municipal	274.385.810	305.870.180	316.881.488	332.114.860	335.783.140
Total	**1.859.783.576**	**2.073.121.277**	**2.147.753.643**	**2.251.001.667**	**2.275.865.272**
Freguesias					
Fundo de Financiamento das Freguesias	153.500.594	169.927.974	176.045.381	184.508.333	189.484.786

Fonte: Orçamento do Estado (2001 a 2005)
UN: Euros

Todavia, o aumento do volume de transferências do Orçamento do Estado, *per si*, não é revelador do peso deste instrumento financeiro nas receitas das autarquias. De acordo com dados da Direcção-Geral das Autarquias Locais relativos à composição das receitas municipais em 2001, é possível observar que o peso médio das transferências corresponde a mais de metade das receitas. Repare-se, então:

QUADRO n.º 4

**Composição das receitas municipais
2001**

Origem das receitas municipais	Peso na composição total das receitas municipais
Fundos Municipais	33%
Outras transferências	19%
Impostos municipais	32%
Outras receitas	16%

Fonte: Direcção-Geral das Autarquias Locais

Ora, cinquenta e dois por cento das receitas municipais correspondia, em 2001, a transferências estaduais, sendo que dezanove por cento do fluxo financeiro foi transferido ao arrepio dos mecanismos de transferências do Orçamento do Estado, correspondendo então à utilização abusiva de contratos-programa e outros instrumentos de cooperação técnica e financeira.

Relativamente ao mesmo período, e partindo dos dados apresentados no Quadro n.º 4, Rui Baleiras propõe uma classificação própria, consonante com a ideia defendida pelo autor e já mencionada, de que muitos impostos municipais reúnem características em tudo semelhantes às transferências. Assim, considerando que a rubrica relativa aos impostos compreende a totalidade da (à época) Contribuição Autárquica, a derrama sobre o IRC e as taxas e serviços gerais pagos pelas empresas, Rui Baleiras chega aos seguintes valores relativos à composição das receitas municipais em 2002, que elevam a dependência municipal face às subvenções para sessenta e cinco por cento:

- Fundos municipais: 33%
- Outras transferências: 32%
- Impostos: 19%
- Outras receitas próprias: 16%

Para além da demonstração de uma generalizada dependência excessiva das subvenções estaduais, os mecanismos perequatórios existentes têm falhado de forma notória no plano da promoção do equilíbrio horizontal.

Neste sentido, observe-se a representação percentual das transferências no total das receitas orçamentais de uma amostra de municípios com diferentes características, seleccionada e analisada pelo Tribunal de Contas e relativa ao ano de 2004. Os municípios seleccionados representam tipos: Lisboa e Porto, os dois grandes centros urbanos do país; Sintra, o segundo maior concelho do país, integrado na área metropolitana de Lisboa e gerador de uma intensa migração populacional diária para aquela cidade; os municípios de Albufeira e Portimão, situados no Algarve, área de especial atracção turística; Coimbra, município mediano do centro do país; e Vila do Rei, tipicamente qualificado como município de fraca *performance* financeira.

QUADRO n.º 5

Peso das transferências do OE no total da receita orçamental
Fluxos de caixa – 2004

Municípios	Receita Orçamental	Transferências	Percentagem das transferências na receita orçamental
Lisboa	510.456.834	64.830.383	13%
Albufeira	56.382.502	13.742.965	24%
Portimão	36.944.346	10.326.130	28%
Porto	234.463.086	69.790.685	30%
Sintra	134.725.290	44.483.666	33%
Coimbra	82.879.780	36.903.498	45%
Vila de Rei	5.770.117	4.910.247	85%
Média			**30%**

Fonte: Tribunal de Contas
UN: Euro

Os resultados expostos ilustram um desequilíbrio geográfico em nada consonante com o crescimento simétrico de todos os sectores e regiões. As diferenças económicas e sociais entre a cidade e o campo e entre o litoral e o interior (cfr. art. 81.º, da Constituição), tornam-se patentes quando comparamos a distribuição *per capita* das transferências do Orçamento do Estado pelos três fundos municipais com a média nacional, em 2002:

QUADRO n.º 6
Distribuição *Per Capita* das Transferências do OE – Fundo Municipais
2002 – Média nacional: 201 Euros

Distritos Média superior à média nacional	Distribuição *Per Capita* das Transferências do OE Fundos Municipais
Lisboa	105
Porto	118
Setúbal	131
Braga	169
Aveiro	171
Leiria	194
Distritos **Média próxima da média nacional**	
Coimbra	220
Faro	229
Região Autónoma da Madeira	233
Santarém	254
Viana do Castelo	285
Distritos **Média inferior à média nacional**	
Viseu	325
Região Autónoma dos Açores	338
Castelo Branco	373
Vila Real	376
Évora	409
Guarda	468
Portalegre	515
Beja	535
Bragança	542

Fonte: Direcção-Geral das Autarquias Locais
(Administração Local em Números, 2001)

A análise deste conjunto de dados permite-nos retirar as conclusões necessárias para prosseguirmos a nossa investigação:

a) A dependência municipal face às subvenções estaduais é excessiva, ultrapassando, portanto, o limiar admissível e correspondendo já a uma intromissão da administração central restritiva da autonomia local financeira;
b) As receitas próprias dos municípios são, genericamente, insuficientes. Se alguns municípios, como Lisboa, revelam auto-suficiência financeira, assim não sucede com a maioria dos 308 municípios portugueses;
c) O panorama revelado é de extrema assimetria territorial. Os municípios situados na faixa litoral revelam uma maior independência financeira face aos fluxos provenientes da administração central; à medida que abandonamos o litoral, a dependência das subvenções estaduais manifesta-se de forma clara. A atractividade do interior do país tem, obviamente, consequências ao nível da capacidade de angariação de receita por parte dos municípios;
d) A situação das contas públicas nacionais, e a possibilidade de determinação de transferências de montante inferior àquele que resulta da LFL, gera instabilidade nas regras de financiamento municipal subvencionado e revela a insustentabilidade do sistema actual.

Desta forma, e no âmbito do sistema de financiamento municipal misto que entre nós vigora, é essencial repensar os vários mecanismos existentes por forma a deslocar a dependência financeira da administração local face ao Estado para limiares percentualmente inferiores e que permitam a existência de uma efectiva autonomia local.

O sistema de financiamento ideal tem por base a auto-suficiência municipal, através da capacidade de geração de receitas próprias. A excessiva exposição dos orçamentos municipais a subvenções estaduais restringe a independência financeira dos municípios e deteriora a qualidade da decisão financeira e a eficiência na afectação de recursos e provisão de bens públicos locais. A responsabilização política dos decisores locais e o controlo pelos cidadãos-contribuintes será tanto menor quanto maior for a dependência face a transferências intergovernamentais.

O cenário descrito revela uma total desconsideração pela permissa da descentralização financeira, eliminando as vantagens decorrentes de um sistema financeiramente descentralizado (tal como analisadas no ponto 2, do Capítulo III, da Parte I). Como tal, e tendo em atenção os condicionalismos sócio-económicos e demográficos do país, urge implementar uma reforma estrutural das regras de financiamento local, *maxime* a diminuição dos fluxos financeiros transferidos para os municípios.

2. A justiça e eficiência do modelo de repartição de recursos

O sistema de repartição dos recursos públicos visa atenuar ou corrigir o desequilíbrio financeiro vertical e horizontal entre os dois níveis de administração, ou seja, o facto de os recursos municipais próprios e as necessidades de despesa não coincidirem, por um lado, e a correcção das disparidades significativas verificadas entre municípios, por outro. Repare-se que *doravante, construímos um modelo alternativo ao modelo de repartição de recursos públicos plasmado na ALFL, na Lei n.° 42/98, de 6 de Agosto. A contraposição do modelo que, em tese, construímos, será confrontado no final deste estudo com o modelo da ALFL, e com o modelo de repartição previsto na NLFL.*

A ALFL previa o sistema trifásico de fundos municipais já analisado. O Fundo Geral Municipal privilegia o reequilíbrio vertical, adstrito que está à repartição de receitas, não descurando, no entanto, o equilíbrio horizontal, afectando recursos a vectores de necessidade. Dir-se-á, então, que o FGM é um instrumento de eficiência financeira, uma vez que, verificámos já, o plano nacional é tendencialmente o cenário adequado para a tributação progressiva de rendimentos e subsequente repartição com as entidades locais.

Aliás, e embora se coloque num plano absolutamente diverso da transferência de receitas, também a liquidação e cobrança de impostos ao nível central apresenta ganhos de eficiência, pois evita a duplicação de estruturas administrativas fiscais e inerentes custos de funcionamento. Todavia, caso os municípios se reunam por forma a encontrarem uma escala adequada, tais ganhos de eficiência podem ser suplantados por outros, que decorram, entre outros vectores, da proximidade e da adequação a políticas tributárias próprias dos municípios.

Os objectivos de equidade presidem, por seu turno, à dinâmica de funcionamento do Fundo de Coesão Municipal, instrumento por excelência de equalização fiscal, correcção de assimetrias e promoção do desenvolvimento local.

Contudo, a justiça pode entrar em confronto com a eficiência, pelo que o modelo de repartição de recursos, globalmente considerado, serve apenas parcialmente propósitos perequatórios. A perequação total implicaria sempre que a repartição de recursos públicos com os municípios obrigasse o Estado a cobrir integralmente a diferença entre as necessidades-padrão e as despesas-padrão. Embora assim não seja, verificámos no ponto anterior que a cobertura daquele diferencial ultrapassa os cinquenta por cento.

Ora, se a Constituição reclama uma justa repartição de recursos entre o Estado e as autarquias e, depois, entre estas, impõe também o respeito pela sua autonomia financeira. Do mesmo modo, exige da administração em geral eficácia na acção, princípio a que a administração local não pode esquivar-se.

A justiça obriga o Estado a reequilibrar os orçamentos municipais através da repartição da riqueza nacional, gerada com a participação activa dos municípios. A autonomia local reclama *independência* dos municípios face ao Estado, com quem, no entanto, colabora. A eficiência obriga a uma gestão eficaz dos recursos, sem desperdício e irresponsabilidade dos decisores pela sua actuação. E, da combinação destes elementos, resulta que os municípios devem valer-se de instrumentos de financiamento próprios, intervindo as subvenções do Estado numa lógica de *subsidiariedade financeira*.

O sistema de repartição de recursos não funciona de forma justa e eficiente quando aqueles que dispõem de instrumentos financeiros próprios não maximizam a sua obtenção e utilização, pois são subvencionados pelo Estado. Subvenções essas que deveriam ser melhor direccionadas para os municípios com menor capacidade fiscal ou financeira.

Não queremos com isto afirmar que os municípios cuja posição orçamental é mais robusta não detêm qualquer direito a participar nos impostos estaduais, para desempenho da função de afectação que lhes cabe. Têm, no entanto, uma especial obrigação de eficiência na gestão de recursos potenciais e efectivos. Sobre os municípios em posição orçamental frágil, o Estado deve exercer de forma vincada a função de redistribuição (aqui, territorial), esperando que através da sua acção alcancem, a prazo, posição semelhante aos demais.

Sobre estas premissas desenvolvemos a nossa proposta de reestruturação dos mecanismos perequatórios de repartição de receita pública.

2.1. A diminuição das transferências globais

De acordo com o art. 10.°, n.° 1, da ALFL, "os municípios têm direito a uma participação em impostos do Estado equivalente a 30,5 por cento da média aritmética simples da receita proveniente dos impostos sobre o rendimento das pessoas singulares (IRS), sobre o rendimento das pessoas colectivas (IRC) e sobre o valor acrescentado (IVA), assim distribuída:

  a) 4,5 por cento como Fundo de Base Municipal (FBM), de acordo com o disposto no artigo 10.°-A;
  b) 20,5 por cento como Fundo Geral Municipal (FGM), de acordo com o disposto nos artigos 11.° e 12.°;
  c) 5,5 por cento como participação no Fundo de Coesão Municipal, nos termos do disposto nos artigos 13.° e 14.°".

Desta forma, fazia-se "depender as subvenções da conjuntura macroeconómica que, através dos estabilizadores automáticos, irá reflectir-se na colecta destes três impostos e consequentemente nas transferências para os municípios"[305], apesar dos desfasamentos temporais, com efeitos indesejáveis.

Era, depois, garantido um crescimento mínimo do conjunto dos fundos municipais em cada ano, por comparação com a participação nas transferências financeiras relativamente ao ano anterior, equivalente a um dado factor de ponderação da taxa de crescimento médio nacional, legalmente definido. O crescimento da participação global não pode, contudo, exceder o equivalente a 1,5 vezes o crescimento anual (art. 14.°-A), o que acabou por desvirtuar as potencialidades de justiça e equidade na repartição dos recursos públicos.

A situação financeira do Estado português é conhecida. A sustentação deste nível de transferências globais traduz um esforço financeiro significativo, para mais quando o Estado não procede à mera repartição

---

[305] Paulo Trigo Pereira, António Afonso, Manuela Arcanjo e José Carlos Gomes Santos, *Economia...*, ob. cit., pág. 363.

de riqueza, antes introduzindo a essa partilha elementos de perequação e coesão territorial. Por outro lado, a dependência municipal face a este instrumento agrava-se, tanto mais quando a LeO trouxe ao sistema instabilidade adicional, prevendo hoje a LEO a possibilidade de derrogação da dotação global a transferir prevista na LFL, podendo o Orçamento do Estado conduzi-la a um patamar financeiro inferior. Analisámos já a sujeição do sistema de financiamento local a estes constrangimentos.

Face ao exposto, propomo-nos reponderar as transferências globais a distribuir pelos vários fundos municipais. Este é o primeiro pilar de uma proposta que vamos construir ao longo das próximas páginas desta investigação.

A redução da participação municipal em impostos do Estado através de transferências orçamentais *tout court* é fundamental para a eficiência das finanças locais e, como vimos, estaduais. Não descuramos a importância deste instrumento, não pretendendo, portanto, eliminar as subvenções. A manutenção de receita nos cofres do Estado deverá ser compensada, nos cofres municipais, através da transferência de poderes tributários, *maxime* relativas aos impostos municipais, como veremos adiante.

Tal transferência poderá agravar a carga fiscal a que, em termos gerais, os contribuintes se encontram sujeitos, ou podemos assumir como vector de reforma um *princípio de neutralidade inicial*. No primeiro caso, um aumento dos poderes tributários dos municípios e a diminuição da partilha de recursos entre o Estado e aqueles, a carga tributária relativa aos impostos nacionais – IRS, IRC e IVA, no caso concreto – mantém-se. Poderá o Estado, porventura, diminuir a pressão fiscal diminuindo as taxas daqueles impostos. No segundo caso, podemos salientar determinadas características do modelo que propomos, *maxime* a diversificação das fontes de receita municipal, e a reestruturação profunda dos mecanismos perequatórios dos dois fundos cuja permanência advogamos.

O limiar em que se deverá situar a verba a transferir deverá ser fixado através de cálculos matemáticos, estabelecidos noutra sede, uma vez que o âmbito desta investigação não comporta esse tipo de análise. Ao jurista cabe a formulação dos princípios a que uma eventual reforma deve obediência, em consonância com os comandos constitucionais e o sistema legal. Projectemos, então, a nossa proposta.

2.2. *O reajustamento das dotações a distribuir pelos fundos municipais*

Defendida a diminuição da dotação global de recursos a transferir para os municípios, o passo seguinte será o reajustamento do percentual das transferências canalizado para cada um dos fundos municípios.

Poderíamos advogar a mera diminuição dos montantes subvencionados, permanecendo intocada a distribuição pelo FGM, FCM e FBM. Contudo, tal medida seria despida de qualquer ímpeto reformador, obedecendo apenas e de forma avulsa às necessidades do Estado, promotora, até, de injustiça na repartição de recursos entre o Estado e as autarquias locais, e entre estas. Inconstitucional, portanto.

Deixando, uma vez mais, o cálculo exacto deste reajustamento para os cientistas matemáticos, é tarefa do cultor das ciências jurídico-económicas estabelecer os princípios de referência e o enquadramento jurídico.

Assim, e sublinhada a necessidade de proceder a um reequilíbrio horizontal de maior intensidade, propõe-se a diminuição do intervalo entre as verbas transferidas para o FGM e aquelas que são canalizadas para o FCM. A diminuição daquelas e o incremento destas, aliada à disponibilização de instrumentos tributários potencialmente geradores de receitas próprias e à revisão de critérios de distribuição dos fundos pelos vários municípios, logrará atingir o desiderato a que nos propomos.

O FBM, que surge apenas em 2001, através da Lei n.º 94/2001, de 20 de Agosto, tem, na nossa opinião, uma racionalidade eminentemente política e consubstancia a reposição de um critério existente à luz do antigo FEF, eliminado pela LFL vigente. No entanto, e uma vez que o FBM "parece não ter outra razão de ser do que dar de novo mais recursos aos pequenos municípios que lhes tinham sido 'retirados' na Lei de 1998"[306], não discutiremos a sua existência, indicando apenas que a sua aproximação à representação percentual do FCM nos parece excessiva, devendo, na nossa proposta, ser absorvido.

---

[306] Paulo Trigo Pereira, António Afonso, Manuela Arcanjo e José Carlos Gomes Santos, *Economia...*, págs. 363-364.

a) *O Fundo Geral Municipal e o reforço dos poderes tributários dos municípios*

Tendo como objectivo a satisfação das necessidades relacionadas com as competências dos municípios, a ampliação dos poderes tributários será o mecanismo ideal para operar a *compensação* orçamental necessária por força da diminuição das transferências distribuídas pelo FGM, incentivando a auto-suficiência financeira dos municípios que tenham capacidade efectiva para tal.

O reequilíbrio horizontal será, depois, assegurado de forma mais intensa pelo FCM. Atendendo aos critérios de distribuição do FGM, às suas finalidades intrínsecas, e ao zoneamento das carências financeiras que o Quadro n.º 6 nos revela, é possível assumir que, tendencialmente, os municípios mais afectados pela diminuição das verbas a distribuir pelo fundo geral serão, em última instância, aqueles que têm uma posição orçamental mais sustentada.

Isto porque, embora o FGM seja distribuído por todos os municípios, os economicamente mais frágeis serão financiados através do FCM, destinado "exclusivamente aos municípios que têm uma mais fraca posição orçamental"[307]. Aqueles que não beneficiam do FCM serão, assim, aqueles que têm melhores condições para obter receitas próprias, desde que os instrumentos financeiros necessários sejam colocados à sua disposição.

A reformulação profunda dos critérios de distribuição do FGM, sendo outra hipótese, contende com a precária estabilidade destas regras de financiamento, já sujeitas à possível derrogação em nome do PEC, tal como estabelecido pela LeO.

Salientámos por diversas vezes a escassez de poderes tributários dos municípios. A reserva relativa de competência da Assembleia da República para a criação de impostos impossibilita a existência de vários sistemas fiscais, preferindo o nosso ordenamento constitucional manter a unicidade do sistema fiscal. Revela-se, assim, a preferência da Constituição, uma vez que a criação de impostos locais pelas respectivas assembleias municipais não violaria o princípio *no taxation without representation*.

---

[307] Paulo Trigo Pereira, António Afonso, Manuela Arcanjo e José Carlos Gomes Santos, *Economia...*, pág. 364.

Não será necessária a atribuição de poderes de criação de impostos aos municípios. Compreendemos e concordamos com a preferência constitucional, consonante, aliás, com a unicidade territorial estabelecida no art. 6.º do Texto Fundamental. É, contudo, crucial o alargamento das competências municipais de gestão dos impostos locais.

Veja-se o caso do Imposto Municipal sobre Imóveis (IMI), que recentemente substituiu a arcaica Contribuição Autárquica. O IMI sobre os prédios urbanos veio acrescer o poder tributário dos municípios, através da capacidade de influenciar a base e de ampliar o intervalo das taxas através de majorações ou minorações (art. 112.º do Código do Imposto Municipal sobre Imóveis – CIMI). Todavia, no âmbito da mesma reforma da tributação do património, a substituição da SISA pelo Imposto Municipal sobre as Transmissões Onerosas de Imóveis (IMT) não estabeleceu qualquer ampliação dos poderes tributários dos municípios.

Considere-se, também, o caso da derrama – cuja existência e natureza foi amplamente debatida e controvertida, até conhecer decisão pelo Tribunal Constitucional[308] – no âmbito da qual os municípios podem decidir a taxa que pretendem lançar sobre a colecta de IRC, com o limite máximo

---

[308] O Tribunal Constitucional não declarou a inconstitucionalidade de, entre outras, "As normas constantes dos artigos 37.º, n.º 3, alínea *a)*, e 38.º da citada Lei n.º 106/88 e do artigo 17.º, com referência ao artigo 16.º, n.º 1, alínea *b)*, do Código da Contribuição Autárquica, aprovado pelo Decreto-Lei n.º 442-C/88, de 30 de Novembro, respeitantes aos poderes dos municípios para fixar a taxa da contribuição autárquica sobre os prédios urbanos, bem como para lançar derramas sobre a colecta do IRC e fixar a respectiva taxa, nos termos da lei". Pode, aliás, ler-se no arresto: "o princípio da *autonomia local* é igualmente importante para afastar a ideia de que a diferenciação de taxas, de município para município, envolve infracção ao princípio da igualdade. A existência de autarquias locais, dotadas de poder regulamentar próprio, nos termos do artigo 242.º da Constituição, implica uma pluralidade de sujeitos com competência para emanar normas jurídicas de carácter regulamentar. Normas estas que estabelecem regimes jurídicos diversos, adaptados aos condicionalismos locais, como não podia deixar de ser. Ora, não se pode ver nessa pluralidade de normas jurídicas, provenientes de sujeitos diversos, uma violação do princípio da igualdade, já que este tem um carácter *relativo,* não só sob o ponto de vista *temporal,* como *territorial.* De facto, o reconhecimento pela Constituição às autarquias locais de uma competência normativa autónoma, de que resulta a vigência, no seu âmbito territorial, de preceitos jurídicos diferentes, não contradiz o princípio da igualdade, dado que a ideia de criação e aplicação do direito com base na igualdade circunscreve-se ao âmbito territorial de validade da norma, não sendo legítimas comparações entre soluções adoptadas por preceitos jurídicos de eficácia territorial diversa".

de 10 por cento, nos termos da ALFL; decisão essa que agora impende sobre o lucro tributável em sede de IRC, com o tecto máximo de 1,5 por cento, de acordo com a NLFL[309].

No sentido de reforçar o peso da fiscalidade no conjunto das receitas locais e diversificar a incidência sobre a base económica, Rui Baleiras propôs recentemente a criação de um programa de troca de transferências por impostos. Trata-se, segundo o autor, de "um programa de troca parcial de transferências por um novo imposto local subordinado aos seguintes princípios: manutenção da carga fiscal nacional, impacto nulo no saldo do Sector Público Administrativo, adopção de uma base fiscal adequada e reforço na progressividade das transferências"[310].

O novo imposto local cuja criação Rui Baleira propõe assumiria a natureza de derrama municipal sobre o IRS ou sobre o IVA, cabendo a escolha entre um ou outro imposto aos municípios e sendo a taxa da derrama igual para todos os contribuintes, em cada concelho, tendo em vista evitar ineficiências na redistribuição. Esta derrama seria, tal como projectada pelo autor, um instrumento fiscal extremamente flexível, na medida em que os municípios poderiam escolher a taxa a lançar, podendo competir entre si e, nesse sentido, prescindir da utilização deste instrumento, fixando uma taxa nula.

Quanto à filosofia do programa de «troca», explica Rui Baleiras que no ano de introdução deste instrumento fiscal "o Estado reduziria a sua despesa com transferências em determinado montante e abdicaria do mesmo montante de um imposto próprio. Em contrapartida, nas contas dos municípios haveria uma alteração na composição da receita: menos transferências e mais recursos próprios, sob a forma de um novo imposto local. Na perspectiva consolidada do sector público, a medida não afectaria o saldo. Como receita fiscal de que o Estado abdicaria passaria a ser entregue às autarquias, também a carga fiscal dos portugueses não seria afectada. A recomposição das receitas seria muito mais significativa nas

---

[309] No âmbito da Lei n.º 42/98, os municípios podiam decidir a taxa que pretendiam lançar sobre a colecta do IRC, proporcionalmente ao rendimento gerado na sua área geográfica, tendo como intervalo máximo 10 por cento. Este imposto excepcional só podia ser lançado para reforço da capacidade financeira ou no âmbito da celebração de contratos de reequilíbrio financeiro, ainda que os municípios tenham feito da derrama uma utilização ampla.

[310] *Finanças...*, ob. cit., pág. 40.

autarquias grandes do que nas pequenas, pelo que, logo no ano zero, a distribuição das transferências se tornaria mais progressiva"[311]. Por fim, para assegurar a equidade horizontal, seria criado um *Fundo Municipal de Compensação Fiscal*.

Ainda que apresente algumas soluções interessantes, o programa proposto por Rui Baleiras pode ser sujeito a várias críticas, por comparação com a derrama então existente, à luz da ALFL, mas também face ao disposto na NLFL, no que respeita à derrama.

A doutrina divergiu quanto à constitucionalidade da escolha da taxa da derrama, uma vez que a Lei n.º 42/98 não fixava uma única taxa mas apenas uma taxa máxima de 10 por cento. Tal como sucede, aliás, à luz da NLFL, que estabelece uma taxa máxima de 1,5 por cento sobre o lucro tributável. Sustentaram alguns que a formulação concreta do princípio da legalidade não comporta a solução consagrada na ALFL. Outros autores advogaram a conformidade do art. 18.º da ALFL com a Constituição, porquanto esta prevê um sistema de finanças activas e descentralizadas o que, no limite, não se compadece com um entendimento restrito do princípio da legalidade[312].

A colocação deste problema face ao programa proposto por Rui Baleiras é especialmente pertinente, porquanto o autor coloca a hipótese de fixação livre da taxa da derrama sobre o IRS ou sobre o IVA.

A segunda crítica prende-se com a natureza e utilização da derrama. Sousa Franco considerou a sua justificação "salvo casos excepcionais, duvidosa"[313]. Por seu turno, Paulo Trigo Pereira considera "não haver dúvida que no espírito do legislador estava um carácter transitório na aplicação da derrama, a ser utilizada só em certas circunstâncias, entendendo que se trata de um instrumento que desincentiva o investimento,

---

[311] *Finanças...*, ob. cit., págs. 40-41.
[312] Maria José Castanheira Neves, ob. cit., pág. 223. A autora considera existirem "argumentos para se admitir a opinião segundo a qual o princípio da legalidade não resulta violado quando a lei fixa apenas a taxa máxima das derramas. Por um lado, a decisão que conduz ao lançamento de uma derrama é menos um autêntico acto de criação de um imposto do que um acto destinado a conferir eficácia a um imposto já criado. Por outro lado, embora o preceito constitucional exija que a lei determine a taxa dos impostos, a verdade é que a fixação de um limite máximo não inviabiliza nenhum dos interesses que o princípio da legalidade visa proteger".
[313] *Finanças do sector...*, ob. cit., pág. 298.

ao tributar mais as empresas localizadas no município, ou que lá se queiram instalar[314].

Tais críticas foram tecidas em contexto distinto do actual. De facto, a NLFL oferece um tratamento muito distinto à derrama[315]. Todavia, e para a análise desta proposta, o criticismo anotado apresenta validade.

Concordamos, no entanto, com a reflexão subjacente à proposta deste modelo por parte de Rui Baleiras: "se é verdade que muitos concelhos pequenos não terão nunca viabilidade financeira sem uma dependência grande de subsídios, também é inquestionável que os municípios grandes podem substituir uma parte das transferências por receitas próprias com pouca dificuldade. Dada a enorme concentração na distribuição dos municípios, a poupança que o Estado poderia realizar com os municípios grandes permitiria aumentar o apoio aos pequenos e ainda reduzir a despesa global com transferências"[316]. É precisamente esta a lógica inerente às alterações ao sistema de transferências que propomos.

Por outro lado, o sistema de tributação local deve basear-se, em muitas situações, no princípio do utilizador-pagador, requerendo uma sobreposição tão próxima quanto possível entre os destinatários e os financiadores dos bens públicos locais. No limite, o benefício e o custo derivados da provisão de um bem ou serviço pelo município devem ser suportados pela comunidade. Deste modo, aproximar-se-ão o ónus político da despesa local e o ónus política da receita local.

O instrumento tributário que, tipicamente, serve o princípio do utilizador-pagador, é a taxa. Salienta Eduardo Paz Ferreira que, dada a amplitude na fixação de taxas conferida pelo Tribunal Constitucional, estas

---

[314] *Regionalização...*, ob. cit., págs. 62-64.

[315] De facto, o critério relevante passa a ser o lucro tributável em IRC, tendo em vista encontrar uma base de incidência mais ampla e estável para a derrama, o que decorre do facto de não reflectir *automaticamente* as perdas de receita decorrentes da redução das taxas de IRC. Da alteração da base de incidência da derrama, e face à esta *independência* ante a colecta de IRC, pode argumentar-se que a derrama deixa a sua natureza – controvertida, é certo – de *adicional*, passando a configurar-se como um *imposto*. Pese embora o interesse da questão, julgamos que questões de natureza política aconselharam a manutenção da designação.

[316] *Finanças...*, ob. cit., pág. 40.

são actualmente uma importantíssima fonte de financiamento da actividade pública[317-318].

A doutrina tributária clássica define as taxas como receitas tributárias de "carácter sinalagmático, não unilateral, o qual por seu turno deriva funcionalmente da natureza do facto constitutivo das obrigações em que se traduzem e que consiste ou na prestação de uma actividade pública ou na utilização de bens do domínio público ou na remoção de um limite jurídico à actividade dos particulares"[319-320].

A taxa é, assim, a figura mais típica dos tributos bilaterais, tradicionalmente distinguida do imposto pelo seu carácter sinalagmático, correspondendo o seu pagamento a uma contraprestação específica, uma actividade do Estado e/ou outros entes públicos "especialmente dirigida ao respectivo obrigado"[321]. Sobre as taxas vigora, então, um *princípio de equivalência* entre a prestação suportada e o benefício auferido, como prescreve o art. 4.º, n.º 2, da Lei Geral Tributária (LGT): "as taxas assentam na prestação concreta de um serviço público, na utilização de um bem do domínio público ou na remoção de um obstáculo jurídico ao comportamento dos particulares".

---

[317] *Ensinar Finanças...*, ob. cit., págs. 188-189. No entanto, o Professor de Lisboa chama a atenção para a jurisprudência do Tribunal de Justiça das Comunidades Europeias no sentido de distinguir impostos de *direitos de carácter remuneratório*, apontando que, desde os Acórdãos PONENTE CARNI, MODELO, SGPS SA E SONAE – Tecnologias de informação SA, "os tribunais nacionais têm aproveitado a jurisprudência comunitária relativamente ao carácter remuneratório, ou não, do tributo, de forma a averiguar a sua conformidade com a Directiva n.º 69/335/CE do Conselho", de 17 de Julho de 1969, relativa aos impostos indirectos que incidem sobre as reuniões de capitais, com as últimas alterações introduzidas pela Directiva 85/303/CEE, de 10 de Junho de 1985, "para qualificar outros tributos, alheios a esta questão, como impostos e não como taxas". Paz Ferreira não deixa, no entanto, de criticar esta tendência jurisprudencial nacional que aplica e associa doutrina comunitária relativa a realidades absolutamente distintas.

[318] Sobre esta temática, *vide* o estudo *Taxas e Tarifas Municipais*, ISFEP, Instituto de Investigação da Faculdade de Economia da Universidade do Porto, 1998.

[319] Alberto Xavier, *Manual de Direito Fiscal*, Volume I (reimpressão), 1981, págs. 42-43.

[320] Joaquim Teixeira Ribeiro definia taxas como sendo *"preços autoritariamente estabelecidos, que o Estado recebe pela prestação de outros serviços ou bens semipúblicos. São preços geralmente inferiores ou iguais ao custo"* (*Lições de Finanças Públicas*, 5.ª Edição, Refundida e Actualizada (Reimpressão), Coimbra Editora, 1997, pág. 31).

[321] José Casalta Nabais, *Direito Fiscal*, 2.ª Edição, Almedina, 2003, pág. 31.

No que toca às taxas criadas pelos municípios e freguesias, encontramos agora o novo Regime Geral das Taxas das Autarquias Locais (RGTAL), que estabelece o princípio da equivalência jurídica, no art. 4.º: "1 – O valor das taxas das autarquias locais é fixado de acordo com o princípio da proporcionalidade e não deve ultrapassar o custo da actividade pública local ou o benefício auferido pelo particular. 2 – O valor das taxas, respeitando a necessária proporcionalidade, pode ser fixado com base em critérios de desincentivo à prática de certos actos ou operações".

A definição conceptual desta figura tem sido objecto de debate além-fronteiras, tendo como denominador comum justamente a associação do princípio da equivalência à figura das taxas, "traduzida na sua convolação em impostos sempre que lhes falte o elo de ligação entre o montante exigido e o custo ou valor da contraprestação, ideia essa que tem a sua raiz na doutrina germânica da equivalência económica *(Äquivalenzprinzip)*, traduzida ou na cobertura do custo administrativo *(Kostendckung)* ou no benefício gerado para o sujeito passivo *(Vorteilsausgleich)*"[322].

De facto, no direito alemão assistimos à abertura do conceito de taxa, associando-o a novas finalidades de carácter extra-financeiro. Representando tal abertura uma preferência clara por uma leitura do princípio da equivalência que coloca o acento tónico na sua componente jurídica, não sendo já a equivalência puramente económica o princípio orientador dos regimes reguladores destes tributos.

Na realidade, salientaram António de Sousa Franco e Sérgio Gonçalves do Cabo, "a jurisprudência mais recente do *BundesverfassungsGericht* tem vindo a reconhecer a admissibilidade constitucional de taxas orientadoras de comportamentos, nomeadamente tendo como princípio legitimador a protecção do ambiente *(Umweltschutz)*, com fundamento no princípio da prossecução do interesse geral ou bem comum *(Gemeinwohlprinzip)*, por oposição a uma aplicação pura do princípio da equivalência económica"[323].

---

[322] António de Sousa Franco e Sérgio Gonçalves do Cabo, "O financiamento da regulação e supervisão do mercado de valores mobiliários", *Estudos em Homenagem ao Professor Doutor Inocêncio Galvão Telles*, Volume V, Direito Público e Vária, Almedina, 2003, pág. 427.

[323] Ob. cit., pág. 428.

Entre nós, já Alberto Xavier entendia a equivalência de forma eminentemente jurídica, aceitando a existência de taxas com objectivos extra-financeiros, uma vez que, como afirmava, "do ponto de vista económico, só casualmente se verificará uma equivalência precisa entre prestação e contra-prestação, entre o quantitativo da taxa e o custo da actividade pública ou o benefício auferido pelo particular – aliás muitas vezes indetermináveis por não existir um mercado que os permita exprimir objectivamente"[324].

Desde que constitucional e legalmente legitimadas, as taxas orientadoras de comportamentos encontram total cabimento. Ou seja, ainda que não haja uma relação absolutamente directa entre a taxa paga e a contraprestação oferecida ao particular – que não haja uma *proporcionalidade estrita* –, o sinalagma não deixa de estar presente e a convolação que, à luz das teorias mais ortodoxas aconteceria de forma automática, não opera de imediato[325].

A legitimação legal encontra-se no já referido n.° 2, do art. 4.° do RGTAL, bem como no art. 5.°, n.° 1, que prescreve a aplicação do princípio da justa repartição dos encargos públicos à matéria de criação e cobrança de taxas das autarquias locais, nestes termos: "A criação de taxas pelas autarquias locais respeita o princípio da prossecução do interesse público local e visa a satisfação das necessidades financeiras das autarquias locais e a promoção de finaliddaes sociais e de qualificação urbanística, territorial e ambiental".

---

[324] Ob. cit., págs. 43-44.

[325] Neste sentido apontam Xavier de Basto e Lobo Xavier, quando afirmam que "a prática de taxas superiores ao custo dos serviços não altera a natureza da receita quando, por exemplo, a finalidade for a redução da procura (...) e o princípio da equivalência, correctamente entendido, não obsta a que essa finalidade seja prosseguida" ("Ainda a distinção entre taxa e imposto: a inconstitucionalidade dos emolumentos notariais e registais devidos pela constituição de sociedades e pelas modificações dos respectivos contratos", *RDES*, ano XXXXVI, Janeiro-Setembro 1994, págs. 22, 28). Também Saldanha Sanches e Casalta Nabais seguem esta orientação. O primeiro autor entende a utilização da taxa como "indicador de escassez" (Anotação ao Acórdão n.° 640/95 do Tribunal Constitucional, *Fisco*, n.° 76/77, pág. 121). Já o Professor de Coimbra, ao afirmar que "a subordinação das taxas ao princípio da proporcionalidade não impede que o montante da taxa seja superior à prestação realizada pela Administração", admite que as taxas prossigam fins extra-financeiros (*Contratos Fiscais*, Coimbra Editora, 1994, pág. 239).

Já a legitimação constitucional surge através do princípio da justa repartição dos encargos públicos, associado ao princípio da capacidade contributiva: a cobrança de taxas como forma de financiamento da administração central, regional ou local, apenas encontrará legitimação constitucional quando estas entidades prestem utilidades divisíveis, que beneficiem um grupo certo e determinado de sujeitos, independentemente da sua vontade; e tendo presente que "aos modos de financiamento hão-de necessariamente corresponder modos de legitimação consentâneos com as utilidades geradas pela despesa pública"[326].

Ou seja, da correcta articulação entre os princípios constitucionais da justa repartição dos encargos públicos e da capacidade contributiva nasce a legitimação da cobrança de taxas para o financiamento de entidades públicas. A partir daqui, e sendo certo que a estrutura bilateral e sinalagmática da taxa continua a ser o elemento essencial e distintivo deste tributo face, nomeadamente, ao imposto, a lógica de equivalência entre o quantitativo da taxa e a contraprestação ou benefício decorrente do seu pagamento – *princípio da equivalência* – não só não reclama uma *proporcionalidade estrita* entre a taxa paga e o benefício auferido, como suporta finalidades extra-financeiras – realidade que implica, também, uma reponderação entre o princípio da equivalência e o princípio da proporcionalidade[327].

As taxas têm sido criticadas devido à sua associação ao urbanismo e ao sector imobiliário. De facto, como nota Maria da Glória Pinto Garcia, "a rentabilidade financeira da acção da Administração pública em geral se juridicizou, permitindo em particular qualificar o financiamento urbanístico como um problema jurídico de enorme importância em face da escassez dos recursos financeiros"[328], uma análise atenta do artigo 19.º da ALFL permita já constatar que "a maior parte das receitas próprias dos

---

[326] António de Sousa Franco e Sérgio Gonçalves do Cabo, ob. cit., págs. 442-443.

[327] Ainda sobre esta questão, *vide* Saldanha Sanches, "Poderes Tributários dos Municípios e Legislação Ordinária", *Fiscalidade*, 6, Abril de 2001, pág. 117 e segs.. O autor analisa um conjunto de acórdãos do Tribunal Constitucional, sede em que o universo de taxas municipais tem dado origem a abundante jurisprudência, levando a cabo uma análise extremamente interessante relativamente à doutrina da *sinalagmaticidade difusa*.

[328] "O financiamento do desenvolvimento urbano como problema político e jurídico", *O Sistema Financeiro e Fiscal do Urbanismo, Ciclo de Colóquios: O Direito do Urbanismo do Séc. XXI*, Fernando Alves Correia (Coord.), Almedina, 2002, pág. 67.

municípios advêm de factos conexionados com o fenómeno do fazer, refazer e viver a cidade"[329], já que entre as dezasseis alíneas daquele preceito, nove decorriam directamente de factos tributários induzidos por tal causa económica.

A cobrança de taxas sobre actividades deste sector têm, realmente, colocado o problema da associação excessiva das receitas provenientes deste instrumento ao sector imobiliário e da construção civil, com consequências nefastas para o ordenamento do território e qualidade de vida nas grandes cidades.

No entanto, não será despiciendo apontar, com Eduardo Paz Ferreira, "que tem sido sobretudo no domínio das taxas que mais se tem avançado entre nós na protecção do ambiente. Bastará recordar, por exemplo, a taxa de renovação das infra-estruturas urbanísticas, criada por vários municípios com base na lei de finanças locais, a taxa de recolha de resíduos urbanos e a taxa de recolha de embalagens descartáveis"[330].

Em suma, numa perspectiva puramente económica, a fórmula ideal para uma alocação de recursos e financiamento de bens e serviços eficientes passa pela cobrança individualizada e directa aos consumidores e utilizadores, no ponto de consumo ou de utilização. Pese embora esta perspectiva eminentemente objectivista do sistema de financiamento público não sirva todos os aspectos das finanças públicas, encontramos nas suas premissas uma virtualidade: a aplicação desta fórmula leva, em determinados casos, à substituição do pagamento de impostos por taxas de utilização, traçando-se um percurso de *"money following the user"*[331] e encorajando os serviços públicos a direccionar-se para as preferências dos utilizadores.

b) *O Fundo de Coesão Municipal – eficiência e equalização fiscal*

O Fundo de Coesão Municipal procura atenuar o desequilíbrio horizontal, através da compensação ou equalização fiscal e promoção do desenvolvimento local para correcção de assimetrias.

---

[329] Conselheiro Benjamim Silva Rodrigues, "Para uma Reforma do Sistema Financeiro e Fiscal do Urbanismo em Portugal", *O Sistema...*, ob. cit., pág. 181.

[330] *Ensinar Finanças...*, ob. cit., págs. 268-269.

[331] A expressão é de Stephen J. Bailey, *Strategic Public Finance*, Palgrave Macmillan, 2004, pág. 231.

As verbas canalizadas para este fundo são actualmente distribuídas de acordo com dois índices:

a) o Índice de Carência Fiscal (ICF), resultado da diferença entre a capitação média nacional das colectas dos impostos municipais e a capitação de cada município;

b) o Índice de Desigualdade de Oportunidades (IDO), representativo da diferença de oportunidades positiva para os cidadãos de cada município, decorrente da desigualdades de acesso a bens públicos locais essenciais, relacionados com a saúde, saneamento básico, aquisição de conhecimentos, etc.

A distribuição dos recursos transferidos para o FCM acontece, primeiramente, através da equalização fiscal, procurando aproximar os municípios cuja capitação da colecta de impostos municipais é inferior à média nacional. O remanescente é distribuído tendo em consideração o respectivo IDO.

No âmbito do FCM, o reajustamento da percentagem das transferências globais que lhe é adstrita revela-se insuficiente. Ao diminuir o montante a distribuir pelo FGM, associando a essa diminuição maiores poderes tributários, os municípios são incentivados a utilizar os instrumentos tributários colocados ao seus dispor, como meio de reequilíbrio dos seus orçamentos face à diminuição das transferências distribuídas pelo FGM.

Todavia, uma vez que se verifica um fenómeno de substituição quase perfeita entre impostos locais e transferências estaduais[332], os municípios poderão sentir-se tentados a não maximizar a utilização dos instrumentos fiscais agora ao seu dispor. Procurando desresponsabilizar-se perante os seus eleitores, deixarão o ónus político da imposição de tributos à administração central, buscando, então, a compensação fiscal que o ICF do fundo de coesão actualmente lhes poderá valer.

Assim, é necessário alterar o método de cálculo deste índice, por forma a não criar incentivos à ineficiente utilização da autonomia tributária local. Neste sentido, "a compensação fiscal dever-se-á basear na capacidade fiscal e não nos impostos locais"[333]. Ou seja, o ICF deverá

---

[332] *Vide* Rui Baleiras, *Finanças...*, ob. cit., pág. 20.
[333] *Estudo sobre a reformulação dos critérios de distribuição do Fundo de Equilíbrio Financeiro*, Manuel Brandão Alves (Coord.), Relatório Final, Lisboa, Instituto Superior de Economia e Gestão, 1997, pág. 3.

resultar da diferença entre a capacidade fiscal potencial da média de todos os municípios (média nacional) e a capacidade fiscal potencial de cada município[334].

Procura-se, assim, evitar a manipulação do sistema que tentamos edificar, por parte dos municípios, eliminando a tentação de utilizarem o FCM e não os instrumentos tributários colocados ao seu dispor para alcançarem o equilíbrio orçamental, que o sistema actualmente em vigor lhes permite atingir *ex vi* o FCM. O mesmo será dizer que procuramos que todos os municípios tornem efectiva a sua capacidade fiscal potencial, ao menos como princípio orientador.

Esta alteração da fórmula de cálculo do ICF, poderá gerar um intervalo sensivelmente maior entre a capacidade fiscal potencial nacional e a capacidade fiscal potencial de cada município, não provocando, tendencialmente, um incremento substancial dos montantes a utilizar na promoção da equalização fiscal.

O aumento da percentagem das transferências globais canalizadas para o FCM terá um impacto superior no IDO, uma vez que aumentando a dotação do FCM e não sofrendo a dotação adstrita ao ICF oscilações substanciais, o remanescente a distribuir através do IDO sofrerá um aumento significativo. O que, por si só, justificaria já o aumento do percentual das transferências globais afecto ao FCM, em detrimento do FGM.

c) *A função perequatória das transferências condicionadas*
  – equidade espacial e desenvolvimento das economias locais

Tal aumento é fundamental para a correcção, a prazo, das assimetrias entre os vários municípios, pelo papel vital que deve desempenhar na pro-

---

[334] Note-se que a proposta apresentada afasta-se do método de cálculo do ICF actualmente vigente, na medida em que o cálculo deste índice apurando a diferença entre a capacidade fiscal potencial nacional e a capacidade fiscal potencial do município considera o aumento dos poderes tributários e dos instrumentos colocados ao dispor dos municípios, bem como as taxas máximas potencialmente praticadas. Por seu turno, para efeitos de cálculo do ICF, tal como plasmado na ALFL, "as colectas efectivas dos impostos serão acrescidas das que teriam sido cobradas se a liquidação tivesse tido por base a média aritmética das taxas efectivamente praticadas por todos os municípios e dos montantes dos benefícios fiscais concedidos pelo município" (Maria José Castanheira Neves, ob. cit., pág. 220). Questão que se mantem muito aproximada na NLFL.

moção do desenvolvimento das economias locais. A natureza das transferências estaduais deverá revestir, aqui, natureza distinta, condicionando a sua utilização a finalidades específicas, sectoriais ou concretas.

É certo que, entre nós, a experiência da atribuição de subvenções condicionadas não tem demonstrado resultados positivos. A fórmula típica de efectivação de transferência condicionadas é a celebração de contratos-programa, qualificados como mecanismo de cooperação técnica e financeira e, como tal, excepcionais. De facto, a experiência do período pré-revolucionário ditou a excepcionalidade de medidas assimiláveis à subsidiação arbitrária, patente, sobretudo, na Lei n.º 1/79, mas que subtilmente se diluiu nas sucessivas revisões da regime jurídico das finanças locais, ganhando expressão em legislação avulsa.

A ALFL proibia "quaisquer formas de subsídios ou comparticipações financeiras aos municípios e freguesias por parte do Estado, das Regiões Autónomas, dos institutos públicos ou dos fundos autónomos", admitindo, todavia, a inscrição excepcional no Orçamento do Estado, por ministério, "verbas para financiamento de projectos de autarquias locais de grande relevância para o desenvolvimento regional e local, quando se verifique a sua urgência e a comprovada e manifesta incapacidade financeira das autarquias para lhes fazer face". Admitia-se, de igual modo, a concessão de auxílios financeiros às autarquias locais, em situações efectivamente excepcionais e legalmente tipificadas (n.º 3). Estas regras conhecem algumas alterações no âmbito da NLFL, mas o princípio geral de proibição de subsdiação ou concessão de auxílios financeiros às autarquias mantém-se.

É admitida, então, com carácter *excepcional*, a celebração de contratos-programa, acordos de colaboração, contratos de auxílio financeiro e, ainda, protocolos de modernização administrativa. Fórmulas de cooperação técnica e financeira severamente criticadas face à discricionariedade do Estado na celebração destes contratos – ainda que a sua celebração deva obediência aos princípios da igualdade, imparcialidade e justiça, devendo ser publicados em *Diário da República* – e à partidarização do seu uso.

Estamos, contudo, a falar de mecanismos de subvenção comparticipada, assumindo o Estado uma quota-parte do investimento, sendo o restante responsabilidade do município (ou freguesia). A sua regulamentação legal, no sentido de objectivar a sua utilização, parece-nos essencial. Estes não serão, ainda assim, os instrumentos adequados para o desiderato de equidade espacial e desenvolvimento das economias locais que pretendemos alcançar através do aumento das verbas remanescentes a distribuir de acordo com a fórmula, legalmente consagrada, relativa ao IDO.

A dependência dos municípios cuja posição orçamental apresenta maior fragilidade, face às transferências do Orçamento do Estado, diminuirá apenas quando as respectivas economias municipais apresentarem um nível de desenvolvimento que permita a sustentação dos seus sistemas de financiamento local (essencialmente) em receitas próprias. O que significa que, procurando contrariar a tendência, o Estado e os municípios deverão concertar objectivos de desenvolvimento no sentido de minorar tal insuficiência financeira e promover a equidade espacial.

Neste sentido, o remanescente do FCM após a distribuição de verbas para equalização fiscal, que terá sofrido, de acordo com o nosso modelo, um aumento, deverá ser distribuído por cada município na razão directa do resultado da fórmula relativa à distribuição do remanescente de acordo com o IDO, mas não sobre a forma de subvenções em bloco, não condicionadas.

Para correcção das assimetrias e prossecução do objectivo de equilíbrio horizontal, o Estado deverá canalizar fundos calculados de acordo com o IDO, e fazê-lo condicionando a sua utilização a planos municipais de desenvolvimento económico previamente elaborados, que contemplem sectores ou projectos específicos[335].

A intromissão estadual na esfera de autonomia local é justificada pela incumbência prioritária que o art. 81.º, al. d), da Constituição lhe atribui, e mitigada pela intervenção dos municípios na elaboração dos respectivos planos de desenvolvimento económico, em coordenação com entidades da administração central, como as Comissões de Coordenação do Desenvolvimento Regional (CCDR's).

---

[335] Relembre-se que as subvenções específicas têm sobretudo um «efeito rendimento», isto é, além de conduzirem ao aumento do nível de despesa no sector especificamente subvencionado – o que sucede quando o montante empregue nesse sector ultrapasse o montante da subvenção – fomentam, também, a despesa realizada com a provisão de outros bens, uma vez que às entidades locais compete a provisão de uma multiplicidade de bens públicos e desde que os fundos sejam fungíveis. Tal efeito deverá ser tido em conta na programação das medidas de investimento e promoção do desenvolvimento local.

A planificação das necessidades de realização de investimento público em sectores intimamente relacionados com a desigualdade de oportunidades deverá contemplar, *ab initio*, o horizonte temporal de aplicação do plano, apresentar uma estruturação economicamente racional e estará sujeita a mecanismos de controlo e avaliação de eficácia regular.

Deste modo, o FCM servirá, através do ICF, o propósito de equalização fiscal – e de incentivo à maximização do uso de instrumentos próprios de tributação, como observámos – e promoverá, através do IDO, a equidade espacial e o desenvolvimento das economias locais, cumprindo desta forma o mandato constitucional para a correcção das assimetrias e das diferenças entre o litoral e o interior.

A eficácia desta combinação de subvenções gerais e subvenções específicas depende, todavia, da racionalidade económica empregue na planificação económica municipal e da eficiência e responsabilização política dos decisores locais.

3. Racionalidade económica e responsabilização política

O quadro de reformulação do modelo de transferências do Orçamento do Estado proposto e, de forma mais lata, a revisão do sistema de financiamento esboçada, carecem, ainda, da adopção de medidas «complementares», garantes da racionalidade económica e da efectivação da responsabilidade política dos decisores locais.

Em relação ao primeiro aspecto, a implementação da programação orçamental plurianual tem sido objecto de revisitação. Em bom rigor, a plurianualidade era já uma referência aquando da discussão parlamentar da Lei n.º 1/79, propondo, à época, o Partido Comunista Português a fixação quadrianual do montante das transferências, tendo em consideração os objectivos do plano a médio prazo.

Ora, se desde então o plano perdeu importância – mantendo, contudo, o assento constitucional que lhe foi atribuído logo em 1976, mas tendo já caído a referência ao "médio prazo" – e a plurianualidade orçamental nunca conheceu implementação, a ideia é constantemente reavivada, sobretudo nos dias de hoje, em que o rigor das contas públicas assume uma importância crescente.

De facto, a elaboração de orçamentos quadrianuais promove a racionalidade económica do comportamento dos agentes e das decisões financeiras, que podem, assim, ser tomadas de acordo com uma dinâmica mais próxima dos ciclos económicos e não dos ciclos políticos. É sabido que os interesses eleitorais são o mote para a adopção de inúmeras medidas financeiras irracionais, como a concentração do investimento público local nos momentos anteriores às eleições.

A plurianualidade obriga a um planeamento mais cuidado da realização da despesa face às receitas de arrecadação expectável, com a possibilidade – limitada – de ajustamentos face à evolução da economia. Obriga, de igual modo, à transparência nas relações financeiras que se estabelecem entre as várias entidades públicas e agentes económicos privados.

Trata-se, primeiramente, de um mecanismo de auto-regulação da despesa. Tanto mais quanto o fluxo de transferências for objecto de previsão, e distribuição faseada, dentro do horizonte temporal fixado. E, aliado aos planos municipais de desenvolvimento económico, cuja criação acima foi proposta, serve os propósitos perequatórios a que o sistema de subvenções estaduais se encontra vinculado.

A actualização do fluxo de receitas e despesas previstas para um horizonte móvel de quatro anos, num enquadramento dos orçamentos anuais numa perspectiva de médio prazo, torna patentes para os decisores políticos as escolhas possíveis. Mais, associando a plurianualidade da programação orçamental à publicitação, os cidadãos-contribuintes saberiam de antemão qual o programa financeiro a que estavam a aderir, através do seu voto, e permitir-lhes-ia controlar, passo a passo, o cumprimento do programa seleccionado.

A racionalidade económica e a responsabilização política dos decisores locais não pode, contudo, ser integralmente deixada aos cidadãos. É, também, essencial reforçar as formas de controlo aplicáveis à administração local.

No *Relatório sobre as Medidas para uma Política Sustentável de Estabilidade e Controlo da Despesa Pública* elaborado em 2002, por um grupo de trabalho presidido por António Sousa Franco, apontava-se o enfraquecimento do controlo sobre as finanças locais, recomendando-se que alterações nesta matéria respeitassem a autonomia local, a legalidade e a existência de formas próprias de controlo do desperdício.

Neste sentido, o relatório aponta a discriminalização de comportamentos financeiros graves, levada a cabo pela lei de tutela, cuja reponderação recomenda. Acrescenta que "a inexistência de visto prévio no plano da administração local foi pensada para ser combinada com a existência de auditores independentes municipais, mas a legislação fez desaparecer essa exigência, o que significa que não existem órgãos técnicos de controlo credível no domínio da administração local. É imperativa a sua criação"[336].

---

[336] *Relatório...*, ob. cit. pág. 177.

CAPÍTULO IV
CONCLUSÕES
COMPARAÇÃO DAS PREMISSAS DO MODELO PROPOSTO À LUZ DA NOVA LFL

Ao longo desta dissertação, procuramos seguir o seguinte caminho, e através dele, alcançar, sinteticamente, algumas conclusões:

1. Entender a descentralização, aceitá-la, ou não, no nosso ordenamento jurídico, e apurar o grau de concretização deste princípio, contrapondo a vontade teórica à realidade da prática.

2. Tal exercício passa pela caracterização da autonomia local, na medida em que confere materialidade ao princípio da descentralização – *maxime* à descentralização territorial autárquica. À crise conceptual da autonomia local, que resultou no retirar de competências aos entes locais, seguiu-se – e prossegue – uma crise da autonomia financeira, que torna inoperante a descentralização – quer o *acquis* descentralizador, quer o programa de descentralização, que deve basear-se nas premissas da eficiência e qualidade, teorizadas à luz da doutrina que estuda fenomenologias associadas à «descentralização financeira», nomeadamente, a *public choice* e o *fiscal federalism*.

3. Do estudo desse vasto corpo doutrinário, e das suas aplicações à temática que nos ocupou, concluí-se que os bens e serviços públicos – que devam ser providos publicamente, e não pelo mercado – devem ser objecto de provisão pela entidade, nacional ou local, mais eficiente, ou em oferta conjunta (e, neste caso, que parcela de responsabilidade têm as entidades estadual e infra-estaduais). Como tendência, a provisão pública de bens ao nível local corresponderá a uma optimização economico-

-social – *cada serviço público deve ser provido pelo nível de governo correspondente à entidade territorial onde, espacialmente, os custos e benefícios dessa provisão são totalmente internalizados.*

4. Encontrado e verificado aquele óptimo (relativo à provisão pública local de bens e serviços e à decisão financeira que lhe subjaz), o mesmo determina os termos do programa de descentralização. Programa que deve ser acompanhado de um sistema de financiamento que não o inviabilize, antes promova.

5. A par dos níveis óptimos – espaciais, qualitativos e quantitativos – de provisão pública, estão, indissociavelmente, os níveis justos da provisão pública. Dito de outra forma: se concluímos que o nível local é o adequado para a provisão de um conjunto muito significativo de bens e serviços (chame-se aqui à colação, também, o princípio da subsidiariedade) – revelador de aptidão para a concretização do programa de descentralização – esta provisão pública local terá de acontecer num quadro financeiro de autonomia (sem autonomia não há descentralização territorial autárquica efectiva) e de justa repartição de recursos públicos entre o Estado e os entes locais – porque se o espaço local é o mais adequado à provisão de muitos bens públicos, outros encontram no âmbito nacional, ou em níveis intermédios, o espaço mais adequado à sua provisão, e também estes têm de ser financiados.

6. Só da associação entre descentralização e justiça na repartição de recursos, será aquela sustentável e exequível, e esta efectivada tal como comanda a Constituição. Ambas são reclamadas pelos imperativos de eficiência na satisfação de interesses públicos. Se a descentralização, entre nós, mais será uma semi-descentralização (na triologia de Eisenmann), a Lei das Finanças Locais vigente aquando da elaboração desta dissertação não reflectia justiça na repartição vertical – e também horizontal, sendo estas indissociáveis, na minha opinião – de recursos. O que seria reflexo de um sistema apenas semi-descentralizado, mas também óbice a uma eficiente distribuição vertical de competências.

7. Foi sobre tal injustiça que versámos, propondo um modelo de repartição de recursos senão justo, mais justo do que aquele que vigorava.

8. Face à passagem do tempo e à publicação da nova Lei das Finanças Locais – Lei n.º 2/2007, de 15 de Janeiro – torna-se imperativo comparar as premissas do modelo construído nesta tese com o modelo da nova LFL, e comparar as concepções de justiça inerentes a ambos. Mantendo, também, presente o modelo plasmado na Lei n.º 42/98, que regia o sistema de financiamento local à época de escrita desta dissertação.

(A) MODELO PLASMADO NA ANTERIOR LFL
Lei n.º 42/98, de 6 de Agosto[337]

Características e críticas

1) Dotação global dos recursos subvencionados, através do FEF

= 30,5% da média aritmética simples da receita proveniente do IRS, IRC e IVA (artigo 10.º/1)

2) Distribuição percentual do FEF

FBM = 14,75% do FEF (dotar os municípios de capacidade mínima p/ o seu funcionamento – introduzido pela Lei n.º 94/2001)
FGM = 67,21% do FEF
FCM = 18,04% do FEF

3) Critérios de distribuição dos fundos

FBM = repartido igualmente por todos os municípios
FGM = 1.ª repartição entre Continente, RAM e RAA; 2.ª repartição: em tese, elementos objectivos (área, população, n.º de freguesias, mas também população em idade escolar)
FCM = distribuído com base nos índices de carência fiscal (ICF) e de desigualdades de oportunidades (IDO)

4) Poderes tributários – muito limitados:

- grande dependência das transferências, cujo próprio sistema foi completamente desvirtuado com a Lei n.º 94/2001, através da introdução da garantia de crescimentos mínimos, igual ou superior à taxa de inflação prevista e por relação ao factor população, ponderado, por escalões, de acordo com a taxa de crescimento médio nacional anual.

---

[337] Vigente à época da elaboração da dissertação.

- escassa autonomia na criação e gestão de taxas (elenco, muito concretizado, no artigo 19.°)
- maior autonomia na gestão dos impostos municipais a partir da reforma da tributação do património de 2003, *maxime* em sede de IMI
- concessão de isenções fiscais apenas como contrapartida pela fixação de projectos de investimento de especial interesse para o desenvolvimento do município (artigo 4.°/4)

5) **Transferências condicionadas**
    - Utilização excessiva e abusiva de mecanismos de cooperação técnica e financeira, *maxime* contratos-programa, cuja arbitrariedade não introduz qualquer racionalidade ao sistema
    - Contratualização pontual em áreas/projectos específicos
    - Transferências condicionadas, sedeadas na Lei do Orçamento do Estado, e calculadas anualmente, à margem da LFL

6) **Dinâmica de distribuição dos fundos municipais**

FGM	FCM ICF = carência fiscal + IDO = desigualdades de oportunidades
a) 1.ª repartição é irracional b) 2.ª repartição tem como principal *driver* de custos o território (30% + 15% de acordo com o número de freguesias, o que estimula a fragmentação irracional do território em unidades paroquiais) – quando o principal indicador de necessidades é a população (40%)	**Carência Fiscal** CMN – CMMunicipal, sendo atribuído a cada município com capitação de impostos municipais inferior à CMN o montante necessário para que cada um alcance a CMN (As colectas efectivas são acrescidas das que teriam sido cobradas se a liquidação tivesse por base a média aritmética das taxas efectivamente cobradas por cada município + despesa fiscal do município) **IDO** Remanescente do FCM é distribuído por cada município na razão da aplicação dos índices municipal de desigualdades de oportunidades municipal e nacional de desenvolvimento social, à população residente.

7) **Regras relativas à descentralização** – inexistentes

(B) MODELO PROPOSTO
Premissas e propostas

1) **Diminuição da dotação global dos recursos subvencionados a transferir para os municípios**

   Na prática, um menor FEF

2) **Reajustamento percentual das transferências para cada Fundo Municipal, no âmbito do FEF**

   Face à necessidade de intensificar o reequilíbrio horizontal para, no médio prazo, o imperativo de equilíbrio concentrar-se na dimensão vertical, propõe-se a diminuição do intervalo entre as verbas destinadas ao FGM e ao FCM

3) **Com a consequente revisão dos critérios de distribuição dos fundos pelos vários municípios**

4) **Paralelamente, disponibilização de instrumentos e ampliação de *poderes tributários* potencialmente geradores de receitas próprias ou de maior autonomia na gestão de recursos**
   - Sendo menores as transferências, mas mantendo canais de distribuição vertical de recursos, através da partilha de receitas
   - Pela enfatização do princípio do benefício na edificação do sistema tributário municipal, *maxime* através das taxas
   - Pelo alargamento de competências municipais de gestão de impostos/tributos locais

5) **E a utilização do mecanismo de subvenções condicionadas na promoção da equidade espacial e desenvolvimento das economias locais**, no âmbito do FCM (cfr. adiante)

   ### Síntese do Modelo
   O modelo, traduzir-se-ia, então:
   - (a) Num FEF de menor expressão percentual face à colecta nacional de IRS, IRC e IVA, integralmente associado ao ciclo económico (ou seja, sem elementos de garantia de crescimento mínimos tal como previstos no artigo 14.º-A, da Lei n.º 42/98, que provocavam distorções no sistema de transferências e ineficiências na alocação dos recursos e na realização dos objectivos concretos do FGM e do FCM)
   - (b) Na aproximação das percentagens do FEF a canalizar para o FGM e o FCM, absorvendo o novo modelo o FBM (distorcivo)

(c) Na objectivação da componente de equilíbrio vertical – *ex vi* FGM, cujos critérios de distribuição são alterados – e intensificação da componente subjectiva ou de equilíbrio horizontal – através de um FCM com maior expressão financeira e alteração da sua estrutura.

Ou seja, concentração do esforço financeiro primário na coesão e equidade – sempre paralela à preocupação com a regular gestão financeira municipal (FGM) – para, num segundo momento, reforçada a equidade em termos de posição e performance financeira municipal, desviar o esforço financeira para a distribuição vertical de recursos, numa dinâmica de constante aperfeiçoamento do sistema, mas num quadro de estabilidade e previsibilidade, para conduzir a actuação dos decisores financeiros municipais.

6) Dinâmica de distribuição dos fundos municipais

FGM

Com uma dimensão menor, no âmbito do FEF, os critérios de distribuição do FGM devem basear-se em três premissas:

1. o melhor indicador de necessidades ou *driver* de custos é a população;
2. os municípios devem ser observados e tratados por uma lei das finanças locais de acordo com a sua posição orçamental (relação entre a capacidade fiscal e indicadores de despesa) e não apenas ou sobretudo de acordo com a sua posição fiscal (capacidade fiscal, *tout court*);
3. Alguns dos critérios de distribuição do FGM tal como previsto na Lei n.º 42/98 devem ser integrados no FCM, atendendo à finalidade deste fundo.

FCM
=
IEF = equalização fiscal
+
IDO = equidade espacial + desenvolvimento das economias locais,
através de um mecanismo, transitório/ de médio prazo,
de transferências consignadas ao financiamento de planos municipais
de desenvolvimento económico-social

Uma vez que se verifica um fenómeno de substituição quase perfeita entre impostos locais e transferências, os municípios poderão sentir-se tentados a não maximizar a utilização dos instrumentos resultantes da ampliação dos seus poderes tributários ou pré-existentes, indo buscar a compensação fiscal que o Índice de Equalização Fiscal (IEF), tal como estruturado na Lei n.º 42/98, lhes poderia valer.

IEF	> IDO
No quadro do modelo proposto, há que procurar que todos os municípios tornem efectiva a sua capacidade fiscal potencial, ou, ao menos, que sejam conduzidos a tê-la em linha de conta no âmbito das decisões financeiras locais. Ou seja, o cálculo do IEF deverá resultar da diferença entre a capacidade fiscal potencial nacional média e a capacidade fiscal potencial de cada município, abrangendo já os instrumentos advenientes da ampliação dos seus poderes tributários, bem como as taxas máximas potencialmente aplicáveis (nos impostos municipais), e tendo em conta as despesas fiscais realizadas (isenções fiscais concedidas). Naturalmente, esta regra não deve ser cega, na medida em que a capacidade potencial varia em função de elementos objectivos (residentes, visitantes, localização, etc.) mas também subjectivos (capacidade de atracção). Não deve ser um imperativo de maximização absoluta da capacidade fiscal potencial, mas um imperativo de orientação impeditivo da substituição de potenciais receitas próprias por transferências. * Esta alteração da forma de cálculo do IEF poderia gerar um intervalo sensivelmente maior entre a capacidade fiscal potencial nacional (média) e a capacidade fiscal de cada município, mas não provocaria, tendencialmente, um incremento substancial dos montantes a utilizar na promoção da equalização fiscal. O aumento da percentagem do FEF canalizado para o FCM teria maior impacto no IDO: o FCM aumenta > o IEF não sofre oscilações de monta > o remanescente a distribuir através do IDO sofre o maior aumento	Este remanescente seria distribuído por cada município na razão directa da fórmula então constante do artigo 14.°, n.° 2 da Lei n.° 42/98, não sobre a forma de subvenções genéricas, mas antes condicionadas//específicas: Seriam condicionadas não só nos seus pressupostos (nem todos os municípios, e nem todos da mesma forma, são beneficiários do FCM através do IDO – mas isto não é novidade) e na sua utilização, financiando planos municipais de desenvolvimento económico-social previamente elaborados, contemplando sectores ou projectos específicos (em domínios essenciais para a igualdade de oportunidades e consequente desenvolvimento económico-social) * As subvenções específicas têm sobretudo um «efeito rendimento» * A consignação encontraria justificação constitucional *ex vi* art. 238.°, n.° 2, última parte ("necessária correcção de desigualdades entre autarquias") + artigo 81.°, alínea d) (mandato constitucional ao Estado para, no âmbito económico e social "promover a coesão social económica e social de todo o território nacional, orientando o desenvolvimento no sentido de um crescimento equilibrado de todos os sectores e regiões e eliminando progressivamente as diferenças económicas e sociais entre a cidade e o campo e entre o litoral e o interior") + a compressão da autonomia financeira seria, também, mitigada pela intervenção directa dos municípios na elaboração dos planos de desenvolvimento económico social respectivos. Esta planificação das necessidades de realização de investimento público em sectores intimamente relacionados com a desigualdade de oportunidades, deveria contemplar: a) horizonte temporal de aplicação do plano (limite no médio prazo) b) apresentar uma estruturação economicamente racional c) sujeição a mecanismos de controlo e avaliação de eficácia regulares (Tribunal de Contas, etc.) d) porventura, serem sujeitos a consulta popular prévia ou, pelo menos, a discussão pública no seio da comunidade

7) Descentralização

A descentralização de novas competências teria sempre de efectuar-se, do ponto de vista financeiro, nos termos deste modelo.

A ampliação de competências municipais significa a diminuição de competências estaduais.

Consequentemente, significará também um incremento dos meios financeiros dos municípios, e a consequente e correspondente diminuição dos meios financeiros estaduais, mas sempre de forma sistemática.

(C) MODELO PLASMADO NA NOVA LFL
Lei n.º 2/2007, de 15 de Setembro

Premissas e características

1) **Diminuição da dotação global dos recursos subvencionados a transferir para os municípios**

   FEF = 25,3% da média aritmética simples da receita proveniente do IRS, IRC e IVA [artigo 19.º, n.º 1, alínea a)]

2) **Reajustamento percentual das transferências para cada Fundo Municipal, no âmbito do FEF**

   FEF = FGM – 50% + FCM – 50%
   (artigo 21.º, n.º 1)

3) **Com a consequente revisão dos critérios de distribuição dos fundos pelos vários municípios**

4) **Paralelamente, disponibilização de instrumentos e ampliação de *poderes tributários* potencialmente geradores de receitas próprias ou de maior autonomia na gestão de recursos:**

   - Partilha de 5% da colecta do IRS dos contribuintes com domicílio fiscal no município, com possibilidade de concessão de «deduções à colecta» aos munícipes
   - Alargamento das competências na gestão de impostos cuja receita é municipal:
     - concessão de isenções fiscais (artigo 12.º, n.ºs 2 e 3)
     - direito de audição e compensação pelas isenções concedidas pelo Estado (artigo 12.º, n.ºs 4 a 6)
     - liquidação e cobrança de impostos municipais sem criação de deseconomias de escala (através de Assembleias de Municípios à escala das NUTS III e das Áreas Metropolitanas de Lisboa e do Porto – *autarquias metropolitanas especiais*, a criar – artigo 13.º, n.ºs 2 e 3)
   - Criação de um Regime Geral das Taxas das Autarquias Locais (RGTAL)

5) **E a utilização do mecanismo de subvenções condicionadas na promoção da equidade espacial e desenvolvimento das economias locais**

Criação do *Fundo Social Municipal* (FSM) – com carácter transitório e consignado, para financiamento das despesas elegíveis nas áreas da educação, saúde e acção social

* Retira parcelas correspondentes a anteriores critérios de distribuição do FGM
(e que no modelo por nós proposto são colocadas no âmbito do FCM/IDO – planos municipais de desenvolvimento económico-social)

6) **Dinâmica de distribuição dos fundos municipais**

FGM
Com uma dimensão menor, no âmbito do FEF, os critérios de distribuição do FGM baseiam-se em três premissas: 1. o melhor indicador de necessidades ou *driver* de custos é a população 2. subvalorização do indicador territorial, *second best driver* de custos 3. valorização de factores de preservação ambiental e desenvolvimento local sustentado

**FCM
=
Compensação fiscal
+
Compensação de desigualdades de oportunidades**

Compensação fiscal	Compensação de desigualdades de oportunidades
Aprovada de acordo com a posição de cada município em termos de capitação de impostos locais, face à Capitação Média Nacional de Impostos Locais	FCM remanescente da compensação fiscal + contribuição líquida dos municípios > 1,25 × CMN
a) **CMMunicipal inferior a 0,75 × a CMN** Compensação fiscal = CMN – CMMunicipal × população residente (valor positivo)	* Sofre um aumento: – menos na razão do aumento da % do FCM no seio do FEF, que é primeiramente destinado à compensação fiscal (que se baseia na capitação efectiva de impostos locais, e não na capitação potencial, considerando-se, para o cálculo do ICF, a colecta de IMI que resultasse da liquidação com base nos em taxas situadas nos valores médios dos intervalos previstos no CIMI – artigo 27.º/12).
b) **CMMunicipal entre 0,75 × ou mais/menos de 1,25 ×** Compensação fiscal = neutra	
c) **CMMunicipal superior a 1,25 × a CMN** Compensação fiscal negativa/descompensação fiscal 1,25 × da CMN – CMMunicipal × população residente = X 22% deste valor é contribuição líquida ao FCM	– mas sobretudo por via da contribuição líquida dos municípios que estão > 1,25 × a CMN

7) Descentralização

i) O FSM financia competências correspondentes às despesas elegíveis (artigos 24.º + 28.º), algumas das quais correspondem já a competências municipais, outras estão por descentralizar;

ii) o financiamento de novas competências municipais associadas a funções sociais efectua-se através do ajustamento percentual e revisão de critérios de distribuição do FSM (artigo 53.º/2);

iii) o financiamento de novas competências municipais noutros domínios efectua-se mediante um aumento da participação no FEF, acompanhado de um aumento do carácter redistributivo do FCM (artigo 53.º, n.º 3).

BIBLIOGRAFIA

AAVV, *A Problemática da Tributação Local*, Comissão de Coordenação da Região Centro (Coord.) e OCDE (Colab.), Coimbra, 1988.

AAVV, *Classics in the Theory of Public Finance*, Richard Musgrave e Alan T. Peacock (Coord.), London, Macmillan, 1958.

AAVV, *Descentralização, Regionalização e Reforma Democrática do Estado*, 2.ª Edição, Comissão de Apoio à Reestruturação do Equipamento e da Administração do Território, MEPAT, 1998.

AAVV, *Direito do Urbanismo e Autarquias Locais*, CEDOUA, FDUC, IGAT, Almedina, 2005.

AAVV, *Estudo sobre a reformulação dos critérios de distribuição do Fundo de Equilíbrio Financeiro*, Manuel Brandão Alves (Coord.), Relatório Final, Lisboa, Instituto Superior de Economia e Gestão, 1997.

AAVV, *La participación de las haciendas autonómicas y locales en los tributos del Estado*, Enrique Jiménez-Reyna Rodríguez (Coord.), 1.ª Edição, Madrid, Ayuntamiento de Madrid, 1994.

AAVV, *Lecturas de Hacienda Pública*, Juan Francisco Corona (Coord.), Madrid, Minerva Ediciones, 1994.

AAVV, *O Sistema Financeiro e Fiscal do Urbanismo. Colóquio Internacional: o direito do urbanismo do séc. XXI*, Fernando Alves Correia (Coord.), Almedina, 2002.

AAVV, *Strong and prosperous communities – The Local Government White Paper*, Department for Communities and Local Government, Communities and Local Government Publications, October 2006.

AAVV, Papel das Freguesias na Administração Portuguesa, ANAFRE, Benedita, 1990.

AAVV, *Poder Central, Poder Regional, Poder Local numa perspectiva comparada*, Luís Nuno Espinha da Silveira (Coord.), Edições Cosmos, 1997.

AAVV, *Property Taxation and Local Government Finance*, Wallace E. Oates (Coord.), Cambridge, Massachusetts, Lincoln Institute of Land Policy, 2001.

AAVV, *Reforma da Lei de Enquadramento Orçamental – Trabalhos preparatórios e anteprojecto*, Jorge Costa Santos (Coord.), Ministério das Finanças, 1998.

AAVV, *Relatório Sobre as Medidas para uma Política Sustentável de Estabilidade e Controlo da Despesa Pública*, António L. Sousa Franco (Coord.), Lisboa, 2002.

AAVV, *Revue Française de Finances Publiques, Vingt ans de finances locales: enjeux pour l'avenir*, N.º 81, 2003.

AAVV, *Taxas e Tarifas Municipais*, ISFEP, Instituto de Investigação da Faculdade de Economia da Universidade do Porto, 1998.

ABREU, João Paulo Cancela de, "O actual sistema de administração local", *O Direito, Revista de Ciências Jurídicas e de Administração Pública*, Ano 89, N.º 1, 1957, págs. 10-33.

ACKERMAN, Bruce, *We the people, Transformations*, The Belknap Press of Harvard University Press, Cambridge, Massachusetts, 1998.

ALASONATTI, Eligio, "Itália: das Regiões ao Federalismo?", *XVI Colóquio Nacional da ATAM (Associação dos Técnicos Administrativos), Comunicações*, Vilamoura-Loulé, 1996, págs. 245-252.

ALMEIDA, Aníbal, *Sobre o Estado e o Poder, A Economia e a Política*, Coimbra, Almedina, 2003.

ALMEIDA, Carlos Ferreira de, Introdução ao Direito Comparado, 2.ª Edição, Coimbra, Almedina, 1998.

ALVES, André Azevedo e MOREIRA, José Manuel, *O que é a Escolha Pública? Para uma análise económica da política*, Principia, 2004.

AMADOR, Olívio Mota, e SILVEIRO, Fernando Xerepe, *Jurisprudência Orçamental (Colectânea)*, AAFDL, Lisboa, 2003.

AMARAL, Diogo Freitas do, *Curso de Direito Administrativo*, 2.ª Edição, Volume I, (10.ª Reimpressão da 2.ª Edição de 1994), Almedina, 2005.

AMORIM, Manuel Ribeiro da Cruz, "Considerações sobre a insuficiência dos recursos dos municípios portugueses", *Revista de Direito Administrativo*, Tomo XIV, N.º 1, 1970, págs. 3-38.

ANDRADE, Fernando Rocha, *Economia e Finanças Públicas, Textos de Apoio*, Faculdade de Direito de Coimbra, 2003-2004.

ANDRADE, José Robin de, "Taxas municipais: limites à sua fixação – parecer jurídico", *Revista Jurídica do Urbanismo e do Ambiente*, N.º 8, Dez., 1997, págs. 59-83.

ANDRADE, Vieira de, "Suplectividade do Estado e Desenvolvimento", *Gaudium et Spes: uma leitura interdisciplinar vinte anos depois*, Viseu, 1988.

ANGOITIA GRIJALBA, Miguel, *Entidades Locales y Descentralización del Sector Público*, CES, Colección Estudios, 2004.

ANTUNES, Isabel Cabaço, *A Autonomia Financeira dos Municípios Portugueses*, Ministério do Plano e da Administração do Território, 1987.

ANTUNES, Luís Filipe Colaço, "Poder Local", *Enciclopédia Verbo Luso-Brasileira de Cultura*, Edição Séc. XXI, 23, Editorial Verbo, pág. 2.

ARAÚJO, Fernando, *Introdução à Economia*, 3.ª Edição, Almedina, 2005.

ARIÑO ORTIZ, G. "Principios de descentralización y desconcentración", *Documentación Administrativa*, N.º 214, págs. 11-34.

ASCHER, François, *Metapolis – Acerca do futuro da cidade*, Oeiras, Celta, 1998.

BAILEY, Stephen J., *Strategic Public Finance*, Palgrave Macmillan, 2004.

BAIÔA, Manuel, "A administração e o poder local na transição da I República para a ditadura militar", *Revista de Administração Local*, Ano 23, N.º 180, Nov./Dez., 2000, págs. 775-788.

BALEIRAS, Rui Nuno, "Finanças Municipais", *Seminário da Presidência da República*, Junho, 2004, págs. 1-73.

"Governação subnacional: legitimidade económica e descentralização da despesa pública", *Compêndio de Economia Regional*, Associação Portuguesa para o Desenvolvimento, Coimbra, 2001.

BARBOSA, António S. Pinto, "Nota sobre uma lei explosiva", Boletim Económico do Banco de Portugal, Estudos Económicos, Volume 8, N.º 4, Dezembro, 2002, págs. 27-29.
  Economia Pública, McGraw Hill, 1997.
BARACHO, José Alfredo de Oliveira, "Descentralização do poder: Federação e Município", *Revista Forense*, Rio de Janeiro, Ano 82, Volume 293, Janeiro-Março, 1986, págs. 11-30.
BARRERO RODRÍGUEZ, Maria Concepción, *Las Áreas Metropolitanas*, Civitas, 1993.
BARUCCI, Emilio, *Teoria dei Mercati Finanziari. Equilibrio, Efficienza, Informazione*, il Mulino, 2000.
BASTO, Xavier de e XAVIER, António Lobo, "Ainda a distinção entre taxa e imposto: a inconstitucionalidade dos emolumentos notariais e registais devidos pela constituição de sociedades e pelas modificações dos respectivos contratos", *RDES*, Ano XLVI, 1994, págs. 22-38.
BEIRANTE, Cândido, *Descentralização, municipalismo e cooperativismo*, Editorial Vega, 1978.
BENCHENDIKH, François, "L'intérêt communautaire dans les agglomérations en pratique", *L'actualité Juridique*, Dez., 2002, págs. 1327-1331.
BIRD, Banco Internacional para a Reconstrução e Desenvolvimento (Grupo Banco Mundial), *Credit Ratings and Bond Issuing at the Subnational Level, Training Manual*, 1999.
BLANC, Jacques, *Finances locales comparées*, LGDJ, 2002.
  "Les dysfonctionnements des finances municipales", *La Démocratie Municipale, Revue Française d'Études Constitutionnelles et Politique*, Paris, N.º 73, 1995, págs. 91-108.
  Les péréquations dans les finances locales, LGDJ, 1996.
BOOTHE, Paul, "Modest but Meaningful Change: Reforming Equalization", *Equaliztion: Helping Hand or Welfare Trap?*, Conference, Montreal, Canada, 25 de Outubro, 2001.
BONOMI, Carlo, "Il decentramento comunale: l'esperienza britannica", *Rivista Trimestrale di Diritto Pubblico*, Milano, A. 26, N.º 2, 1976, págs. 1745-1761.
BOUVIER, Michel, *Les finances locales*, 10.ª Edição, LGDJ, 2005.
BOYNE, George, "Local Government Reorganisation in Scotland and Wales: A Public Choice Perspective", *Local Government Reorganisation*, University of Wales, Cardiff, 2002.
BRAÑA, Francisco-Javier, SERNA, Víctor-Manuel, *La descentralización de competencias de gasto público: teoría y aplicación a España*, Madrid, Civitas, 1997.
BRAVO, Ana Bela Santos, VASCONCELLOS E SÁ, Jorge, *Autarquias Locais, Descentralização e Melhor Gestão*, Verbo, 2000.
BRENNAN, Geoffrey e BUCHANAN, James M., *The Reasons of Rules (Constitutional Political Economy)*, Cambridge, Cambridge University Press, 1985.
  The Power to Tax: Analytical Foundations of a Fiscal Constitution, Cambridge, Cambridge University Press, 1980.
BUCHANAN, James M., *The Demand and Supply of Public Goods*, Rand McNally & Company, Chicago, 1968.
  "An Economic Theory of Clubs", *Economica*, N.º 32, 1965, págs. 1-14.

BUCHANAN, James M., e MUSGRAVE, R. A., *Public Finance and Public Choice, Two contrasting vision of the State*, CES, The MIT Press, Second Printing, 2000.

BUCHANAN, James M., e TULLOCK, Gordon, *The Calculus of Consent*, Ann Arbor, University of Michigan Press, 1962.

BUCHANAN, James M., e WAGNER, Richard E., "Fiscal Responsibility in Constitutional Democracy", *Studies in Public Choice*, Volume 1, Kluwer Boston, 1978, págs. 113-156.

BURMEISTER, Joachim, *Verfassungstheoretische Neukonzeption der Kommunalen Selbstverwaltungsgarantie*, Munique, 1977.

CABRAL, Nazaré Costa, *O Recurso ao Crédito nas Autarquias Locais Portuguesas*, Lisboa, AAFDL, 2003.

CAETANO, Marcello, *Estudos de História da Administração Pública Portuguesa*, (Org. e prefácio Diogo Freitas do Amaral), Coimbra Editora, 1994.

Ensaios Pouco Políticos, Editorial Verbo, 2.ª Edição, 1971.

Manuel de Direito Administrativo, 2.ª Edição (inteiramente refundida), Coimbra Editora, 1947.

"A situação dos municípios no estrangeiro", *O Direito, Revista de Jurisprudência*, Ano 79, N.º 9, 1947, págs. 258-263.

O Município na Reforma Administrativa, Lisboa, Universidade Editora, 1936.

CÂNDIDO, Armando, *Intervenção do Estado na Administração Local (Centralização e Descentralização)*, Biblioteca do Centro de Estudos Político-Sociais, CEPS, 1957.

CANOTILHO, J. J. Gomes, *"Brancosos" e Interconstitucionalidade, Intenerário dos Discursos sobre a Historicidade Constitucional*, Almedina, 2006.

Direito Constitucional e Teoria da Constituição, 7.ª Edição, 3.ª Reimpressão, Almedina, 2006.

CANOTILHO, J. J. Gomes, e MOREIRA, Vital, *Constituição da República Portuguesa Anotada, Artigos 1.º a 107.º*, Volume I, 4.ª Edição Revista, Coimbra Editora, 2007.

Constituição da República Portuguesa Anotada, 3.ª Edição (revista), Coimbra Editora, 1993.

CARVALHO, Álvaro Mário de, "A hipótese de Tiebout", *Estudos em Homenagem à Dra. Maria de Lourdes Órfão de Matos Correia e Valle, Ciência Técnica e Fiscal*, N.º 171, 1995, págs. 15-25.

CARVALHO, João, FERNADES, Maria José, CAMÕES, Pedro e JORGE, Susana, *Anuário Financeiro dos Municípios Portugueses 2003*, Tribunal de Contas e CTOC, 2005.

CARVALHO, Joaquim Santos, *O processo orçamental das autarquias locais*, Almedina, Coimbra, 1996.

CASTELLS, Antoni, SORRIBAS, Pilar e VILALTA, Maite, *Las subvenciones de nivelación en la financiación de las comunidades autónomas: Análisis de la situación actual y propuestas de reforma*, Publicaciones i, Ediciones de la Universitat de Barcelona, 2005.

CASTRO, Victor de, "O mercado de capitais a emissão de obrigações pelos municípios", *Municipalis, Técnicas e Equipamentos Municipais*, Ano 4, 1.ª Série, N.º 13, 1990, págs. 28-34.

CATARINO, João Ricardo, "A concorrência fiscal inter-regiões no quadro europeu: a dialéctica entre a regionalização e o tributo", *Ciência Técnica e Fiscal*, N.º 402, Abril--Junho, 2001, págs. 7-105.

CAUPERS, João, "Lição das Provas de Agregação. Governo municipal – Na fronteira da legitimidade com a eficiência?", *Themis*, Revista da Faculdade de Direito da UNL, Ano V – N.° 8, 2004, págs. 251-281.
Introdução ao Direito Administrativo, Âncora, 7.ª Edição, 2003.
Direito Administrativo, Guia de Estudo, Editorial Notícias, 3.ª Edição, 1998.
"Estado de Direito, Ordenamento do Território e Direito de Propriedade", *Revista Jurídica do Urbanismo e do Ambiente*, N.° 3, Junho, 1995, págs. 87-115.
CHAPUS, R., *Droit administratif général*, Volume I, 6.ª Edição, Paris, 1992.
CLAISSE, Alain, "Estado e colectividades locais em França", *Planeamento e Administração*, Lisboa, Ano 1, N.° 3, 2.° Semestre, 1989, págs. 45-61.
CLOTET I MIRÓ, Maria-Àngels, *La Cooperacion Internacional de los Municípios en el Marco del Consejo de Europa. La Obra de la Conferência Permanente de Poderes Locales y Regionales de Europa*, Madrid, Civitas, 1992.
CONCEPCION RODRIGUEZ, Maria, *Las Areas Metropolitanas*, Editorial Civitas, 1993.
CORREIA, Carlos Pinto, "A Teoria da Escolha Pública: sentido, limites e implicações", *Boletim de Ciências Económicas da Faculdade de Direito de Coimbra*, Volumes XLI (1998, págs. 241-276), XLII (1999, págs. 285-458) e XLIII (2000, págs. 547--594).
CORREIA, Fernando Alves, "Formas Jurídicas de Cooperação Intermunicipal", *Estudos em Homenagem ao Prof. Doutor Afonso Rodrigues Queiró, Boletim da Faculdade de Direito de Coimbra* (Número especial), 1986, págs. 7-78.
CORREIA, Jorge e SILVA, Patrícia, "Finanças Locais e Consolidação Orçamental em Portugal", *Boletim Económico do Banco de Portugal*, Março, 2002, págs. 40-67.
CORREIA, José Manuel Sérvulo, "Devolução de Poderes", *Dicionário Jurídico da Administração Pública*, Volume III, 1990, págs. 655-657.
Legalidade e Autonomia Contratual nos Contratos Administrativos, Coimbra, Almedina, 1987.
Noções de Direito Administrativo, Volume I, Lisboa, Editora Danúbio, 1982.
COUTINHO, Luís Pedro Pereira, *As Faculdades Normativas Universitárias no Quadro do Direito Fundamental à Autonomia Universitária. O Caso das Universidades Públicas*, Almedina, 2004.
CUNHA, Paulo de Pitta e, *Equilíbrio Orçamental e politicas financeiras anticiclícas*, Lisboa, 1962.
CUNHA, Paulo Ferreira da, "Prelúdio Histórico ao Problema do Centralismo em Portugal", *Teoria do Estado Contemporâneo*, Verbo, 2004, págs. 153-177.
D'ÁVILA, Lobo, *Estudos de Administração*, Lisboa, 1874.
DEBBASCH, Charles, *Institutions et Droit Administratifs, 1 – Les structures administratives*, 3.ª Edição, Paris, 1985.
DEGNI, Marcello, "Federalismo sovranazionale e federalismo infranazionale", *Democrazia e Diritto*, Napoli, Ano 35, N.° 3-4, Luglio/Dicembre, 1995, págs. 143-169.
DELCAMP, Alain, "La démocratie municipale chez nos voisins: une typologie", *La Démocratie Municipale, Revue Française d'Études Constitutionnelles et Politique*, Paris, N.° 73, 1995, págs. 125-139.
DERYCKE, P. H. e GILBERT, G., *Économie publique locale*, Economica, Paris, 1988.
DGAL, *Administração Local em Números 2001*, MAOT, SEAL, 2001.

DIAS, José P. Baptista, "Contributo para a estruturação das organizações autárquicas do séc. XXI", *Revista de Administração Local*, Ano 26, N.º 195, Maio-Junho, 2003, págs. 336-342.

DONAHUE, John D., "Tiebout? Or Not Tiebout? The Market Metaphor and the America's Devolution Debate", *The Journal of Economic Perspectives*, Volume 11, N.º 4, 1997, págs. 73-82.

DOUAT, Étienne, "Les aspects financiers", *Droit Administratif*, Ano 45, N.º 4, avril, 2003, págs. 10-15.

DURAND, Franck, "O Estado e a descentralização no quadro da integração europeia", *Revista de Administração Local*, Ano 26, N.º 195, 2003, págs. 321-330.

EISENMANN, Charles, "Les structures de l'administration", *Traité de Science Administrative*, Paris, Mouton & C.º, 1966, La Haye.

La Centralisation et Décentralisation, esquisse d'une théorie générale, Paris, LGDJ, 1948.

ESTORNINHO, Maria João, *Fuga para o Direito Privado*, Almedina, Coimbra, 1996.

FERNÁNDEZ-GRANDE, Rafael Olañeta, *El Recurso de Reposición en la Hacienda Local*, Tirant lo Blanch, Valencia, 2002.

FERRARIS, Laura, "Decentramento amministrativo", *Digesto (delle Discipline Pubblicistiche)*, Actualização Turim, 2000.

FERREIRA, Amadeu José, *Direito dos Valores Mobiliários*, AAFDL, Lisboa, 1997.

FERREIRA, Eduardo Paz, *Ensinar Finanças Públicas numa Faculdade de Direito*, Almedina, 2005.

"O aval do Estado", *Estudos em homenagem ao Prof. Doutor Raúl Ventura*, Faculdade de Direito da Universidade de Lisboa, 2003, págs. 997-1030.

"O visto prévio do Tribunal de Contas: uma figura a caminho da extinção?", *Estudos em Homenagem ao Professor Inocêncio Galvão Telles*, Volume I, Direito Privado e Vária, Almedina, 2003, págs. 835-852.

"Em Torno das Constituições Financeira e Fiscal e dos Novos Desafios na Área das Finanças Públicos", *Nos 25 Anos da Constituição da República Portuguesa de 1976*, Lisboa, AAFDL, 2001, págs. 295-338.

"Títulos de dívida pública e valores mobiliários", *Direito dos Valores Mobiliários*, Volume II, Coimbra Editora, 2000, págs. 27-53.

"Novos rumos da dívida pública portuguesa", *Colectânea de estudos de homenagem a Francisco Lucas Pires*, UAL, 1998, págs. 73-86.

"Problemas de Descentralização Financeira", *Revista da Faculdade de Direito da Universidade de Lisboa*, Volume XXXVIII, N.º 1, Coimbra Editora, 1997, págs. 121-130.

Da dívida pública e das garantias dos credores do Estado, Almedina, Coimbra, 1995.

"Ainda a propósito da distinção entre impostos e taxas: o caso da taxa municipal devida pela realização de infra-estruturas urbanísticas", *Ciência Técnica e Fiscal*, N.º 380, 1996, págs. 57-84.

"Regime Jurídico da Emissão de Empréstimos Públicos", *Revista da Banca*, N.º 19, 1991, págs. 71-92.

As Finanças Regionais, Imprensa Nacional-Casa da Moeda, Estudos Gerais, Série Universitária, 1985.

FERREIRA, Eduardo Paz e REBELO, Marta, "O Novo regime Jurídico das Parcerias Público-
-Privadas em Portugal", *Revista de Direito Público da Economia, RDPE*, N.° 4,
Out.-Dez., 2003, págs. 63-79.
FERREIRA, José Eugénio Dias, *Tratado de Finanças Públicas*, Volume I, Lisboa, 1949
e Volumes II e III, Lisboa, 1950.
FERREIRA, Maria de Fátima, "A natureza jurídica da tarifa no contexto das receitas municipais", *Planeamento e Administração*, Ano 1, N.° 2, 2.° Semestre, 1988, págs.
87-96.
FLOGAÏTIS, Spyridon, "Réflexions sur les question de décentralisation et d'autonomie
locale en Europe", *The Territorial Distribution of Power in Europe/Le répartition
territoriale du pouvoir en Europe*, PIFF, EUROREGIONS 1987/88, Institut du
Fédéralisme Fribourg Suisse, Editions Universitaires Fribourg Suisse, 1990, págs.
253-269.
La notion de décentralisation en France, en Allemagne et en Italie, Bibliothèque de
Droit Public, Paris, LGDJ, 1979.
FOLQUE, André, *A Tutela Administrativa nas relações entre o Estado e os Municípios
(Condicionalismos Constitucionais)*, Coimbra Editora, 2004.
FONSECA, Rui Guerra da, *Autonomia Estatutária das Empresas Públicas e Descentralização Administrativa*, Almedina, 2005.
FRANCO, António L. Sousa, *Finanças do Sector Público, Introdução aos Subsectores Institucionais (Aditamento de Actualização)*, AAFDL, Reimpressão, 2003.
Poupança em Portugal, que futuro?, Vida Económica, 2002.
Finanças Públicas e Direito Financeiro, Volume I, 4.ª Edição – 10.ª Reimpressão,
Coimbra, Almedina, 2002.
Finanças Públicas e Direito Financeiro, Volume II, 4.ª Edição – 10.ª Reimpressão,
Coimbra, Almedina, 2002.
"O pensamento financeiro em Portugal no século XX", *Ensaios de Homenagem a
Manuel Jacinto Nunes*, Instituto Superior de Economia e Gestão, 1996, págs. 11-27.
"Os poderes financeiros do Estado e do município: sobre o caso das derramas municipais", *Estudos em Homenagem à Dra. Maria de Lourdes Órfão de Matos Correia
e Valle, Ciência Técnica e Fiscal*, N.° 171, 1995, págs. 16-28.
"Direito Financeiro", *Dicionário Jurídico da Administração Pública*, Volume IV,
Lisboa, 1991, págs. 56-60.
"Dez Anos de Evolução do Direito Financeiro Português 1974-1984", *Revista da
Ordem dos Advogados*, Lisboa, 1985, págs. 35-53.
FRANCO, António L. Sousa, e CABO, Sérgio Gonçalves do, "O financiamento da regulação
e supervisão do mercado de valores mobiliários", *Estudos em Homenagem ao Professor Inocêncio Galvão Telles*, Volume V, Direito Público e Vária, Almedina, 2003,
págs. 425-473.
FROMENT, Bernard de, "Pour relancer la décentralisation, il faut clarifier les compétences
et instaurer la péréquation", *Droit Administratif, L'actualité juridique*, Paris, Ano 59,
N.° 2, 2003, pág. 57.
FROMONT, Michel, "La nouvelle répartition des compétences entre l'état, les régions et
les départements en France", *Revue Internationale des Sciences Administratives*,
Bruxelles, Volume 53, N.° 4, 1987, págs. 599-608.

GARCÍA MORILLO, Joaquín, *La Configuración Constitucional de la Autonomía Local*, Marcial Pons, Madrid, 1998.
GARCÍA VIÑUELA, Enrique, *Teoría del gasto público*, Minerva Ediciones, 1999.
GARRIDO FALLA, F., *Administración indirecta del Estado y descentralización funcional*, Madrid, IEAL, 1950.
GIANNINI, M. S., "Autonomia-Teoria Generale e Diritto Pubblico", *Enciclopedia del Diritto*, Volume IV, Milão, 1959, págs. 356-366.
GILBERT, G., "Le fédéralisme financier: une approche de microéconomie spatiale", *Revue Économique*, n.º 47, 1996, págs. 311-338.
GIRÓN REGUERA, Emilia, *La Financiación Autonómica del Sistema Constitucional Español*, Servicio de Publicaciones, Universidad de Cádiz, 2003.
GOMES, Carla Amado, "A Evolução do Conceito de Soberania. Tendências recentes", *Scientia Iuridica*, Tomo XLVII, N.os 274/276, 1998, págs. 195-212.
GONÇALVES, João Manuel, *Tributação do Património. Códigos anotados e comentados*, Quid Juris, 2004.
GOUVEIA, Jorge Bacelar, *Novíssimos Estudos de Direito Público – Direito Cosntitucional; Direito Internacional Público; Direito Administrativo*, Almedina, Lisboa, 2006.
As Constituições dos Estados de Língua Portuguesa, Almedina, Lisboa, 2006, 2.ª Edição.
Manual de Direito Constitucional, Volume II, Almedina, Lisboa, 2005.
Manual de Direito Constitucional, Volume I, Almedina, Lisboa, 2005.
"Autonomia creditícia das autarquias locais: critérios, procedimentos e limites", *Lusíada – Direito*, II Série, Lisboa, N.º 2, 2004, págs. 201-222.
Novos Estudos de Direito Público, Âncora Editora, Lisboa, 2002.
"Reflexões sobre a 5.ª Revisão Constitucional Portuguesa", *Nos 25 Anos da Constituição da República Portuguesa de 1976, Evolução Constitucional e Perspectivas Futuras*, AAFDL, Lisboa, 2001, págs. 631-649.
Autonomias regionais – que futuro político-constitucional?, Ed. Assembleia Legislativa Regional, Funchal, 1999.
"Benefícios fiscais das organizações e funcionários internacionais no Direito Fiscal Português", *Fiscália*, n.º 20, Lisboa, 1998, págs. 9-15.
GRAMLICH, Edward M., "Intergovernmental Grants: a Review of the Empirical Literature", *The Political Economy of Public Federalism*, Wallace E. Oates (Coord.), Lexington, Massachusetts, Lexington Books, 1977, págs. 121-147.
GUERREIRO, António Lima, *Lei Geral Tributária Anotada*, Editora Rei dos Livros, 2000.
HAMILTON, Alexander, MADISON, James, e JAY, John, *O Federalista*, Tradução, Introdução e notas de Viriato Soromenho-Marques e João C. S. Duarte, Edições Colibri, Universalia, Série Ideias, 2003.
HAURIOU, Maurice, *Précis de droit administratif et de droit public*, 2.ª Edição, Paris, Recueil Sirey, 1933.
HERRERA MOLINA, Pedro M., *Capacidad Económica y Sistema Fiscal. Análisis del ordenamiento español a la luz del Derecho alemán*, Madrid, Marcial Pons, 1998.
HIRSCHMAN, Alfred, *Exit, Voice and Loyalty*, Cambridge, Harvard University Press, 1970.
HYMAN, David N., *Public Finance. A Contemporary Application of the Theory to Policy*, 8.ª Edição, Thomson South-Western, 2005.

JOUMARD, Isabelle e KONGSRUD, Per Mathis, "Fiscal Relations Across Government Levels", *OECD Economic Studies*, N.° 36, 2003/1, págs. 155-229.

LALUMIÈRE, Pierre, *Les Finances Publiques*, Armand-Collin, Colection U, 1973.

LÍRIO, Oliveira, "Administração Local", *Dicionário Jurídico da Administração Pública*, Volume I, Lisboa, 1990, págs. 209-228.

LOBO, Carlos Baptista, "Imposto Ambiental – análise jurídico-financeira", *Revista Jurídica do Urbanismo e do Ambiente*, N.° 2, 1994, págs. 45-68.

LOPES, António Simões, *Desenvolvimento Regional. Problemática, Teoria, Modelos*, Lisboa, Fundação Calouste Gulbenkian, 2001.

LOPES, Victor Silva, *Constituição da República Portuguesa de 1976 (anotada)*, Editus, Abril, 1976.

LOURENÇO, João, "Contributo para uma análise do conceito de descentralização", *Direito Administrativo – Revista de Actualidade e Crítica*, Ano 1, N.os 4 e 5, 1980, págs. 183-228 e 351-360.

LUCHAIRE, François, e LUCHAIRE, Yves, *Le Droit de la Décentralisation*, Thémis, Droit, Presses Universitaires de France, 1983.

LUMBRALES, João Costa Leite, "O problema financeiro português: três tipos de equilíbrio financeiro", *Revista da Faculdade de Direito de Lisboa*, Volume XI, 1957, págs. 205-228.

MABILEAU, Albert, "De la monarchie municipale à la française", *La Démocratie Municipale, Revue Française d'Études Constitutionnelles et Politique*, Paris, N.° 73, 1995, págs. 7-17.

MACHADO, J. Baptista, *Participação e descentralização, democratização e neutralidade na Constituição de 76*, Coimbra, Almedina, 1982.

MACHADO, J. M. Pires, "Atribuições e Competência", *Direito Administrativo – Revista de Actualidade e Crítica*, Ano 1, N.° 5, 1980, págs. 361-368.

MAGALHÃES, José Calvet de, *Ciência das Finanças (segundo as prelecções do Professor Fernando Emygdio da Silva)*, Lisboa, Atlântida, 1938.

MALARET GARCIA, Elisenda, "Une décentralisation multidimensionnelle en Espagne: une décentralisation à géométrie variable ", *Revue Internationale des Sciences Administratives*, Bruxelles, Volume 64, N.° 4, 1998, págs. 777-794.

MARCÈRE, De, "Lettre sur la décentralisation", *Revue Politique et Parlementaire*, 1895.

MARTINEZ, Pedro Soares, *Ensaio sobre os Fundamentos da Previsão Económica*, 2.ª Edição Revista, Almedina, 2004.

Direito Fiscal, Reimpressão da 10.ª Edição (2000), Almedina, 2003.

Introdução a um Ensaio sobre Estatísticas Económicas, 5.ª Edição (Reimpressão), Almedina, 2001.

Economia Política, 9.ª Edição (Reimpressão), Almedina, 2001.

Esboço de uma Teoria das Despesas Públicas, separata dos Cadernos de Ciência e Técnica Fiscal, Lisboa, 1967.

Introdução ao Estudo das Finanças, separata dos Cadernos de Ciência e Técnica Fiscal, Lisboa, 1966.

Finanças (apontamentos coligidos pelos alunos sem responsabilidade do professor), Lisboa, AAFDL, 1957.

Da Personalidade Tributária, Lisboa, 1953.

MARTINS, Afonso d'Oliveira, "La descentralización territorial y la regionalización administrativa en Portugal", *Documentación Administrativa*, Ministerio de Administraciones Publicas, INAP, N.° 257-258, Madrid, 2000, págs. 95-109.
MARTINS, Guilherme d'Oliveira, *Constituição Financeira*, 2.° Volume, Lisboa, AAFDL, 1984-1985.
MARTINS, Guilherme Waldemar d'Oliveira, *A Despesa Fiscal e o Orçamento do Estado no Ordenamento Jurídico Português*, Almedina, 2004.
MARTINS, Margarida Salema d'Oliveira, *O Princípio da Subsidiariedade em Perspectiva Jurídico-Política*, Coimbra Editora, 2003.
"El principio de subsidiariedad y la organización administrativa", *Documentación Administrativa*, Ministerio de Administraciones Publicas, INAP, N.° 257-258, Madrid, 2000, págs. 77-93.
MARTINS, Mário Rui, *As Autarquias locais na União Europeia*, Edições Asa, 2001.
MATTRET, Jean-Bernard, *L'analyse financière des communes*, 2.ª Edição, LGDJ, 2002.
MAURÍCIO, Artur, "A garantia constitucional da autonomia local à luz da jurisprudência do Tribunal Constitucional", *Estudos em Homenagem ao Conselheiro José Manuel Cardoso da Costa*, Coimbra Editora, 2003, págs. 625-657.
MCCARTY, Marilu Hurt, *Como os Grandes Economistas deram forma ao Pensamento Moderno. Os laureados do Nobel de* Economia, Prefácio, 2001.
MCNUTT, Patrick A., *The Economics of Public Choice*, Second Edition, EE. Edward Elgar, 2002.
MÉDARD, Jean-François, "Les Communautés Urbaines: renforcement ou déclin de l'autonomie locale?", *Revue du Droit Public et de la Science Politique en France et a l'Étranger*, Tomo 84, N.° 4-5, 1968, págs. 737-800.
MEILÁN GIL, José Luis, "Autonomías y Descentralización Local", *Revista de Estudios de la Administracón Local y Autonómica*, Ministerio para las Administraciones Públicas, INAP, N.° 243, 1989, págs. 545-562.
MELLO, Martinho Nobre de, *"Noção Jurídica da descentralização"*, *O Direito: Antologia de estudos jurídicos publicados nas suas páginas*, Volume II (1919-1943), Lisboa, 1968 (republicado em *O Direito*, Volume III-IV, Ano 126.°, 1994, págs. 735-742).
MENDES, João Castro, *Direito Comparado*, Lisboa, AAFDL, 1982/3.
MIRANDA, Jorge, "A autonomia legislativa das regiões autónomas após a revisão constitucional de 2004", *Scientia Iuridica,* Tomo LIV, N.° 302, Abril/Junho, 2005, págs. 201-216.
Manual de Direito Constitucional, Tomo III (Estrutura Constitucional do Estado), 5.ª Edição, Coimbra Editora, 2004.
Manual de Direito Constitucional, Tomo I (Preliminares, O Estado e os Sistemas Constitucionais), 6.ª Edição, Coimbra Editora, 1997.
"O conceito de poder local", *Estudos sobre a Constituição*, Volume I, Livraria Petrony, 1977, págs. 317-320.
MONCADA, Luís S. Cabral de, *Perspectivas do Novo Direito Orçamental Português*, Coimbra, Coimbra Editora, 1984.
MONTEIRO, Armindo, *Do Orçamento Português*, Volume I, Lisboa, Edição do autor, 1921 e Volume II, Lisboa, Edição do autor, 1922.
MOODY'S INVESTOR SERVICE, *Moody's Rating Methodology Handbook*, June, 2002.

MONTALVO, António Rebordão, *O Processo de Mudança e o Novo Modelo da Gestão Pública Municipal*, Almedina, 2003.
  "Sobre um conceito de aglomerado e de perímetro urbano", *Revista de Administração Local*, Ano 26, N.º 195, 2003, págs. 331-335.
  "Reflexões sobre a descentralização e a reforma da administração periférica do Estado", *Revista de Administração Local*, Ano 22, N.º 169, 1999, págs. 17-23.
MORA LORENTE, M.ª Desamparados, *Impuestos cedidos: implicaciones internas y comunitarias*, Tirant lo Blanch, Valencia, 2004.
MORAIS, Carlos Blanco de, "A Dimensão Interna do Princípio da Subsidiariedade", *Revista da Ordem dos Advogados*, Ano 58, Volume II, Lisboa, Julho, 1998, págs. 779-822.
MORAIS, Luís Silva, *Empresas Comuns (Joint Ventures), no Direito Comunitário da Concorrência*, Almedina, Lisboa, 2006.
  O Mercado Comum e os Auxílios Públicos, Almedina, Lisboa, 1993.
MOREAU, Jacques e DARCY, Gilles, *La Libre Administration des Collectivites Locales, Réflexion sur la Décentralisation*, Economica, Presses Universitaires D'Aix-Marseille, 1984.
MOREAU, Jacques e VERPEAUX, Michel, "Décentralisation, Idée Révolutionnaire?", *Révolution et Décentralisation, Le Système Administratif Français et les Principes Révolutionnaires de 1789*, Economica, 1989.
MOREIRA, Eugénio da Conceição Rodrigues, *A Repartição dos Recursos Públicos entre o Estado e as Autarquias Locais no Ordenamento Jurídico Guineense*, Almedina, Colecção Estudos de Direito Africano, 2005.
MOREIRA, Vital, *Administração Autónoma e Associações Públicas*, Reimpressão, Coimbra, Coimbra Editora, 2003.
  "Organização, atribuições, poderes e competências das regiões administrativas", *Boletim da Faculdade de Direito*, Coimbra, Volume 74, 1998, págs. 657-670.
  Administração autónoma e associações públicas, Coimbra, Coimbra Editora, 1997.
MOREIRA, Vital, e OLIVEIRA, Fernanda Paula, "Podem as Assembleias Municipais reprovar reiteradamente o orçamento municipal?", *Scientia Iuridica*, Braga, Tomo 51, N.º 294, Set./Dez, 2002, págs. 423-453.
MORENO VÁZQUEZ, Manuel, *Comité de las Regiones y Unión Europea*, Tirant lo Blanch (Polo Europeu Jean Monnet), Valencia, 2001.
MOUZET, Pierre, *L'essentiel des Finances locales*, 2.ª Edição, Gualino Éditeur, 2003.
MUELLER, Dennis C., *Public Choice II. A revised edition of Public Choice*, Cambridge University Press, 1989.
  Public Choice, Cambridge University Press, 1979.
MUSGRAVE, Richard A., "Devolution, Grants, and Fiscal Competition", *Journal of Economic Perspectives*, Volume 11, N.º 4, 1997, págs. 65-72.
  The Theory of Public Finance, McGraw-Hill, New York, 1959.
MUSGRAVE, Richard A., e MUSGRAVE, Peggy. B., *Public Finance in Theory and Practice*, 5.ª Edição, 1989.
NABAIS, José Casalta, *Por um Estado Fiscal Suportável, Estudos de Direito Fiscal*, Almedina, 2005.
  "Estado Fiscal, Cidadania Fiscal e Alguns dos seus Problemas", *Boletim de Ciências Económicas da Faculdade de Direito da Universidade de Coimbra*, Volume XLV-A, 2002, págs. 561-615.

"O novo regime das finanças locais", *Forum iustitiae*, Lisboa, N.º 8, Janeiro de 2000, págs. 28-31.

O Dever Fundamental de Pagar Impostos. Contributo para a compreensão constitucional do estado fiscal contemporâneo, Almedina, Coimbra, 1998.

"O quadro jurídico das finanças locais em Portugal", *Fisco*, N.º 82/83, Ano IX, 1997, págs. 3-23.

Contratos Fiscais, Coimbra, Coimbra Editora, 1994.

"Considerações sobre a autonomia financeira das universidades portuguesas", *Estudos em Homenagem ao Professor Doutor Ferrer-Correia*, Volume III, Coimbra, 1991, págs. 329-395.

A Autonomia Local (Alguns Aspectos Gerais), Coimbra, Faculdade de Direito, 1990.

NEVES, Ana Fernanda, "Os institutos públicos e a descentralização administrativa", *Estudos em Homenagem ao Professor Doutor Inocêncio Galvão Telles*, Volume V, Direito Público e Vária, Almedina, 2003, págs. 518-541.

NEVES, Maria José Castanheira, *Governo e Administração Local*, Coimbra Editora, 2004.

NIETO MONTERO, "Os recargos autonómicos sobre tributos estaduais", *Scientia Iuridica*, Tomo XLIX, N.º 286-288, 2000, págs. 321-349.

NOGUEIRA, Ataliba, "Teoria do Município", *Scientia Iuridica*, Tomo XIX, 1970, págs. 160-180.

NOGUEIRA, José Duarte, "Municipalismo e Direito, Considerações Histórico-Jurídicas Sobre o Direito Local", *Estudos em Homenagem a Cunha Rodrigues*, Volume 2, Coimbra Editora, 2001, págs. 459-472.

OATES, Wallace E., "An Essay on Fiscal Federalism", *Journal of Economic Literature*, Volume XXXVII, 1999, págs. 1120-1149.

The Economics of Environmental Regulation, EE, Edward Elgar, 1996.

Fiscal Federalism, New York, Harcourt Brace Jovanovich, 1972.

OATES, Wallace E. e BRADFORD, David, "Towards a Predictive Theory of Intergovernmental Grants", *American Economic Review*, N.º 61, 1974, págs. 440-449.

OCDE, *Economic Outlook 74*, 2003.

Études Économiques, v. Relations Financières entre l'État et les Collectivités Territoriales, 2003.

Fiscal Decentralization in EU Applicant States and Selected EU Members States, Centre for Tax Policy and Administration, Paris, 2002.

OLIVEIRA, António Cândido de, *A Democracia Local (aspectos jurídicos)*, Coimbra Editora, 2005.

"A difícil democracia local e o contributo do Direito", *Estudos em Comemoração do Décimo Aniversário da Licenciatura em Direito da Universidade do Minho*, Almedina, 2004, págs. 95-113.

Direito das Autarquias Locais, Coimbra Editora, 1993.

"Os conceitos de descentralização e semi-descentralização administrativas, segundo Charles Eisenmann", *Scientia Iuridica*, Tomo XXXIV, N.ºs 193-194, Janeiro-Março, 1985, págs. 45-65.

OLIVEIRA, Mário Esteves de, *Direito Administrativo*, Coimbra, Almedina, 1980.

ONADO, Marco, *Mercati e Intermediari Finanziari. Economia e Regolamentazione*", il Mulino, 2000.

ORTEGA, L., "La Carta Europea de la Autonomía Local y el ordenamiento local español", *REALA*, N.º 259, 1993, págs. 45-67.
OTERO, Paulo, *Legalidade e Vinculação Administrativa. O sentido da Vinculação Administrativa à Juridicidade*", Almedina, 2003.
"Principales tendencias del Derecho de la organización administrativa en Portugal", *Documentación Administrativa*, Ministerio de Administraciones Publicas, INAP, N.º 257-258, Madrid, 2000, págs. 24-40.
"Institutos Públicos", *Dicionário Jurídico da Administração Pública*, Volume V, 1993, págs. 250-274.
"A descentralização territorial na Assembleia Constituinte de 1837-1838 e no acto adicional de 1852", *Revista da Faculdade de Direito da Universidade de Lisboa*, Volume XXX, 1989, págs. 292-321.
PAPPERMANN, E., "Verwaltungsverbund in Kreisangehörigen Raum", *DÖV*, 1975.
PAREJO ALFONSO, L., *Estado Social y Administración Publica – Los postulados constitucionales de la reforma administrativa*, Madrid, 1983.
La garantía institucional y autonomías locales, Madrid, IEAL, 1981.
PAUNER CHULVI, Cristina, *El deber constitucional de contribuir al sostenimiento de los gastos públicos*, Centro de Estudios Políticos y Constitucionales, Madrid, 2001.
PENG, Jun, "Managing the risk of the variable-rate debt in the public sector", *Municipal Finance Journal, The State and Local Financing and the Public Securities Advisor*, Aspen Publishers, Volume 23, Number 4, Winter 2003, págs. 47-69.
PEREIRA, Paulo Trigo, *Regionalização, Finanças Locais e Desenvolvimento*, Comissão de Apoio à Reestruturação do Equipamento e da Administração do Território, MEPAT, Lisboa, 1998.
"A teoria da escolha pública (*public choice*), uma abordagem neoliberal?", *Análise Social*, Revista do Instituto de Ciências da Universidade de Lisboa, N.º 141, 4.ª Série, Volume XXXII, 1997-2.º, págs. 419-442.
PEREIRA, Paulo Trigo, AFONSO, António, ARCANJO, Manuela e SANTOS, José Carlos Gomes, *Economia e Finanças Públicas*, Escolar Editora, 2005.
PETERS, Hans, *Zentralization und Dezentralization*, Berlim, Springer, 1928.
PETISCA, Joaquim Águeda, *A Repartição dos Impostos entre o Estado e as Entidades Infra-Estaduais*, Faculdade de Direito de Lisboa, 1997 (inédito).
PINA, Carlos Costa, *Dever de Informação e Responsabilidade pelo Prospecto no Mercado Primário de Valores Mobiliários*, Coimbra Editora, 2000.
PIRES, Florbela Almeida, *Direitos e Organização dos Obrigacionistas em Obrigações Internacionais (Obrigações Caravela e Eurobonds)*, Lex, Lisboa, 2001.
PLAGNET, Bernard, "Les moyens financiers de la décentralisation", *Annales de l'Université des sciences sociales de Toulouse*, Toulouse, Tomo XXXVI, 1988, págs. 106-126.
PORTO, Manuel Lopes, *Economia. Um Texto Introdutório*, 2.ª Edição, Coimbra, Almedina, 2004.
"Os méritos e deméritos de um imposto geral sobre a energia", *Boletim de Ciências Económicas da Faculdade de Direito da Universidade de Coimbra*, Volume XLV, 2002, págs. 907-925.

Teoria da Integração e Políticas Comunitárias, 3.ª Edição, Almedina, 2001.

O Não de um Regionalista. Face a um Projecto sem Justificação, Numa Europa Concorrencial e Exigente, 1998, Almedina.

"Anotação ao Acórdão do Supremo Tribunal Administrativo, Secção de Contencioso Tributário, de 16/04/97 (Derrama)", *Revista de Legislação e de Jurisprudência*, Coimbra, Ano 130, N.º 3883, 1998, págs. 303-311.

O Ordenamento do Território face aos Desafios da Competitividade, Coimbra, Almedina, 1996.

"A problemática do défice dos transportes colectivos urbanos de passageiros: apreciação e sugestões de soluções", *Boletim de Ciências Económicas da Faculdade de Direito da Universidade de Coimbra*, Volume XXXIII, 1990, págs. 173-192 e Volume XXXIV 1991, págs. 133-159.

"A Integração na CEE e a Reforma do Sistema Fiscal Português", *Estudos em Homenagem ao Prof. Doutor António de Arruda Ferrer Correia, Separata do Boletim da Faculdade de Direito de Coimbra* (número especial), Coimbra, 1985.

POSADA, Adolpho, *El régimen municipal de la ciudad moderna*, 1927.

QUADROS, Fausto de, *Direito das Comunidades Europeias e Direito Internacional Público. Contributo para o estudo da natureza jurídica do Direito Comunitário Europeu*, Reimpressão, Lisboa, Almedina, 1991.

"A descentralização das funções do Estado nas Províncias Ultramarinas de Portugal. Estudo de Direito Constitucional e Direito Administrativo", *Scientia Iuridica*, Tomos XIX e XX, N.ºs 107 (1970) e 108-109 (1971), Livraria Cruz, Braga, 1971.

QUEIRÓ, Afonso, "Desconcentração", *Dicionário Jurídico da Administração Pública*, Volume III, Lisboa, 1990, págs. 577-582.

QUÉROL, Francis, "La solidarité financière entre collectivités territoriales: la nouvelle donne", *La Semaine Juridique*, Juris-Classeuur Périodique, Ano 67, N.º 3, 1993, págs. 36-43.

QUINTANA FERRER, Esteban, *Los Recursos Participativos en el Marco de la Articulación entre las Haciendas Autonómica y Estatal*, Tirant lo Blanch, Valencia, 2001.

RAWLS, John, *Uma Teoria da Justiça*, (tradução de Carlos Pinto Correia), Editorial Presença, 1993.

REBORDÃO, José Felipe, "Questões práticas de administração local", *O Direito, Revista de Jurisprudência*, Ano 79, N.º 9, 1947, págs. 263-266.

RIBEIRO, José Joaquim Teixeira, *Lições de Finanças Públicas*, 5.ª Edição (reimpressão), Coimbra, Coimbra Editora, 1997.

"Sobre os bens meritórios", *Boletim de Ciências Económicas da Faculdade de Direito da Universidade Coimbra*, Volume XXXIX, 1996, págs. 381-386.

"A propósito da contribuição autárquica", *Boletim de Ciências Económicas da Faculdade de Direito da Universidade de Coimbra*, Volume XXXV, 1992, págs. 255-259.

"Sistema fiscal português: anos sessenta-anos noventa", *Boletim de Ciências Económicas da Faculdade de Direito da Universidade de Coimbra*, Volume XXXIV, 1991, págs. 237-257.

"A unidade fiscal", *Boletim de Ciências Económicas da Faculdade de Direito da Universidade de Coimbra*, Volume XXVII, 1984, págs. 220-240.

RIVERO, Jean, "As competências do poder local nos Países Europeus", *Revista de Administração Pública*, Ano IV, N.º 14, 1981, págs. 78-97.
RIVERO, Jean e WALINE, Jean, *Droit Administratif*, 14.ª Edition, Paris, Dalloz, 1992.
REGOURD, Serge, "Le modèle français de décentralisation: aspects politico-administratifs", *Annales de l'Université des Sciences Sociales de Toulouse*, Toulouse, Tomo XXXVI, 1988, págs. 85-103.
ROCHA, Joaquim, "A caminho de um federalismo fiscal? Contributo para um estudo das relações financeiras e tributárias entre sujeitos públicos nos ordenamentos compostos", *Estudos em Comemoração do Décimo Aniversário da Licenciatura em Direito da Universidade do Minho*, Almedina, 2004, págs. 455-479.
RODRÍGUEZ ÁLVAREZ, José Manuel, *La Carta Europea de la Autonomia Local*, Bayer Hnos, Barcelona, 1996.
RODRÍGUEZ GONZÁLEZ, Román, *Territorio y Gobierno Local en España. Un planteamiento de reestructuración por fusión como realidad necesaria*, Thomson, Civitas, 2005.
ROGEIRO, Nuno, *A Constituição dos EUA, Anotada e seguida de estudo sobre o sistema constitucional dos Estados Unidos*, Gradiva, 1993.
ROSEN, Harvey S., *Public Finance*, 7.ª Edição, McGraw-Hill Irwin, 2004.
ROTERS, W., "Kommunale Spitzenverbände und funktionales Selbstverwaltungsverständnis", *DVBl*, 1976.
Kommunale Mitwirkung an höherstufigen Entscheidungsprozessen, Köln, 1975.
SÁ, Luís, *As Regiões, A Europa e a Coesão Económica e Social*, Edições Cosmos, Lisboa, 1994.
Razões do Poder Local – Finanças locais, ordenamento do território, Regionalização, Caminho, 1991.
SADRAN, Pierre, "Démocracie locale et décentralisation", *Études offertes à Jean-Marie*, Paris, LGDJ, 1992, págs. 289-296.
SALAZAR, António de Oliveira, *A Reorganização Financeira: dois Anos no Ministério das Finanças, 1928-30*, Coimbra, 1930.
SAMUELSON, Paul, "The Pure Theory of Public Expenditures", *Review of Economics and Statistics*, N.º 36, 1954, págs. 387-389.
SAMUELSON, Paul e NORDHAUS, William, *Economics*, 17.ª Edição, McGraw-Hill.
SANCHES, José Luís Saldanha, *Manual de Direito Fiscal*, 2.ª Edição, Coimbra Editora, 2002.
"Poderes tributários dos municípios e legislação ordinária", *Fiscalidade*, N.º 6, 2001, págs. 117-135.
"Imposto, taxa e quantificação de encargos", *Fisco*, N.os 76-77, 1996, págs. 20-31.
"Soberania fiscal e constrangimentos externos", *Fisco*, Ano 2, N.º 27, 1991, págs. 19-24.
Princípios Estruturantes da Reforma Fiscal, Lisboa, Edifisco, 1991.
SANCHES, José Luís Saldanha e GAMA, João Taborda da, "Taxas municipais pela ocupação do subsolo", *Fiscalidade*, N.os 19-20, 2004, págs. 5-43.
SANTOS, Jorge Costa, *Bem-Estar Social e Decisão Financeira*, Coimbra, Almedina, 1993.
SANTOS, José António, "O Associativismo Municipal na Europa", *Revista de Administração Local*, N.º 171, Ano 22, 1999, págs. 315-336.

Santos, José Carlos Costa, "Relações financeiras e fiscais entre distintos níveis de governo (federalismo fiscal), *Ciência Técnica e Fiscal*, N.º 411-412, 2003, págs. 121-131.
Sarafana, Sebastião, "As contrafacções do municipalismo português", *O Direito: Antologia de estudos jurídicos publicados nas suas páginas*, Lisboa, 1968, págs. 229-251.
Saraiva, José Hermano, *Evolução Histórica dos Municípios Portugueses*, Centro de Estudos Político-Sociais, Lisboa, 1957.
Seldon, Arthur e Brady, Gordon L., *Government Failure: A Primer in Public Choice*, Washington, D. C., Cato Institute, 2002.
Government: Whose Obedient Servant? A Primer in Public Choice, Londres, Institute of Economic Affairs, 2000.
Silva, João Calvão da, Titul[ariz]ação de Créditos. Securitization, Almedina, 2003.
Silva, Rui Oliva Neves da, *A autonomia tributária dos entes locais*, Dissertação do Curso de Mestrado em Ciências Jurídico-Económicas, Faculdade de Direito de Lisboa, 2000 (inédito).
Smith, Brian C., "Théories du gouvernement métropolitain et des agglomérations anglaises", *Revue Internationale des Sciences Administratives*, Volume 64, N.º 2, 1998, págs. 327-346.
Soares, Cláudia Dias, *O imposto ambiental: direito fiscal do ambiente*, Almedina, 2002.
Sousa, Marcelo Rebelo de, *Lições de Direito Administrativo*, Volume I, Lex, Lisboa, 1999.
Stewing, F., *Subsidiarität und Föderalism in der Europäischen Union*, 1992.
Stiglitz, Joseph, *Economics of the Public Sector*, W. W. Norton, 3.ª Edição, New York, 2000.
Tavares, José F. F., *Estudos de Administração e Finanças Públicas*, Almedina, 2004.
Administração Pública e Direito Administrativo, Guia de Estudo, 3.ª Edição (Revista), Almedina, 2000.
O Tribunal de Contas. Do visto, em especial, Almedina, 1998.
Teixeira, António Braz, *Finanças Públicas e Direito Financeiro*, 2.ª reimpressão, Lisboa, AAFDL, 1992.
Ter-Minassian, Teresa, (editor) *Fiscal Federalism, in Theory and Practice*, International Monetary Fund, Washington, 1997.
Tiebout, Charles, "A pure Theory of local expenditure", *Journal of Political Economy*, Volume 64, 1956, págs. 416-424.
Tocqueville, Alexis de, *Da Democracia na América*, (Tradução de Carlos Monteiro de Oliveira), Principia, 2002.
L'Ancien Regime et la Révolution, 1856.
"Etat Social et Politique de la France avant et depuis 1789", Stuart Mill (Trad.), *London and Westminster Review*, 1836.
Traoré, Seydou, "La nouvelle réforme des cartes communales: entre décentralisation et recentralisation", *Droit Administratif*, Paris, Ano 42, N.º 10, 2003, págs. 10-15.
Tréguier, Marie-Laure, "Flux et reflux de la décentralisation", *Revue Française de Droit Administratif*, Paris, Ano 10, N.º 4, 1994, págs. 703-711.
Trías Vejarano, Juan Javier, "La autonomía local y las asociaciones en el pensamiento de Tocqueville", *Revista de Estudios Políticos*, Madrid, N.º 123, Maio-Junho, 1962, págs. 133-194.

TSCHENTSCHER, A., *The Basic Law (Grundgesetz): The Constitution of the Federal Republic of Germany (May 23rd, 1949)*, Jurisprudentia Verlag Würzburg, 2003.

TULLOCK, Gordon, "Public choice in practice", *Collective Decision Making – Applications from Public Choice Theory*, Clifford Russel (Coord.), Baltimore, Resources for the Future, 1979, págs. 27-45.

TULLOCK, Gordon, SELDONAND, Arthur, e BRADY, Gordon L., *Government Failure, A primer in Public Choice*, CATO Institute, Washington D. C., 2002.

UHLITZ, O., "Dekonzentration und Dezentralisation – oder abhängige und unabhängige Dezentralisation?", *Geächnisschrift Hans Peters*, Berlin, Springer, págs. 208-240.

VALDEZ, Vasco, *Sistemas Fiscais das Autarquias Locais*, Editora Rei dos Livros, 1987.

VÉDEL, G. e DEVOLVÉ, P., *Droit administratif*, 12.ª Edição, Paris, PUF, 1992.

WALINE, Marcel, *Manuel Elémentaire du Droit Administratif*, Paris, 1936.

WESALO, Judy Temel, *The Fundamentals of Municipal Bonds*, The Bond Market Association, John Wiley & Sons, Fifth Edition, 2001.

WICKSELL, Knut, "A New Principle of Just Taxation", Richard Musgrave e A. Peacock (Coord.), *Classics in the Theory of Public Finance*, New York, St. Martins's Press, 1967.

WOLFF, H. J. e BACHOF, Otto, *Verwaltungsrecht*, Volume I, Munique, 1974.

XAVIER, Alberto Pinheiro, *Manual de Direito Fiscal*, Volume I (reimpressão), Lisboa, 1981.

Política Orçamental e Economia de Mercado, Centro de Estudos Fiscais, Lisboa, 1970.

ZUMER, Frédéric, "Stabilisation et redistribution budgétaires entre régions", *Problèmes Économique*, N.° 2.581, 1998, págs. 11-15.

ÍNDICE

PREFÁCIO 7

NOTA DA AUTORA 9

LISTA DE ABREVIATURAS UTILIZADAS.. 11

PLANO DE TRABALHO.. 13

INTRODUÇÃO... 15

PARTE I
A DESCENTRALIZAÇÃO

CAPÍTULO I
O PRINCÍPIO DA DESCENTRALIZAÇÃO

1. O princípio da descentralização... 23
   1.1. Perspectiva histórica... 26
   1.2. Perspectiva jurídica.. 37
       a) Evolução conceptual: descentralização e soberania............. 39
       b) Delimitação conceptual: descentralização territorial e desconcentração 43
       c) Pressupostos da descentralização local autárquica: configuração clássica e conceptualização contemporânea 57
2. Conceito constitucional de descentralização 64

CAPÍTULO II
O PRINCÍPIO DA AUTONOMIA LOCAL

1. O princípio da autonomia local.. 71
   1.1. Evolução conceptual 72

1.2. Configuração contemporânea 77
   a) Novas concepções doutrinárias 77
   b) A revisitação do conceito clássico 84
2. A Carta Europeia da Autonomia Local 89
3. A autonomia financeira 97

CAPÍTULO III
DESCENTRALIZAÇÃO FINANCEIRA

1. A descentralização financeira 103
   1.1. Intervenção do Estado na economia – a provisão pública de bens 108
   1.2. Descentralização financeira e processo de decisão – a *escolha pública* 115
      a) Processo de decisão e descentralização administrativa – a subsidiariedade 121
      b) Processo de decisão e descentralização financeira – a autonomia tributária 127
   1.3. Descentralização financeira e provisão pública local – o *federalismo fiscal* ... 131
      a) Estrutura vertical da tributação 138
      b) Relações fiscais intergovernamentais: a *teoria das subvenções* 142
2. Vantagens e limites da descentralização financeira: o nível óptimo de decisão e de provisão pública local 148

PARTE II
A JUSTA REPARTIÇÃO DE RECURSOS
ENTRE O ESTADO
E AS AUTARQUIAS LOCAIS

CAPÍTULO I
AS AUTARQUIAS LOCAIS

1. Organização territorial autárquica 155
   a) Os municípios 157
   b) As freguesias 159
   c) O associativismo autárquico 161
   d) As autarquias locais *especiais*: a dimensão metropolitana da organização territorial infraestadual 167
2. As atribuições das autarquias locais e a competência dos seus órgãos 173

CAPÍTULO II
AS FINANÇAS DAS AUTARQUIAS LOCAIS EM PORTUGAL

1. A descentralização financeira em Portugal 177
   1.1. O princípio do equilíbrio financeiro – equilíbrio vertical e equilíbrio horizontal 179
   1.2. Evolução do sistema de financiamento local 180
   1.3. Evolução do sistema de transferências do Orçamento do Estado 181
   1.4. O sistema de financiamento local vigente 182
2. Os constrangimentos *europeus*: o Pacto de Estabilidade e Crescimento e a Lei da Estabilidade Orçamental 188

CAPÍTULO III
REPARTIÇÃO, EQUIDADE E EFICIÊNCIA – A REFORMULAÇÃO DO SISTEMA DE TRANSFERÊNCIAS ORÇAMENTAIS

1. O modelo de financiamento autárquico: receitas próprias vs. transferências 193
2. A justiça e eficiência do modelo de repartição de recursos 201
   2.1. A diminuição das transferências globais 203
   2.2. O reajustamento das dotações a distribuir pelos fundos municipais 205
       a) O Fundo Geral Municipal e o reforço dos poderes tributários dos municípios 206
       b) O Fundo de Coesão Municipal – eficiência e equalização fiscal 215
       c) A função perequatória das transferências condicionadas – equidade espacial e desenvolvimento das economias locais 217
3. Racionalidade económica e responsabilização política 220

CAPÍTULO IV
CONCLUSÕES
COMPARAÇÃO DAS PREMISSAS DO MODELO PROPOSTO À LUZ DA NOVA LFL

Conclusões 223

(A) Modelo plasmado na anterior LFL – Lei n.º 42/98, de 6 de Agosto – Características e críticas 225

(B) Modelo Proposto – Premissas e propostas 227

(C) Modelo plasmado na nova LFL – Lei n.º 2/2007, de 15 de Setembro – Premissas e características 230

BIBLIOGRAFIA 233

ÍNDICE 251